MINHA MOCIDADE

WINSTON CHURCHILL

MINHA MOCIDADE

Tradução e Prefácio de
Carlos Lacerda

Rio de Janeiro, 2021

Copyright © by Winston S. Churchill, 1930
Título original: *My Early Life*

Todos os direitos desta publicação são reservados à Casa dos Livros Editora LTDA. Nenhuma parte desta obra pode ser apropriada e estocada em sistema de banco de dados ou processo similar, em qualquer forma ou ameio, seja eletrônico, de fotocópia, gravação etc., sem a permissão do detentor do copyright.

Diretora editorial: *Raquel Cozer*

Gerente editorial: *Alice Mello*

Editor: *Ulisses Teixeira*

Revisão: *Eduardo Carneiro, Anna Clara* e *Anna Beatriz Seilhe*

Capa: *Guilherme Peres*

Diagramação: *Abreu's System*

CIP-Brasil. Catalogação na Publicação
Sindicato Nacional dos Editores de Livros, RJ

C488m

CHURCHILL, WINSTON, 1874-1965
    Minha mocidade / Winston Churchill ; tradução Carlos Lacerda. – 1. ed. – Rio de Janeiro : Harper Collins, 2021.
    400 p.

    Tradução de : My early life
    ISBN 9786555110838

    1. Churchill, Winston, 1874-1965. 2. Políticos – Biografia – Inglaterra. I. Lacerda, Carlos. II. Título.

20-67303
        CDD: 923.20942
        CDU: 929:32(410.1)

Camila Donis Hartmann – Bibliotecária – CRB-7/6472

Os pontos de vista desta obra são de responsabilidade de seu autor, não refletindo necessariamente a posição da HarperCollins Brasil, da HarperCollins Publishers ou de sua equipe editorial.

HarperCollins Brasil é uma marca licenciada à Casa dos Livros Editora LTDA.
Todos os direitos reservados à Casa dos Livros Editora LTDA.
Rua da Quitanda, 86, sala 218 — Centro
Rio de Janeiro, RJ — CEP 20091-005
Tel.: (21) 3175-1030
www.harpercollins.com.br

SUMÁRIO

Prefácio do tradutor   7

Prefácio do autor   9

Capítulo 1: Infância   13

Capítulo 2: Harrow   27

Capítulo 3: Exames   37

Capítulo 4: Sandhurst   55

Capítulo 5: O 4º Regimento de Hussardos   73

Capítulo 6: Cuba   87

Capítulo 7: Hounslow   101

Capítulo 8: Índia   113

Capítulo 9: Educação em Bangalore   121

Capítulo 10: A expedição de Malakand   135

Capítulo 11: O vale de Mamund   147

Capítulo 12: A expedição do Tirah   161

Capítulo 13: Dificuldade com Kitchener   175

Capítulo 14: A véspera de Omdurman   185

Capítulo 15: As sensações de uma Carga de Cavalaria   197

Capítulo 16: Deixo o Exército   211

Capítulo 17: Oldham   231

Capítulo 18: Na Cidade do Cabo   245

Capítulo 19: O trem blindado   257

Capítulo 20: Na prisão   277

Capítulo 21: Minha fuga I   287

Capítulo 22: Minha fuga II   305

Capítulo 23: De volta ao Exército   319

Capítulo 24: Spion Kop   329

Capítulo 25: A libertação de Ladysmith   341

Capítulo 26: No estado livre de Orange   351

Capítulo 27: Johannesburg e Pretória   369

Capítulo 28: A eleição Khaki   379

Capítulo 29: A Câmara dos Comuns   389

PREFÁCIO DO TRADUTOR

Deus chamou a si o maior homem do século, depois de uma vida plenamente realizada. O gênio, a glória, o exemplo, a coragem e o sacrifício uniram-se para fazer de Winston Spencer Churchill um varão antigo e um modelo para os tempos por vir.

Não que fosse perfeito e indiscutível. Ao contrário, seus defeitos eram notórios e ele foi, no seu próprio país, talvez o mais controverso dos homens. Tinha mesmo certo garbo em sê-lo, a ponto de responder a quem o chamava de irresponsável dizendo que é melhor ser irresponsável com razão do que responsável sem razão.

Mas era da raça dos que pensam e fazem, dos que não se poupam nem se reservam; era mesmo um exemplo dessa espécie rara. Conseguiu fazer, com o seu povo, toda uma época da história de sua pátria, que escreveu, ao mesmo tempo que acrescentou assim um novo capítulo na história da liberdade e da grandeza humana.

Dizia o que pensava e por pensar livre e patrioticamente, não raro, pelo que dizia, foi rechaçado. Mas, um dia, fartos de serem provocados e enganados, seus patrícios lhe entregaram o governo e ele salvou o mundo.

Somos todos, por toda parte do mundo livre, os beneficiários da sua bravura, da sua determinação, da sua resistência quase só à frente de um povo cuja fé reacendeu-se no fogo do seu exemplo e da sua palavra aliciadora.

Nada lhe podemos dar que já não tivesse recebido em vida. Devemos-lhe porém um sinal de nossa admiração e mais, de nossa gratidão. Como homenagem, é publicado, agora, um dos livros autobiográficos desse homem discutido — que ganhou a discussão; desse homem que gostava da vida e a viveu a ponto de parecer eterno.

E era. E é.

Carlos Lacerda
(1914-1977)

PREFÁCIO DO AUTOR

Como têm sido publicadas, de quando em vez, diferentes narrativas de aventuras da minha mocidade, e havendo eu escrito, há trinta anos, a história das expedições de que participei, chegando mesmo a descrever circunstanciadamente alguns episódios, ocorreu-me reunir tudo numa só história, contada de novo, desde o começo. Não recorri apenas à memória, também verifiquei cuidadosamente todos os fatos, de acordo com os documentos em meu poder. Tentei, em cada fase do quarto de século durante o qual se desenvolve este relato, encará-lo sob o ponto de vista correspondente à idade que eu tinha, ao menino que eu era, ao estudante, ao cadete, ao tenente, ao correspondente de guerra, e, finalmente, ao jovem político. Se tais opiniões entram em conflito com aquelas geralmente aceitas hoje, devem considerá-las apenas como representativas de um período da minha juventude e nunca, a menos que o texto mencione expressamente, como definições do meu pensamento atual.

Ao reler esta obra, vejo que tracei o panorama de uma época extinta. O caráter da sociedade, as bases da política, os métodos de guerra, as reações da juventude, a escala de valores, tudo mudou; e em proporção tal que nunca me pareceria possível em tão breve espaço de tempo, sem qualquer violenta revolução interna. Não pretendo dizer que todas essas mudanças foram para melhor. Fui um filho da era vitoriana, quando a estrutura do nosso país parecia firmemente assentada, sua posição no comércio e nos mares não conhecia rival, e a compreensão da grandeza do nosso Império e do nosso dever de preservá-lo era cada vez mais forte.

Naqueles dias, as forças dominantes da Grã-Bretanha confiavam muito em si mesmas e nas suas doutrinas. Pensavam poder ensinar ao mundo a arte de governar e a ciência econômica. Estavam certas de sua supremacia nos mares e consequentemente sentiam-se em segurança dentro de casa. Repousavam, portanto, no sentimento do seu poderio e de sua tranquilidade. Muito diverso é o aspecto dos ansiosos e dúbios tempos em que vivemos. Os leitores benevolentes devem levar em conta essas transformações.

Pareceu-me interessante para a nova geração ler a história de um esforço juvenil; e aqui vou narrar, com a maior simplicidade possível, a minha história pessoal.

Parece-me conveniente, nesta edição, acrescentar alguns pormenores sobre os meus ascendentes americanos. Minha mãe era da família Jerome. Timothy Jerome velejou da Inglaterra em 1717 e se instalou na aldeia de Pompey, não longe da cidade de Siracuse, no estado de Nova York. Seu filho Samuel e quatro de seus netos lutaram nas tropas de Washington durante a guerra revolucionária. Os Jerome continuaram instalados em Pompey por quatro ou cinco gerações. Nos primeiros anos do século XIX meu avô Leonard Jerome e um de seus irmãos, Larry, depois de se graduarem na Universidade de Princeton, prosperaram um pouco e se mudaram para Rochester, onde se casaram com duas irmãs, as srtas. Hall. Construíram duas pequenas casas, lado a lado, no que era então o melhor bairro da cidade e ligaram-nas por uma ponte. Meu avô teve quatro filhas, e seu irmão, quatro filhos. Minha mãe, a segunda das filhas de Leonor Jerome, nasceu em Rochester, em 1854. A família prosperou no progresso geral dos Estados Unidos e, em 1856, mudou-se para Nova York. Ali meu avô construiu duas casas, na Madison Square, uma das quais foi a Manhattan Club House, e na outra viveu pelo resto da vida. Em Rochester havia fundado um novo jornal, que fora o órgão de um partido que naqueles dias se denominava o "Partido do Nada Sei". Esse jornal sobrevive ainda, com o nome de *Rochester Democrat and Chronicle*.

Em Nova York ele se lançou em aventuras bem maiores em matéria de jornais e em negócios imobiliários; ao irromper a Guerra Civil já era homem rico e proeminente. Foi um ardente partidário da causa da União, durante a luta, embora nunca se envolvesse muito em política. Fora dos negócios, seus principais interesses eram o esporte e a música. Era um homem magnífico e belo, com grandes e longos bigodes flutuantes, um nariz bastante aquilino e olhos cintilantes. Bem me lembro dele. Costumava rodar por Nova York, em dias de gala, numa carruagem puxada por seis cavalos, dos quais ele era um perito cocheiro. Tinha boas razões para ser considerado o Pai do Turfe Americano, e o Parque Jerome, velho hipódromo hoje reconstruído, recebeu seu nome. Fundou o Jockey Club, do qual por muito tempo foi vice-presidente. Foi o proprietário do famoso cavalo "Kentucky", que nunca sofreu derrota. Foi também um dos fundadores da Academia Musical de Nova York, ajudou os começos da ópera, patrocinou Jenny Lind e a Patti; e custeou a educação da srta. Minnie Hauk, a criadora de Carmen.

Sua mulher levou as filhas para Paris, às vésperas da guerra franco-prussiana. Tocados da capital francesa pelo avanço alemão, viveram por algum tempo na Inglaterra, onde fizeram muitos amigos.

No verão de 1873, visitando Cowes, a srta. Jennie Jerome conheceu meu pai, lorde Randolph Churchill. Nesse tempo ela era muito conhecida na sociedade de Nova York, Paris e Londres, como uma das mais lindas moças do seu tempo. Lorde Randolph Churchill apaixonou-se por ela à primeira vista e em poucos meses tornaram-se marido e mulher.

Winston S. Churchill

Capítulo 1

INFÂNCIA

Quando começam nossas recordações? Quando se imprimem no cérebro da criança as luzes e sombras ondulantes do despertar da consciência? Minhas primeiras lembranças são da Irlanda. Recordo-me bem de cenas e acontecimentos na Irlanda, e chego a rever vagamente os personagens, embora, nascido a 30 de novembro de 1874, tenha deixado esse país em começos de 1879. Meu pai fora lá como secretário de meu avô, o duque de Marlborough nomeado lorde governador, em 1876, por sr. Disraeli.

Morávamos numa casa chamada The Little Lodge, bem perto da sede do governo. Ali passei quase três anos de meninice. Guardei impressões claras e vivas de certos acontecimentos. Ainda vejo o avô vice-rei desvendando a estátua de lorde Gough, em 1878. Uma multidão sombria, soldados de vermelho, a cavalo, cordões puxando um grande pano castanho e luzidio, e o velho duque, o formidável vovô, falando alto à multidão. Lembro-me até de uma frase que ele disse: "E com uma destruidora salva ele rompeu a linha inimiga." Percebi muito bem que falava de guerra e que "salva" era aquilo que os carabineiros de farda escura costumavam dar tantas vezes com tamanho estrondo no Phoenix Park, aonde me levavam todas as manhãs. Esta, creio eu, é a minha primeira recordação coerente.

Outros fatos destacam-se com nitidez ainda maior. Iríamos a uma pantomima, na maior animação. Afinal chegou a tarde tão desejada. Saímos do palácio do vice-rei numa carruagem que nos levou ao Castelo onde ia recolher outras crianças. Estacou num grande pátio interno, retangular, calçado de pequenas pedras oblongas. Chovia. Naquele tempo, chovia quase sempre — como hoje. Saiu gente do Castelo, em alvoroço. Então nos disseram que não podíamos ir à pantomima porque o teatro pegara fogo. Do diretor do teatro só restavam as chaves que estavam no bolso. Para nos consolar de não ver a pantomima, prometeram-nos que no dia seguinte iríamos ver as ruínas do prédio. Eu queria muito ver as chaves, mas esse pedido pelo que me lembro não foi bem recebido.

Nessa época, fomos a Emo Park, residência de lorde Portarlington, que me foi definido como uma espécie de tio. Embora lá não tenha voltado desde os 4 anos ou 4 e meio, ainda posso descrever perfeitamente esse lugar. O que mais me ficou foi uma torre alta de pedra branca, à qual chegamos depois de longo percurso na carruagem. Disseram-me que ela fora pelos ares por obra de Oliver Cromwell. Compreendi nitidamente que ele fizera ir pelos ares uma porção de coisas e, portanto, era um grande homem.

Minha ama, sra. Everest, vivia muito nervosa com os fenianos. Donde concluí que eram pessoas muito más, capazes de tudo se os deixassem à vontade. Uma vez, eu passeava no meu burrico, julgamos ver aproximar-se extensa e sombria fila de fenianos. Hoje estou certo de que era a brigada de carabineiros seguindo para manobras. Mas ficamos todos apavorados, principalmente o burrico, que exprimiu sua angústia em corcovos. Atirado ao solo, tive uma comoção cerebral. Foi a minha iniciação na política irlandesa!

No Phoenix Park havia um arvoredo e, no centro, uma casa. Nessa casa vivia um personagem intitulado Secretário-chefe ou

Subsecretário, não sei bem. O fato é que dessa casa saiu um certo sr. Burke. E me deu um tambor. Não me lembro do sr. Burke, mas lembro-me do tambor. Dois anos depois, de volta à Inglaterra, disseram-me que o sr. Burke fora assassinado pelos fenianos nesse mesmo Phoenix Park em que passeávamos diariamente. Em torno de mim, todos pareciam muito perturbados; eu pensei em como tive sorte em não ser apanhado pelos fenianos ao cair do burrico.

Foi em The Little Lodge que pela primeira vez a Educação me ameaçou. Anunciaram-me a chegada de um sinistro personagem denominado "a Governanta". Sua aparição estava marcada para determinado dia. A fim de me preparar o espírito, a sra. Everest descobriu um livro chamado *Leitura sem lágrimas*. No meu caso, esse título não tem razão de ser. Fizeram-me compreender que antes de a Governanta chegar eu já devia ser capaz de ler sem chorar.

Labutamos todo dia. Com a caneta, minha ama apontava as letras. Eu achava tudo aquilo muito cansativo. Nossa preparação estava longe de terminar, quando soou a hora fatal, e a Governanta ia chegar. Então fiz o que tantos povos oprimidos têm feito em circunstâncias semelhantes: caí no mato. Escondi-me nas espessas moitas — pareciam-me florestas — que cercavam The Little Lodge. Passaram muitas horas até me encontrarem e me entregarem "à Governanta". Continuamos a penar diariamente não só com letras, mas com palavras, e muito pior, com números. As letras, afinal, bastava conhecê-las; e quando se juntavam de certo modo a gente podia reconhecer a sua arrumação e descobrir que significavam certo som ou palavra que se podia pronunciar, quando suficientemente pressionado. Mas os números ligavam-se por toda espécie de laços e faziam uns com os outros coisas extremamente difíceis de se prever com exatidão. A gente era obrigado a dizer o que eles faziam cada vez que se juntavam e, ao que parece, a Governanta atribuía uma importância enorme à exatidão da resposta. Se não era certo, tinha que ser errado; inútil pretender que fosse "quase certo". Às vezes, os algarismos passavam a dever um ao outro; precisava-se então pedir emprestado ou transportar algarismo, e depois era preciso restituir o que a gente pedira emprestado. Essas complicações lançaram na minha vida uma sombra cada dia mais espessa. Afastavam a gente de todas as coisas interessantes que se gosta de fazer no quarto de brinquedos ou no jardim. Abriam cada vez mais brechas na boa vida da gente. Mal se tinha tempo para fazer o que se queria. Transformaram-se numa preocupação permanente, sobretudo quando caímos num atoleiro desanimador, chamado "soma". Ela parecia não ter fim. Quando se resolvia uma havia sempre outra. Mal conseguia dominar determinado gênero dessas aflições, outras esmagavam-me com nova variedade.

Minha mãe não participava dessas imposições, mas dava a entender que as aprovava e tomava quase sempre o partido da Governanta. Meu retrato dela na Irlanda é com um costume de amazona, muito justo no corpo, às vezes lindamente manchado de lama. Caçava com meu pai, frequentemente, montados nos seus enormes cavalos e às vezes a casa inteira ficava em reboliço porque um ou outro voltava muito depois da hora em que era esperado.

Minha mãe sempre me parecia uma princesa de contos de fadas, um ser radiante, com todas as riquezas e todos os poderes. Lorde D'Abernon, em termos que me desvanecem, descreveu-a tal como era naqueles dias da Irlanda:

> "... Lembro-me claramente da primeira vez em que a vi. Foi na casa do vice-rei, em Dublin. Ela estava a um lado, à esquerda da entrada. O vice-rei ficava sob um dossel, numa extremidade da sala, com um séquito brilhante. Mas os olhares não se dirigiam a ele nem à consorte, e sim para essa figura morena e esbelta que se mantinha afastada e parecia feita de substâncias diferentes dos que a cercavam, radiosa, translúcida, intensa. Nos cabelos brilhava seu enfeite

favorito, uma estrela de diamantes cuja cintilação era empanada pela glória cintilante de seu olhar. Mais a pantera que a mulher, mas com uma inteligência cultivada, desconhecida na selva. Sua coragem, como a do marido, tornava-a digna mãe dos descendentes do grande duque. Com todos esses atributos de brilho, tanta bondade e bom humor, era universalmente querida. O seu desejo de agradar, a sua alegria de viver e a vontade sincera de que todos participassem de sua jovial confiança na vida convertiam-na em centro de um círculo dedicado."

Aos meus olhos de criança, minha mãe dava também essa impressão radiosa. Brilhava para mim como a Estrela da Tarde. Eu a amava enternecidamente — mas à distância. Minha ama era a minha confidente. A sra. Everest era quem olhava por mim e atendia a tudo o que eu precisava. A ela eu ia contar meus numerosos aborrecimentos, até nos dias da escola. Antes de vir para nós ela havia criado, durante doze anos, uma menina chamada Ella, filha de um clérigo que vivia em Cumberland. A pequena Ella, embora eu nunca a tivesse visto, tornou-se uma atração do começo da minha vida. Sabia tudo a seu respeito; do que gostava de comer, do seu modo de rezar, como fazia má-criação e quando era boazinha. Imaginava minuciosamente a casa dela no Norte perto da Escócia. Também aprendi a gostar do condado de Kent. Dizia a sra. Everest que era "o jardim da Inglaterra". A ama nascera em Chatham, e se orgulhava imensamente de Kent. Nenhum outro condado se comparava a esse, como nenhum outro país podia se comparar à Inglaterra. A Irlanda, por exemplo, nem de longe. Quanto à França, a sra. Everest, que uma vez empurrou meu carrinho em Paris por aquilo que ela chamava os "Shams Elizzie", não a tinha em bom conceito. Kent, sim, é que era o lugar. A capital era Maidstone, e à volta de Maidstone cresciam morangos, cerejas, amoras e ameixas. Adorável! Sempre quis morar em Kent.

Voltei a The Little Lodge durante um de meus giros de conferências sobre a guerra dos bôeres, em Dublin, no inverno de 1900. Lembrava-me bem de um grande prédio baixo e branco de venezianas verdes e varandas, um gramado quase do tamanho de Trafalgar Square, inteiramente cercado de matas. Pensava que a Lodge ficava pelo menos a um quilômetro e meio do Palácio do vice-rei. Ao vê-lo de novo, fiquei atônito ao ver que o gramado tinha no máximo uns sessenta metros de comprimento, as matas não passavam de moitas e bastava um minuto para percorrer, de carruagem, a distância que a separava do Palácio.

O patamar seguinte, na minha memória, é a praia de Ventnor. Adorei Ventnor. A sra. Everest tinha uma irmã que morava em Ventnor. Durante quase trinta anos, o marido dessa irmã foi carcereiro. Então, também depois, ele me levava a longos passeios na praia e no promontório. Contava-me muitas histórias de motins nas prisões e de como fora várias vezes atacado e ferido pelos presos. Quando pela primeira vez fui a Ventnor, estávamos em guerra com os zulus. Os jornais traziam fotografias desses zulus. Vinham pretos e nus, com lanças que chamavam "azagaias" e que lançavam com destreza. Mataram muitos de nossos soldados; mas, a julgar pelas fotografias, não tanto quanto os nossos soldados a eles. Eu detestava os zulus e gostava de saber que estavam sendo mortos; meu amigo, o velho carcereiro, também. Em pouco tempo, ao que parece, todos esses zulus foram mortos; pois essa guerra acabou, não apareceram mais fotografias dos zulus nos jornais, e ninguém mais se preocupou com eles.

Um dia, estávamos nos penhascos de Ventnor quando vimos um esplêndido navio, de velas ao vento, ao largo da costa apenas dois ou três quilômetros. "É um transporte que traz os homens da guerra", disseram. Mas talvez voltasse da Índia, não me lembro [*era um navio de instrução*]. Então, de repente as nuvens ficaram carregadas, levantou-se o vento, e as primeiras gotas de chuva começaram a cair, num começo de tempestade; corremos para casa antes de nos encharcarmos. Na vez seguinte em que voltei àqueles penhascos, já não se via mais o esplêndido navio de velas, e sim três mastros escuros que apontavam na superfície da água. Era o *Eurydice* [*pronunciávamos em duas sílabas*]. Naufragara na tempestade, com trezentos soldados a bordo. Os mergulhadores desceram à procura dos cadáveres. Contaram-me — e isso me causou viva impressão — que alguns escafandristas desmaiaram de terror vendo os peixes devorarem os corpos dos pobres soldados, afogados precisamente no momento em que voltavam à sua terra, depois de lutarem valorosamente contra os selvagens. Tenho a impressão de que vi alguns desses cadáveres trazidos em botes, num dia ensolarado. Havia muita gente nos penhascos para assistir a essa triste cerimônia e todos tirávamos os chapéus diante das vítimas.

Foi também por esse tempo que se deu o "desastre da ponte do Tay". A ponte ruiu quando um trem a atravessava e todos os passageiros morreram afogados. Na minha opinião, o desastre se dera porque não puderam abrir as janelas a tempo: que operação complicada, abrir uma janela de trem! Não admira que todos se tivessem afogado. O meu mundo ficou indignado por ter o governo permitido que aquela ponte desabasse. A mim também parecia relaxamento, e não tive surpresa quando ouvi as pessoas dizerem que se devia votar contra um governo tão preguiçoso e tão negligente que deixara acontecer aquela coisa espantosa.

Em 1880 fomos derrubados do governo pelo sr. Gladstone. O sr. Gladstone era um homem perigosíssimo, que passava o tempo adulando e enfurecendo os outros até que votassem contra os conservadores e fez meu avô perder o posto de lorde governador da Irlanda. Meu avô prezava muito menos esse posto do que o antigo, de lorde presidente do Conselho, que havia ocupado no governo anterior de lorde Beaconsfield. Quando governador, tinha que gastar todo o seu dinheiro em recepções aos irlandeses de Dublin; e minha avó se via na obrigação de reunir os fundos necessários para uma obra de caridade chamada Caixa dos Flagelados da Fome. No entanto, firmou-se em mim a ideia de que os irlandeses eram um povo muito ingrato. Nem "muito obrigado" diziam pelas festas, nem pela Caixa dos Flagelados da Fome. O duque, por isso mesmo, preferia ficar na Inglaterra, onde podia viver em sua casa de Blenheim e participar das reuniões do Gabinete. Mas fez sempre tudo o que lorde Beaconsfield queria. Lorde Beaconsfield era o grande inimigo do sr. Gladstone, e todo mundo o chamava "Dizzy". Desta vez, no entanto, Dizzy foi completamente vencido pelo sr. Gladstone, de modo que fomos todos lançados na Oposição, e o país caminhou rapidamente para a ruína. Toda gente dizia que fora "atirado aos cães". Ainda por cima lorde Beaconsfield adoeceu gravemente. Sua doença foi longa; e como ele era já muito idoso, acabou por matá-lo. Acompanhei ansiosamente dia a dia a sua moléstia, porque todos considerávamos sua morte uma grande perda para o país e se ele desaparecesse ninguém poderia impedir o sr. Gladstone de voltar contra todos nós sua maldade. Parecia-me certa a morte de lorde Beaconsfield; afinal, chegou o dia em que vi toda gente de cara triste porque, como diziam, um grande, um esplêndido estadista, que muito amou nosso país e desafiou os russos, morrera amargurado pela ingratidão com que o trataram os Radicais.

Já descrevi a temível aparição "da Governanta" em minha vida. Agora ameaçava-me perigo ainda maior. Tinha que ir para o colégio. Tinha 7 anos e era o que as pessoas grandes chamam, com aquela desenvoltura, de "garoto insuportável". Seria obrigado a ficar longe de casa por muitas semanas, para estudar com professores. O período escolar já começara, ainda assim precisava ficar sete semanas no colégio até poder voltar para o Natal. Apesar da impressão absolutamente desagradável que me ficou de tudo o que ouvi dizer do colégio, impressão, posso acrescentar, inteiramente confirmada pela minha experiência, agitei-me todo, inquieto com essa grande transformação em minha vida. Achava que malgrado as aulas seria divertido viver com tantos outros meninos, eu faria amigos e teríamos grandes aventuras. Também me disseram que os "dias de escola são os mais felizes da vida". Vários adultos acrescentaram que, no seu tempo, quando tinham sido crianças, a escola era muito dura: maus-tratos, não havia o que comer, tinham que "quebrar o gelo no jarro" toda manhã (coisa que nunca vi ninguém fazer na vida). Agora, porém, tudo estava mudado. Os dias de escola, agora, eram uma gostosura. Todos os meninos adoravam. Disseram-me que vários primos, um pouco mais velhos do que eu, lamentavam ter que voltar para casa, nas férias. Devidamente interrogados, meus primos não confirmaram essa versão: apenas sorriram. De qualquer jeito eu não tinha solução. Uma irresistível maré me arrastou. Não me consultaram sobre trocar a casa pelo colégio, como também não me consultaram sobre a minha vinda ao mundo.

Era muito interessante comprar todos os objetos de que se precisava para o colégio. Nada menos de catorze pares de meias estavam na lista. A sra. Everest considerou uma extravagância. Disse que, com o devido cuidado, dez pares bastariam. Mas não era mau ter alguns de reserva, assim se evitava o perigo de "ficar com os pés molhados".

Chegou o dia fatal. Minha mãe me levou de fiacre à estação. Deu-me três meias-coroas, que deixei cair no fundo do carro e levamos algum tempo à procura. Quase chegamos atrasados. Se perdêssemos o trem, seria o fim do mundo. No entanto, não o perdemos e o mundo continuou.

O colégio escolhido por meus pais era dos mais caros e mais em voga no país. Tomava Eton por modelo e tinha a pretensão de preparar os alunos para esta, que é a melhor de todas as escolas inglesas. Segundo se dizia, era a última palavra. Dez meninos, apenas, em cada classe. Luz elétrica, o que então era uma maravilha; piscina, grandes campos de futebol e críquete, duas ou três excursões ou "expedições" por trimestre; capela particular; os professores eram todos "Master of Arts", de borla e capelo; nada de cestos e provisões mandados de casa, tudo fornecido pela direção.

Chegamos a esse estabelecimento numa sombria tarde de novembro. Tomamos chá com o diretor, com o qual minha mãe palestrou com a maior naturalidade. Quanto a mim, preocupava-me o temor de derramar a xícara e assim causar "má impressão". A ideia de que iam me deixar sozinho entre estranhos nesse lugar imenso, terrível, fabuloso, entristecia-me. Afinal de contas, eu tinha apenas 7 anos e fora tão feliz com os meus brinquedos! Possuía alguns brinquedos maravilhosos: máquina a vapor de verdade, lanterna mágica e uma coleção de soldados que chegava quase a mil. Agora seria tudo aula. Sete ou oito horas, cada dia, salvo domingos e feriados. E, ainda por cima, futebol ou críquete.

Quando cessou o rumor das rodas que levavam minha mãe, o diretor me convidou a entregar todo o dinheiro que trazia. Entreguei-lhe minhas três meias-coroas, logo devidamente registradas num livro, e fui informado que de vez em quando havia uma "venda" na escola, onde havia tudo o que a gente pudesse querer, e poderia escolher o que quisesse — até o limite de seis xelins e seis *pence*. Em seguida, saí do salão do diretor e da ala confortável e particular do edifício e entrei na parte mais sombria, reservada ao estudo e alojamento dos meninos. Levaram-me a uma sala de aula onde o professor ensinou-me a sentar numa carteira. Os outros estavam no recreio, eu sozinho com o professor. Ele empunhou um livro fininho, encadernado de verde e marrom, cheio de palavras impressas em tipos diferentes.

"Nunca estudou latim, não?"

"Não, senhor."

"Isto é uma gramática latina." Ele abriu o livro numa página já muito marcada. "Precisa aprender isto", acrescentou apontando certo número de palavras num quadro da página. "Voltarei daqui a meia hora para ver o que você sabe."

Imagine-me numa tarde triste, o coração me doendo, sentado diante da Primeira Declinação.

Mensa	uma mesa
Mensa	ó mesa
Mensam	uma mesa
Mensae	de uma mesa
Mensae	a uma mesa ou para uma mesa
Mensa	por, com ou vindo de uma mesa

Que pretendiam dizer com aquilo? Que sentido tinha? Parecia-me uma asneira. Uma coisa, no entanto, eu sempre podia fazer: decorar. Tanto quanto permitia minha tristeza íntima, forcei-me por fixar na memória aquela espécie de acróstico.

No devido tempo o professor voltou.

"Já aprendeu?"

"Creio que posso repetir, sim, senhor." E recitei.

Pareceu-me tão feliz, que me animei a uma pergunta:

"Que quer dizer isto, professor?"

"Isto quer dizer isso mesmo: *mensa*, uma mesa. *Mensa* é um substantivo da Primeira Declinação. Existem cinco declinações. Você aprendeu o singular da Primeira Declinação."

"Mas quer dizer o quê?"

"*Mensa* quer dizer mesa."

"Mas por que é que *mensa* também quer dizer ó mesa? E que quer dizer ó mesa?"

"*Mensa*, ó mesa, é o vocativo."

"Mas por que, ó mesa?", persisti, com natural curiosidade.

"Ó mesa? Você empregaria essa fórmula para se dirigir a uma mesa, para invocá-la."

Então, vendo que eu não percebia, acrescentou:

"Você a empregaria para falar com uma mesa."

"Mas eu nunca falo com a mesa!"

"Se você for impertinente será severamente castigado, e castigado, eu lhe digo, severamente." E encerrou o assunto.

Foi esse meu primeiro contato com os clássicos dos quais, segundo me disseram, muitos dos nossos maiores talentos tiraram tanto proveito e consolação.

As palavras do professor, a propósito de castigo, não eram vãs no Colégio Saint James's. A surra de vara, à moda Eton, era ponto de relevo no currículo. Mas penso que nenhum aluno de Eton e certamente nenhum de Harrow jamais recebeu varadas tão cruéis quanto as infligidas pelo diretor aos pequeninos confiados aos seus cuidados e poderes. Esses castigos ultrapassavam tudo o que seria tolerado nos reformatórios do Ministério do Interior. Minhas leituras, mais tarde, levaram-me a uma possível explicação para o caráter desse homem. Duas ou três vezes por mês íamos enfileirados à biblioteca, um ou dois delinquentes, arrastados por dois chefes de turma à sala contígua, eram vergastados até sangrar abertamente enquanto os outros, sentados e transidos, ouviam seus berros. Essa forma de punição era consideravelmente reforçada por frequentes serviços religiosos mais ou menos no estilo da High Church, na capela. A sra. Everest era muito contra o papa. Se apurassem bem, dizia ela, veriam que o papa apoiava os fenianos, os rebeldes irlandeses. Minha ama era da Low Church, seu horror a paramentos e rituais e sua opinião extremamente desfavorável ao Sumo Pontífice encheu-me de prevenções contra esse personagem e todas as práticas religiosas com ele relacionadas. Por isso, não recebi muito conforto na parte espiritual de minha educação naquele período. Por outro lado, experimentei, por inteiro, o peso do braço secular.

Como odiei essa escola! Que vida ansiosa, ali, durante dois anos! Progredi muito pouco nas lições e, nos esportes, nada.

Contava os dias e as horas de cada período, deixando essa odiosa servidão para voltar a casa e formar meus soldados em linha de combate no chão do quarto de brinquedos.

O meu maior prazer, nessa época, era a leitura. Tinha 9 anos e meio, quando meu pai me deu *A Ilha do Tesouro*; lembro a alegria com que devorei o livro. Meus professores viam-me ao mesmo tempo retardado e precoce, lendo livros acima de minha idade e, no entanto, a ser dos últimos da classe. Ofendiam-se. Tinham numerosos recursos coercitivos, mas eu era teimoso. Onde a minha imaginação ou minha curiosidade não estavam engajadas, não queria ou não conseguia estudar. Nos dois anos que passei no colégio, ninguém conseguiu fazer-me escrever um verso latino ou estudar qualquer grego além do alfabeto. Não procuro desculpar-me por tão tolo desperdício das oportunidades que a preço tão alto meus pais me proporcionavam, como com tanto esforço insistiam os professores. Talvez se me tivessem apresentado os Antigos começando pela sua história e os seus costumes, e não pela gramática e a sintaxe, talvez melhorasse as minhas notas.

Em St. James's minha saúde rapidamente decaiu. Finalmente, depois de uma doença grave, meus pais me tiraram do colégio. O médico da família — o célebre Robson Roose — clinicava então em Brighton; e como resolveram que eu tinha saúde muito frágil, acharam desejável deixar-me sob os seus constantes cuidados. Eis por que fui transferido em 1883 para uma escola em Brighton, mantida por duas senhoras. Era uma escola menor. Era também mais barata e menos pretensiosa. Mas encontrei ali um elemento de bondade e simpatia que me faltara nas minhas primeiras experiências. Ali me mantive por três anos; embora quase morresse de um ataque de pneumonia dupla, aos poucos me fortaleci naquele vivificante ar do mar, num ambiente suave. Nessa escola permitiram-me aprender o que me interessava: francês, história, muita poesia decorada e, sobretudo, equitação e natação. Esse período deixou-me na lembrança um quadro agradável, em forte contraste com as minhas primeiras recordações de colégio.

A inclinação pelos princípios da Low Church, por influência da sra. Everest, trouxe-me um constrangimento. Costumávamos assistir à missa na Chapel Royal, em Brighton. Os alunos sentavam-se em bancos orientados para o norte e o sul. Em consequência, quando se rezava o Credo dos Apóstolos, voltavam-se todos para o leste. Certo de que a sra. Everest consideraria papista esse ritual, julguei meu dever dar meu testemunho contra o hábito. Fiquei olhando, firme, para a frente.

Pareceu-me ter causado "sensação". Esperei pelo martírio. Mas, para a minha surpresa, quando voltamos ninguém se dignou comentar o meu feito. Desapontado, esperei nova oportunidade de demonstrar a minha fé. Quando apareceu, porém, os bancos estavam virados para leste, de modo que nenhum de nós precisava fazer qualquer movimento durante a leitura do Credo. Fiquei desorientado na busca do verdadeiro rumo e do meu dever. Pareceu-me excessivo ficar de lado para o leste. Não me pareceu justificável dar um passo tão sério. O resultado é que me tornei um conformista irresoluto e inerte.

Foi inteligente e engenhoso da parte daquelas senhoras tratarem com tanta delicadeza os meus escrúpulos. Os resultados compensaram o seu cuidado. Nunca mais causei ou senti perturbação. Não sendo contrariado ou maltratado, inclinei-me complacente pela tolerância esclarecida e pela ortodoxia.

Capítulo 2

HARROW

Mal completara meu décimo segundo aniversário, entrei na região inóspita dos exames, onde seria condenado a viver por sete anos. Dura provação esses exames. Os assuntos prediletos dos examinadores eram quase sempre os que menos me atraíam. Gostaria que me examinassem em história, poesia e redação. Os examinadores preferiam latim e matemática. E prevalecia a sua vontade. Ainda por cima, as perguntas que me faziam sobre as duas matérias eram invariavelmente, ou quase, aquelas que eu não podia responder satisfatoriamente. Gostaria que me pedissem para dizer o que sabia. Mas procuravam sempre interrogar-me sobre o que eu ignorava. Enquanto eu preferia exibir meus conhecimentos, eles procuravam expor a minha ignorância. Esse tratamento teve um só resultado: meus exames eram péssimos.

Isso se deu principalmente no meu exame de admissão a Harrow. O diretor, o dr. Welldon, foi indulgente com a minha prosa latina: fez juízo correto dos meus conhecimentos. Foi ainda mais surpreendente porque eu não conseguira responder a uma única questão da prova de latim.

Comecei por escrever o meu nome no alto da página. Acrescentei o número da questão: 1. Depois de muito refletir, fechei o algarismo em parênteses (1). Isto feito, nada mais me ocorreu de relevante ou exato. Brotaram não sei de onde um borrão e vários riscos de tinta. Fitei por duas horas essa triste visão. Afinal, bedéis prestimosos recolheram a minha deplorável prova junto com as demais, e a carregaram para a mesa do diretor. Dessa franzina demonstração de ciência, o dr. Welldon concluiu que eu estava em condições de ser admitido em Harrow; o que depõe muito a seu favor. Ele provou que sabia ver abaixo da superfície: um homem que não dependia de manifestações no papel. Sempre, por isso, o tive na mais alta conta.

Em consequência dessa decisão, incorporaram-me à classe mais atrasada. E, como a lista de chamada obedecia à ordem alfabética e o meu nome correto, Spencer-Churchill, começando por S não me saí melhor com o alfabeto do que com as letras em geral. Em toda a escola só havia dois meninos mais atrasados do que eu. E esses dois, lamento dizer, não tardaram em sair, por doença ou outro motivo.

Em Harrow, o modo de fazer a chamada é diferente do de Eton. Em Eton, os meninos ficam em grupo e tiram o chapéu quando são chamados. Em Harrow desfilam diante do diretor no pátio e respondem um a um. Assim, minha posição se revelava em sua vergonhosa humildade cheia de inveja. Era 1887. Lorde Randolph Churchill acabava de renunciar às funções de líder da Câmara dos Comuns e Chanceler do Erário, e ainda sobressaía na primeira linha da política. Em consequência, numerosos visitantes de ambos os sexos costumavam esperar na escadaria da escola para me ver entrar e muitas vezes ouvi o irreverente comentário: "Ih, ele é o último de todos!"

Quase um ano continuei nessa despretensiosa posição. Contudo, por ficar tanto tempo entre os mais atrasados levei imensa vantagem sobre os mais espertos. Eles todos estudaram latim, grego e coisas igualmente esplêndidas. A mim, ensinaram inglês. Éramos considerados tão broncos que só podíamos aprender inglês. O sr. Somervell, homem encantador a quem muito devo, era encarregado de ensinar aos meninos mais estúpidos a matéria mais desprezada, ou seja, escrever simples inglês. Ele sabia ensinar como ninguém. Não só aprendemos pela análise gramatical, como praticamos seguidamente análise lógica. O sr. Somervell tinha um método todo próprio de ensinar. Tomava uma oração bastante longa, separava-a em seus componentes por meio de tinta preta, vermelha, azul e verde. Sujeito, Predicado, Objeto Direto, Indireto etc., cada qual tinha a sua cor e a sua chave. Era uma espécie de brinquedo, todo dia. Como fiquei na última classe três vezes mais tempo do que os outros, tive três vezes mais tempo para aprender. Esgotei a matéria. Desde então, incorporei aos meus ossos a estrutura essencial da oração inglesa comum — o que é um nobre resultado. E quando mais tarde meus colegas que conquistavam prêmios e honrarias por escreverem as tais belas poesias latinas e vigorosos epigramas gregos tiveram de voltar ao inglês de cada dia para ganhar a vida ou abrir caminho, não me senti inferior a eles. Como é natural, sou todo a favor do ensino intensivo de inglês aos meninos. Desejaria que todos aprendessem sua língua; aos mais inteligentes, seria permitido estudar latim, como uma honra, ou grego, como um banquete. Mas a única razão para espancá-los seria a ignorância do inglês. Por isto, eu os espancaria muito.

 Entrei para Harrow no verão. A escola possuía a maior piscina que conheci. Mais parecia uma curva de rio; duas pontes a atravessavam. Lá ficávamos durante horas, entre mergulhos comíamos broas, na beira do asfalto quente. É claro, o grande brinquedo era chegar pelas costas de um amigo nu ou mesmo de um inimigo e empurrá-lo na água. Fiz isso habitualmente com meninos do meu tamanho ou menores. Um dia, ainda não fazia um mês que estava na escola, um menino parecia meditar, em pé, bem na beira da piscina, enrolado numa toalha felpuda. Não era maior do que eu, por isso pensei que era fácil: vim pelas costas, empurrei-o, segurando ao mesmo tempo a toalha, por questão de humanidade, para que não se molhasse. Surpreendeu-me um rosto furioso emergindo e uma criatura de força evidentemente prodigiosa, em braçadas enérgicas, voltou à beira. Corri, em vão. Rápido como o vento ele me agarrou ferozmente e me atirou na parte mais funda da piscina. Saí do outro lado e me esperava um grupo de colegas inquietos. "Imagine. Sabe quem você jogou na água? Amery, do Sexto Grau, o cabeça da turma, campeão de ginástica, o melhor do futebol." Continuaram a enfileirar os muitos títulos e as terríveis represálias que cairiam sobre mim. Deixaram-me convulsionado não só de terror, mas também pela culpa de um sacrilégio. Como poderia eu adivinhar a alta posição de um rapaz tão baixinho enrolado numa toalha? Resolvi pedir-lhe desculpas imediatamente. Aproximei-me ansioso do potentado. "Lamento muito", disse-lhe. "Confundi você com um menino do primeiro ano. Você é tão baixinho." Ele não pareceu muito satisfeito com a explicação; então acrescentei num achado brilhante: "Meu pai, que é um grande homem, também é baixo." Amery então riu após algumas observações sobre o meu "topete" e sobre tomar de futuro mais cuidado, e considerou encerrado o incidente.

Tive a sorte de vê-lo frequentemente numa fase na qual três anos de diferença de idade têm menos importância do que na escola. Durante muitos bons anos fomos colegas no Conselho de Ministros.

A todos pareceu incongruente que um aluno estagnado na última classe pudesse receber, como recebi, um prêmio destinado a quem recitasse na presença do Diretor, sem um único erro, 1.200 linhas dos "Cantos da Roma Antiga", de Macaulay. Também consegui passar no exame preliminar para o Exército embora ainda fosse quase o último da escola. Para esse exame realmente foi preciso fazer um grande esforço, pois muitos rapazes bem melhores na escola do que eu malograram. Tive também um bocado de sorte. Sabíamos que entre outros deveres cumpria-nos desenhar de cor o mapa de um país qualquer. Na véspera do exame, a título de recordação final, joguei num chapéu os nomes de todos os países do Atlas e tirei à sorte. Saiu Nova Zelândia. Apliquei minha boa memória à geografia desse Domínio. É claro, a primeira questão da prova foi: "Desenhar um mapa da Nova Zelândia." É o que se chama em Monte Carlo de "acertar *en plein*". Deviam ter pago 35 vezes minhas fichas. Mas ao menos consegui nota alta.

E assim me engajei na carreira militar. A decisão foi inteiramente devida à minha coleção de soldados de chumbo. Naquela altura, eram uns 1.500. Todos do mesmo tamanho, todos ingleses, organizados numa divisão de infantaria com uma brigada de cavalaria. Meu irmão Jack comandava o exército inimigo. Mas, segundo um Tratado de Limitação de Armamentos, ele só podia ter tropas de cor, sem direito a artilharia. Importantíssimo! Eu dispunha de dezoito canhões de campanha apenas, além de outras peças de fortaleza. Mas todos os serviços eram completos menos um. O ponto fraco de quase todos os exércitos — transporte. Um velho amigo de meu pai, Sir Henry Drummond Wolff, ao admirar meus efetivos, notou essa deficiência e forneceu recursos com os quais pude, até certo ponto, supri-la.

Chegou o dia em que meu pai veio pessoalmente passar revista às tropas, dispostas em impecável formação de combate. Passou uns vinte minutos examinando a cena — realmente impressionante — com um olhar de entendido e um sorriso cativante. Acabou por perguntar se eu gostaria de entrar para o Exército. Pareceu-me formidável comandar um exército, e disse logo que "Sim". Tomaram-me ao pé da letra. Durante anos julguei que meu pai, com sua apurada experiência, descobrira em mim as qualidades de um gênio militar. Mais tarde me disseram que ele apenas havia chegado à conclusão de que com a minha inteligência não dava para ser advogado. Seja como for, os soldadinhos de chumbo torceram o rumo da minha vida. Daí em diante, toda a minha educação se orientou para os exames vestibulares de Sandhurst e depois para os pormenores técnicos da profissão das armas. Todo o resto tive que aprender por mim mesmo.

Passei em Harrow quase quatro anos e meio, dos quais três na classe de preparação militar, na qual fui admitido por ter passado nos exames. Consistia de rapazes das turmas médias e superiores que se preparavam para os exames de Sandhurst ou de Woolwich. Éramos retirados da massa escolar, de turma em turma. Não fui promovido, senão muito pouco, e permaneci muito embaixo na chamada. Oficialmente nunca fui além do curso elementar, por isto nunca cheguei a ter o privilégio de dispor de um *fag*, um aluno mais moço que serve a um mais antigo. O máximo que atingi, depois de três anos, foi não ter mais que servir de fag; e como era o mais velho da minha turma, fui nomeado Chefe dos Fags. Foi meu primeiro posto de responsabilidade, e os meus deveres, apenas honoríficos, consistiam em fazer a relação de fags, organizar um quadro de suas tarefas e horários, colocar cópias desse quadro no quarto dos monitores, dos campeões de futebol e de críquete e de outros membros da nossa aristocracia. Desempenhei essas funções por mais de um ano e, em geral, resignadamente.

Nessa época encontrei um método admirável de aprender minhas traduções de latim. Sempre tive muita dificuldade em usar dicionário; tanto quanto a lista telefônica. É fácil abri-lo mais ou menos na letra certa; daí por diante vem o pior, que é andar para trás e para diante, subir e descer as colinas, e frequentemente verificar que errei, por três ou quatro páginas, a palavra procurada. Em suma, considerava penosíssimo esse trabalho, enquanto a outros rapazes nada custava. Aliei-me a um da sexta classe, muito vivo, que lia latim tão bem quanto inglês. César, Ovídio, Virgílio, Horácio e até os epigramas de Marcial, era tudo fácil para ele. Meu dever de cada dia constava de dez a quinze linhas. Isto normalmente me tomaria uma hora ou hora e meia de decifração, e no final provavelmente sairia errado.

Meu amigo podia, em cinco minutos apenas, traduzir palavra por palavra; e uma vez lida a tradução, o texto me ficava firme na memória. Por sua vez, o colega se via atrapalhado com as composições de inglês a serem submetidas ao diretor, tanto quanto eu com o latim. Combinamos que ele faria as minhas traduções e eu ditaria a sua redação. O trato funcionou admiravelmente. O professor de latim ficou satisfeito com o meu trabalho e eu passei a dispor de mais tempo livre, de manhã. Por outro lado, uma vez por semana, em média, tinha que redigir as composições do colega da sexta. Eu costumava passear de um lado para outro na sala, ditando — tal como faço agora — enquanto ele, sentado a um canto, escrevia o que eu ia dizendo. Vários meses se passaram sem contratempo. Mas, certa vez, quase fomos pegos. Uma das tais redações, considerada excelente, foi remetida ao diretor, que chamou o meu amigo; elogiou-lhe a obra e começou a discutir o tema com muita vivacidade. "Interessa-me este problema que abordou. Você poderia, penso eu, ter ido mais longe. Diga-me exatamente qual foi a sua ideia." O dr. Welldon, apesar das respostas desalentadoras, continuou nesse tom por algum tempo, para extrema consternação do meu sócio. Mas, como não desejasse levar a coisa ao trágico, mandou-o embora com esta observação: "Você parece melhor nos deveres escritos do que nos orais." O rapaz procurou-me como quem acaba de escapar de boa; daí por diante tive mais cuidado em dissimular a marca da redação.

O dr. Welldon tomou por mim um interesse cordial e, sabendo da minha fraqueza em matéria de clássicos, resolveu ajudar-me pessoalmente. Suas ocupações eram muitas; mas acrescentou-lhes um quarto de hora, três vezes por semana, antes da reza da tarde, para me dar explicações particulares. Era uma grande condescendência do diretor, como é natural, ele só ensinava a monitores e primeiros alunos. Orgulhoso com a honra, resignei-me com a provação. Se o leitor já aprendeu qualquer prosa latina há de saber que logo de começo se esbarra com o ablativo absoluto e sua alternativa aparentemente desprezível "*Quum* com o mais-que-perfeito do subjuntivo". Sempre preferi o "*Quum*". É verdade que ficava um pouco mais comprido, privando-nos da tão gabada concisão e vigor do idioma latino. Em compensação evitava uma série de erros. Nunca sabia se o Ablativo Absoluto devia terminar em *e* ou *i* ou *u* ou *is* ou *ibus*, embora se atribuísse grande importância a essa escolha. O dr. Welldon parecia sofrer fisicamente com a troca de qualquer dessas letras. Lembro-me que mais tarde o sr. Asquith costumava fazer a mesma cara quando, às vezes, eu enfeitava uma discussão ministerial com uma das minhas raras mas fiéis citações latinas. Era mais do que um aborrecimento, era uma angústia. Além disso, os diretores da escola têm à sua disposição poderes de que ainda não foram investidos os primeiros-ministros. Assim, esses quartos de hora vespertinos do dr. Welldon acresceram consideravelmente as aflições de minha vida. Senti-me bastante aliviado quando, depois de quase um ano de paciente empenho, ele desistiu de seus bem-intencionados mas inúteis esforços.

Farei aqui algumas observações gerais sobre latim, provavelmente também aplicáveis ao grego. Numa língua sensata como o inglês, as palavras mais importantes são ligadas entre si por outras palavras pequenas. Os romanos, naqueles tempos severos, consideravam esse método fraco e desprezível. Só se davam por satisfeitos fazendo a estrutura de cada palavra reagir perante as vizinhas de acordo com regras estabelecidas para as diferentes condições em que podem ser usadas. Não há dúvida que esse método soa melhor e é mais agradável à vista do que o nosso. A frase se engrena como uma máquina bem-ajustada. Cada oração pode ser intensamente carregada de sentido. Deve ter sido muito trabalhoso mesmo que a gente tivesse crescido nisso. Mas não há dúvida de que deu aos romanos, e também aos gregos, um meio inteligente e fácil de firmar sua glória na posteridade. Foram os primeiros a chegar aos domínios do pensamento e da literatura. Ao fazerem reflexões bastante banais sobre a vida e o amor, sobre a guerra, o destino e os costumes, forjaram os numerosos slogans e epigramas aos quais a sua língua tão bem se adapta; e assim asseguraram direitos autorais para todos os tempos. Daí a sua fama. Ninguém me ensinou isto no colégio. Cheguei a essa conclusão sozinho, mais tarde.

Mas, mesmo como colegial, pus em dúvida a utilidade dos clássicos nos alicerces de nossa educação. Disseram-me então que o sr. Gladstone lia Homero para se divertir, o que espero lhe tenha sido de bom proveito; que mais tarde me daria muito prazer essa leitura. Quando eu parecia incrédulo, acrescentavam que os clássicos eram indispensáveis a quem quisesse escrever ou falar bem o inglês. E apontavam as palavras modernas derivadas do latim e do grego. Podia-se usá-las muito melhor, diziam, se conhecesse exatamente a fonte de onde provinham. Cheguei a me conformar em que tivessem ao menos essa utilidade prática. Hoje em dia, nem isso. Os estrangeiros e os escoceses se juntaram para introduzir uma pronúncia do latim que o divorcia inteiramente do idioma inglês. Ensinaram-nos a pronunciar "audiência" como "odiência" e "civil" como "quiuil". Transformaram uma das minhas mais prestantes e impressionantes citações — "veni, vidi, vici" — na ridícula corruptela "Weiny, Weedy, Weeky". A punição dos deuses devia ser reservada aos que espalharam essa praga.

Veremos outro exemplo de perverso pedantismo quando chegarmos aos capítulos indianos deste livro. Quando eu era menino, todo mundo escrevia e pronunciava "Punjab", "pundit", "Umbala" etc. Mas alguns eruditos notáveis passaram a dizer: "Não. É preciso soletrar corretamente." E o inglês passou a se referir ao "Panjab", "ao pandit fulano" e aos "distúrbios em Ambala ou Amritsar". Quando os indianos ouvem, ficam atônitos e pensam que se trata de outro país: é o único resultado de tão superior erudição. Sou muito conservador nessas questões. Sempre escrevi czar "czar". E considero ignominiosa a versão revista da Bíblia, bem como as alterações no livro de preces, especialmente no ritual do casamento.

Capítulo 3

EXAMES

Três vezes tentei entrar em Sandhurst. Eram cinco matérias, das quais matemática, latim e inglês obrigatórias. Escolhi, para completar, francês e química. Tinha na mão só um par de reis: inglês e química. Mas para abrir a mesa precisava ao menos de uma trinca. Precisava de mais uma carta. Latim não conseguia aprender. Tinha preconceitos que me fechavam a cabeça para essa língua. Latim representava 2 mil pontos. Eu só podia esperar uns quatrocentos. O francês era interessante, mas cheio de ciladas e difícil de aprender na Inglaterra. Restava a matemática. Depois das primeiras provas, o exame do teatro de operações revelou que para ganhar a guerra precisava de reforço. A matemática era meu único recurso. Dediquei-me, ou melhor, agarrei-me desesperadamente a ela. Tive que vez em quando em minha vida problemas desagradáveis a exigirem solução a curto prazo, mas considero um triunfo moral e técnico aprender matemática em seis meses: na primeira das três provações não obtive mais de 500 pontos dos 2.500 reservados à matemática. No segundo, tive quase 2 mil pontos. Devo esse êxito não só a minha tenacidade nunca assaz louvada, mas também ao benevolente interesse do venerável professor de Harrow, o sr. C.H.P. Mayo. Ele me convenceu de que a matemática não era um inextricável novelo de insensatez, e de que havia sentido e ritmo atrás desses cômicos hieróglifos; e de que eu não seria incapaz de pegar, de relance, alguns deles.

O que chamo matemática era naturalmente o conjunto de conhecimentos rudimentares exigidos pelos examinadores. Aos olhos dos que desfrutam dessa vocação peculiar, os *senior wranglers* que conhecem a matéria a fundo, as águas em que eu nadava não passavam de um tanque de patos comparado com o oceano Atlântico. No entanto, ao primeiro mergulho, perdi o pé. Quando penso nesses meses de trabalho, repletos de preocupação, os traços mais salientes surgem do abismo da memória. É claro que fui além das frações ordinárias e do sistema decimal. Chegamos a um mundo de Alice no País das Maravilhas — aos portais da Equação de Segundo Grau. Com uma careta bizarra, esta apontava-nos o caminho secreto da Teoria das Potências, que por sua vez apresentavam ao recém-chegado todos os rigores do Teorema do Binômio. Pouco adiante, antros obscuros, iluminados por fogos sinistros e sulfurosos, abrigavam um dragão chamado Cálculo Diferencial. Esse monstro, porém, passava dos limites que os examinadores oficiais impunham à nossa viagem de peregrinos. Voltávamo-nos para o outro lado, não pelos planaltos de montanhas inefáveis, mas por estranhos desfiladeiros cheios de anagramas e acrósticos, chamados Senos, Cossenos e Tangentes. Todos, ao que parece, muito importantes, sobretudo quando multiplicados uns pelos outros ou por si mesmos! Tinham também um mérito: podiam-se decorar muitas de suas evoluções. No meu terceiro e último exame uma pergunta sobre esses Cossenos e essas Tangentes numa alta condição de raiz quadrada teve influência decisiva no meu destino. Era um problema. Felizmente, sua face horrenda me aparecera poucos dias antes, e imediatamente o reconheci.

Nunca mais revi nenhuma dessas criaturas. Depois do meu terceiro e último exame, desapareceram com as fantasmagorias de um delírio. Garantem-me que ajudam muito a engenharia, a astronomia e coisas assim. É importante construir pontes e canais, avaliar a resistência e potencialidade da matéria, para não falar da contagem de todas as estrelas e até dos universos, medir-lhes as distâncias, prever eclipses, chegada dos cometas e assim por diante. Muito me apraz que haja pessoas nascidas com esse gosto e essa vocação: como os grandes enxadristas que jogam de olhos vendados em dezesseis tabuleiros diferentes e morrem ainda moços de epilepsia. Pior para eles! Espero que os matemáticos sejam bem recompensados. Prometo jamais deslustrar sua profissão, e nunca lhes tirar o pão da boca.

Uma vez tive, sobre a matemática, a impressão de que não tinha mais segredos para mim. Sondara-lhe todas as profundezas, todos os recantos, o Bismo e o Abismo. Assim como se pode acompanhar a passagem de Vênus ou a Parada do Prefeito de Londres, vi os números passarem ao infinito trocando o sinal de mais para menos. Percebi exatamente como isso acontecia e por que a tergiversação era inevitável e como um passo determinava todos os outros. Era como em política. Mas o lampejo me veio depois do jantar, e o deixei passar!

O que desejo deixar bem claro é que se o examinador oficial não tivesse proposto precisamente a questão desses Cossenos e Tangentes ao quadrado ou mesmo ao cubo, coincidindo com o problema que eu acabava de aprender mal e mal, na semana anterior, nenhum capítulo deste livro teria sido escrito. Talvez eu entrasse numa Ordem Religiosa, onde pregaria sermões ortodoxos, em audaciosa contradição com a nossa época. Poderia ter ido para a City, meter-me em negócios e fazer fortuna. Ou viajar para as Colônias, ou "Domínios", como se denominam agora, na esperança de cair nas suas graças ou subjugá-los, continuando assim, *à la* Lindsay Gordon ou Cecil Rhodes, minha pálida carreira. Quem sabe teria até gravitado para a advocacia e minhas arengas fariam enforcar criminosos que hoje amamentam os segredos de suas culpas por terem podido encobri-las. De qualquer modo, toda a *minha* vida teria mudado e isso, suponho, mudaria muitas outras, que por sua vez etc.

Aqui voltamos à matemática, que abandonei para sempre em 1894. O importante é que a questão proposta, por capricho ou rotina, pelo examinador do Serviço Público, mudou, no que me diz respeito, todo o curso dos acontecimentos. Voltei a encontrar depois muitos examinadores do Serviço Público. Em carne e osso. Até nomeei o seu Diretor-geral. Admiro-os. Estimo-os. Todos dizem o mesmo. Mas ninguém, muito menos eles, poderia supor que desempenham tão decisivo e marcante papel no destino da humanidade. O que me leva a concluir sobre Livre-arbítrio e Predestinação — anote bem o leitor — que são ambos a mesma coisa.

Sempre gostei de borboletas. Em Uganda vi maravilhosas, com as asas cambiantes passando da cor de ferrugem ao mais fulgurante azul, conforme o ângulo do qual as vemos. Existem no Brasil, como todos sabem, muitas borboletas assim, e até maiores e mais deslumbrantes. É notável o contraste das cores. Seria impossível imaginar efeitos mais violentamente expostos num mesmo inseto; mas é sempre a mesma. A borboleta é o fato que brilha, esvoaça, paira um instante de asas abertas ao sol e desaparece depois nas sombras da floresta. Acredite ou não no Livre-arbítrio ou na Predestinação, tudo depende do modo pelo qual furtivamente se entreveem as cores de suas asas, que na realidade têm pelo menos duas cores ao mesmo tempo. Mas não foi para cair na Metafísica que eu abandonei a Matemática. Retomemos o fio de nossa história.

Quando fui reprovado pela segunda vez nos exames de Sandhurst, disse adeus a Harrow e me relegaram como caso perdido a um "cursinho comprimido". O capitão James e seus competentes sócios mantinham um estabelecimento do gênero em Cromwell Road. Dele se dizia que qualquer candidato, não sendo idiota congênito, podia ter a certeza de entrar no Exército por aquela porta. A Firma procedera a um estudo científico da mentalidade dos examinadores do Serviço Público: previam com infalibilidade quase pontifícia o gênero de perguntas que seriam apresentadas por tal e qual examinador; sobre tal ou qual assunto. Especializaram-se nessas perguntas e nas respectivas respostas. Lançaram assim numerosos tiros num bando de perdizes, abatendo alta e constante média de pássaros. O capitão James foi o engenhoso precursor dos inventores do fogo de barragem de artilharia na Grande Guerra. Visava sempre a um ponto cuidadosamente escolhido nas trincheiras que ele sabia ocupadas por grandes agrupamentos de soldados inimigos. Para encher a sacola, bastava atirar tantos obuses por hora e por quilômetro quadrado. Não precisava ver o inimigo, bastava treinar os artilheiros. Eis por que todo ano, durante pelo menos vinte anos, ele ganhou a Fita Azul dos "cursinhos". Parecia-se um pouco com os sistemistas que descobrem processos para estourar a banca em Monte Carlo, com a importante diferença de que na maioria dos casos seu sistema dava certo. Até os casos mais desesperados podiam ser tratados. Não dava garantia absoluta, mas havia sempre muita probabilidade de êxito.

Contudo, precisamente no momento em que eu ia aproveitar esse famoso sistema de avicultura intensiva, fui vítima de grave acidente.

Minha tia, Lady Winborne, cedera-nos por todo o inverno sua confortável propriedade de Bournemouth. Quarenta ou cinquenta jeiras de pinheirais desciam por ondulações arenosas terminadas em penhascos, às lisas e duras praias do Canal da Mancha. Era um sítio pequeno e selvagem, cortado por uma fenda enorme que se estendia até o mar. Por cima dessa fenda haviam lançado uma ponte rústica de cerca de setenta metros. Eu andava pelos 18 anos e estava de férias. Meu irmão mais moço, de 12 anos, e meu primo, de 14, inventaram de brincar de me pegar. Ao fim de vinte minutos de perseguição, exausto, decidi-me a atravessar a ponte. Ao chegar ao meio, consternado, vi que os perseguidores haviam dividido suas forças. Cada qual postou-se numa extremidade da ponte. A captura parecia certa. No mesmo instante, um grande projeto fulgurou no meu espírito. A ravina sob a ponte era cheia de abetos novos, cujas frágeis pontas atingiam o nível do caminho. "Não seria possível", pensei, "saltar numa dessas árvores e deslizar pelo tronco abaixo, quebrando os galhos à proporção que fosse descendo até quebrar o ímpeto da queda?" Medi a distância com o olhar. Pesei as possibilidades de êxito, ao mesmo tempo que galgava o parapeito. Os jovens perseguidores ficaram siderados de cada lado da ponte. Mergulhar ou não mergulhar era a questão! Num segundo me atirei, os braços para a frente, visando agarrar o topo da árvore. Meu raciocínio era certo, mas os dados do problema estavam errados. Levei três dias sem sentidos e fiquei de cama mais de três meses. Caí de 9 metros de altura num terreno duro, embora certamente os galhos atenuassem um pouco a queda. Minha mãe, chamada pelos meninos com este aviso alarmante — "Ele pulou da ponte e não quer falar com a gente" —, acudiu com ajuda enérgica e um inoportuno conhaque.

Minha família tinha por princípio, em caso de doença ou acidente grave, convocar o auxílio médico mais competente sem pensar em despesas. Eminentes especialistas foram chamados à minha cabeceira. Mais tarde, quando pude compreender o que se passava a meu redor, fiquei alarmado, mas lisonjeado, ao saber dos fabulosos honorários que lhes haviam sido pagos. Meu pai chegou pelo expresso de Dublin, onde passara o Natal com o velho lorde Fitzgibbon, conhecido outrora por suas brilhantes recepções. Trouxe os maiores cirurgiões de Londres. Entre minhas diversas avarias figurava uma ruptura de rim. À arte do cirurgião e à minha pronunciada vontade de viver deve o leitor esta história. Durante um ano, porém, só furtivamente percebi a vida. No Carlton Club, nesse mesmo momento, gracejavam a meu respeito: "Ouvi dizer que o filho de Randolph sofreu um acidente muito sério." "É mesmo?" "Sim, quando brincava de 'seguir o Chefe'." "Ora, quanto a isso Randolph nada tem a temer."

O governo conservador unionista foi derrubado por quarenta votos apenas nas eleições do verão de 1892, e o sr. Gladstone voltou ao poder com o apoio dos nacionalistas irlandeses. O novo Parlamento, reunido para a mudança do governo, fora contemplado, segundo o sábio e feliz costume dessa época, com férias de seis meses. Esperava-se, pois, com impaciência, a sessão de 1893 e o inevitável reinício da luta pela Home Rule, a autonomia irlandesa. A nós evidentemente não desagradava a derrota de um governo e de um partido que, segundo declarava meu pai, "me boicotaram e caluniaram durante cinco anos". Toda a família, com suas diversas e poderosas ramificações, e todos os amigos, encaravam com viva esperança a nova situação. Pensava-se que, passando à oposição, meu pai recuperaria, no Parlamento e no partido, a ascendência perdida seis anos antes, ao renunciar.

Ninguém embalava mais ardentemente do que eu essa esperança. Embora raramente ouvisse falar nesse assunto em casa, era impossível viver com meu pai e muito menos com minha avó e minhas tias sem compreender que ele fora vítima de um grande acidente político. Diante dos estranhos, das crianças e dos criados, mantinha-se dignidade e não menor discrição sobre o assunto. Só uma vez meu pai teve comigo uma palavra de queixa pelo que lhe aconteceu, e ainda assim, de passagem. Uma única vez levantou a viseira diante de mim. Foi em nossa casa de Newmarket, no outono de 1892. Ele me repreendera por tê-lo assustado atirando com uma espingarda de cano duplo num coelho que passava pelo gramado, debaixo de suas janelas. Zangado, perturbado, compreendeu imediatamente o meu pesar e se apressou em me tranquilizar. Tivemos então uma das três ou quatro longas conversas íntimas das quais me posso gabar. Explicou-me como os mais velhos nem sempre prestam a devida atenção aos jovens e, absorvidos pelas preocupações, às vezes lhes acontece falar com dureza, numa súbita irritação. Disse apreciar o meu gosto pela caça, e que ia providenciar para que eu pudesse caçar, no dia 1º de setembro (estávamos em fins de agosto), todas as perdizes que encontrasse em nossa pequena propriedade. Passou a falar, fascinante, maravilhosamente, da escola, da entrada para o Exército, da vida de adulto que eu viria a ter mais tarde. Escutei-o maravilhado por vê-lo abandonar de súbito e tão completamente a sua habitual reserva, estupefato com a sua compreensão de tudo o que me dizia respeito. Concluiu: "Não esqueça que para mim nem tudo vai sempre bem. Cada um dos meus atos é mal julgado, tudo o que digo é distorcido... Portanto, dê um desconto."

Evidentemente eu era seu adepto mais veemente, como o era também, a seu modo leve, a sra. Everest, que agora tomava a direção da casa de minha avó no nº 50 de Grosvenor Square, onde nos instalamos todos para diminuir as despesas. Quando após vinte anos de fiéis serviços ela se aposentou com uma pensão, confiou suas economias a meu pai, que as levou à cidade na sua carruagem para um almoço especial com lorde Rothschild, em New Court, a fim de aplicá-las com a maior segurança e rendimento. Eu sabia muito bem que se a "Old Gang", a velha guarda do Partido Conservador, havia-se quedado tanto tempo no poder, devia agradecer a meu pai, ao seu espírito agressivo e ao fato de ele ter restaurado a democracia tory. Ao primeiro — e grave — erro político que cometeu, os conservadores se mostraram totalmente desprovidos de generosidade e gratidão.

Esperávamos, naturalmente, que ele reconquistasse o poder. Quando era pequeno via as pessoas descobrirem-se na rua à sua passagem e os trabalhadores sorrirem logo que avistavam seus grandes bigodes. Durante anos li todos os discursos que ele proferiu e tudo o que os jornais disseram a seu respeito. Embora não passasse de um membro solitário do Parlamento, tudo o que dizia, mesmo no mais insignificante espetáculo de caridade, era literalmente transcrito em todos os jornais. Analisavam e pesavam todas as suas frases. Agora parecia que a fortuna de novo lhe sorria.

Haviam me levado para Londres, e da cama eu seguia com o maior interesse os acontecimentos políticos de 1893. Estava em boa situação para isso. Minha mãe me relatava, por inteiro, tudo o que ouvia; e o sr. Edward Marjoribanks, mais tarde lorde Tweedmouth, líder parlamentar do sr. Gladstone, era casado com Fanny, irmã de meu pai. Assim, pudemos compartilhar, à distância, da alegria dos liberais ao voltarem ao poder depois de tão longa ausência. Ouvimos pelo menos algumas de suas esperanças e receios. A política então parecia muito importante e muito real aos meus olhos. Era dirigida por estadistas de personalidade e inteligência incontestáveis. Em todos os graus da escala social, as classes superiores tomavam parte na política, por hábito e por dever. Os operários, votassem ou não, seguiam também a política, por espírito esportivo. Interessavam-se tanto pelos acontecimentos políticos nacionais e julgavam tão bem a atuação dos homens públicos como agora pelo futebol e o críquete. Os jornais serviam docilmente o que era ao mesmo tempo do gosto das pessoas cultas e do povo em geral.

A princípio beneficiado com as indulgências concedidas a um inválido, tornei-me um espectador fascinado da última grande batalha parlamentar do sr. Gladstone. Ela me absorvia muito mais do que o temível exame — minha última tentativa — que me ameaçava em agosto. À medida que o tempo passou não pude deixar de reconhecer que os discursos de meu pai não eram tão bons como antes. Ainda obtinha brilhantes sucessos, mas parecia incapaz de se manter no nível que atingira. Contava como certo que ia crescer a tempo de ajudá-lo. Sabia que uma pretensão nesse sentido o faria sorrir. Mas pensava em Austen Chamberlain, que pôde lutar ao lado do pai, em Herbert Gladstone, que ajudava o pai, o Grande Velho, a derrubar carvalhos na floresta e o acompanhava por toda parte. Ansiava pelo dia em que a democracia tory desmontasse, com uma das mãos, a Velha Guarda, e com a outra derrubasse os Radicais.

Nesse ano conheci na casa de meu pai as principais figuras da luta parlamentar. Muitas vezes, à mesa, não só colegas, mas antagonistas, trocavam amistosamente opiniões sobre os temas candentes do momento. Então pela primeira vez vi o sr. Balfour, o sr. Chamberlain, o sr. Edward Carlson e também lorde Rosebery, o sr. Asquith, o sr. John Morley e outras fascinantes figuras ministeriais.

Parecia realmente um imenso mundo, esse em que tais homens viviam. Um mundo no qual vigiam regras severas e cada particularidade da vida pública era levada em conta. Um campo de duelo no qual, embora a luta pudesse ser feroz e as armas de tiro pesado, havia uma cortesia pessoal cerimoniosa e respeito mútuo. Mas esse lado mundano eu só via quando meu pai recebia amigos íntimos ou pessoas de alta significação política. Ouvi dizer que em campo neutro ele era incrivelmente bravio e afrontava as pessoas com as mais desaforadas e até selvagens expressões. Com certeza, os que não o conheciam bem aproximavam-se dele com cautela ou muitíssimo bem-armados.

Convalescente, comecei a frequentar a Câmara dos Comuns para ouvir os grandes debates. Cheguei mesmo a me esgueirar pela

Galeria dos Convidados Especiais quando o sr. Gladstone debatia, em segunda discussão, o projeto de lei da Home Rule. Recordo perfeitamente a cena e alguns dos incidentes. O Grande Velho parecia uma enorme águia branca, ao mesmo tempo esplêndida e feroz. As suas frases desfraldavam-se majestosamente, todos estavam suspensos de seus lábios e gestos, prontos a aclamar ou vaiar. Chegou ao trecho espantoso da oração em que relata como o Partido Liberal sempre que abraçou uma causa levou-a à vitória. Mas escorregou e disse: "E causa nenhuma existe (referia-se à Home Rule), pela qual o Partido Liberal tenha sofrido tanto ou *descido tão baixo*." Como os tories rugiam e saltavam de alegria! Mas o sr. Gladstone, sacudindo a mão direita, os dedos espalhados como garras, aplacou o tumulto acrescentando: "Mas novamente nos levantamos."

Testemunhei também a famosa homenagem que prestou ao sr. Chamberlain, no discurso de estreia do seu filho Austen. "Não desejo entrar numa análise elogiosa desse discurso. Tentarei apenas, em poucas palavras, dizer o que sinto. Foi um discurso que deve ter sido grato e comovente a um coração de pai." De onde eu estava, espiando por trás da balaustrada, pude ver o efeito que essas palavras produziram instantaneamente no sr. Chamberlain, como se fosse atingido por uma bala. Sua face pálida, quase lívida, ficou rubra de uma emoção que ele não pôde ou não procurou conter. Como que se levantou, curvou-se um pouco, depois abaixou a cabeça e sentou-se. Tais palavras, embora bem escolhidas, pouco significavam quando escritas. A maneira pela qual as coisas se passaram é que anulou, por um momento, irreparáveis inimizades de muitos anos.

Noutra ocasião assisti da galeria a uma troca de palavras bastante ásperas entre meu pai e Sir William Harcourt. Sir William parecia furioso e pouco delicado nas suas réplicas; fiquei atônito quando alguns minutos depois encaminhou-se para onde eu estava e com um sorriso aberto veio falar comigo, e perguntou minha opinião sobre tudo aquilo.

Com a fraqueza em que fiquei depois do acidente e todo esse alvoroço e excitação política, o capitão James não teve uma oportunidade razoável de me preparar para os exames. Mesmo assim, na terceira tentativa consegui relativo sucesso. Consegui entrar como cadete de cavalaria em Sandhurst. A concorrência na infantaria era maior, porque a vida na cavalaria é muito onerosa. Estava radiante por ter passado no exame, e ainda mais pela perspectiva de fazer a cavalo o meu serviço militar. Possuía noção muito clara da vantagem de andar a cavalo em vez de andar a pé. Como seria bom ter um cavalo! E os uniformes da cavalaria eram muito mais suntuosos do que os da infantaria. Por isso, me expandi muito, em carta a meu pai.

Com surpresa descobri que ele pensava o contrário. Considerava um descrédito para mim não ter pleiteado a infantaria. Queria que eu entrasse no 60º de Fuzileiros, famoso regimento de quatro batalhões que, embora fardados de preto, usavam uma tira vermelha na gola e nas mangas. "Servindo no 60º", dissera-me, "você poderá estagiar dois ou três anos numa fortaleza do Mediterrâneo e assim já será adulto quando começar o serviço na Índia." Segundo parece, já havia escrito ao duque de Cambridge, coronel-comandante do 60º, dizendo-lhe que provavelmente eu entraria para o seu regimento, e dele recebera resposta muito amável. Agora, eram perturbados todos os seus projetos, e perturbados do modo mais inconveniente e dispendioso. O duque nunca me poderia receber no 60º Regimento, e cavalaria não é necessária nos fortes do Mediterrâneo. "Na infantaria", observou meu pai, "é preciso manter um ordenança; na cavalaria, um ordenança e um cavalo." Era exato, até não dizia tudo. Ele não previa que, além do cavalo e do ordenança, seriam necessários dois cavalos d'armas regulamentares e um ou dois cavalos de raça, sem falar dos pôneis de polo! Meu pai ficou muito descontente e no devido tempo recebi carta sua, longa e muito severa, manifestando falta de apreço por meu êxito nos exames, que, na sua opinião, foi apenas o necessário para "passar", e me prevenindo contra o perigo iminente de vir a ser "um fracassado".

A carta me doeu e me assustou. Apressei-me em prometer melhores resultados. Mesmo assim, me alegrou entrar para Sandhurst e a perspectiva de me tornar um verdadeiro oficial de cavalaria em menos de dezoito meses; tratei de encomendar o considerável equipamento necessário a um gentleman cadete.

No verão desse ano, meus pais mandaram-se com meu irmão para o que se chama um passeio a pé pela Suíça, com um preceptor. Desnecessário dizer que enquanto nos sobrou dinheiro, viajamos de trem. O preceptor e eu fazíamos alpinismo. Subimos o Wetterhorn e o monte Rosa. O amanhecer nos píncaros do Oberland bernês é uma incomparável maravilha de luz e cor. Queria muito escalar o Matterhorn, mas não só era muito caro, como o preceptor considerou perigoso demais. Essa prudência, no entanto, quase foi inútil por causa do acidente do lago Léman. Menciono-o aqui para que sirva de advertência a outros. Fora remar com um menino pouco mais novo do que eu. Quando estávamos a mais de um quilômetro e meio da margem resolvemos nadar, despimo-nos e nadamos, deliciados. Ao sopro da brisa, a água estava um pouco agitada. Quando nos fartamos o barco estava a umas cem jardas. Acima dos assentos, na popa da embarcação, havia um pano vermelho que enfunava ao vento como se fosse uma vela. Quando nadamos para o bote ele já se distanciava, à deriva. Depois de várias tentativas ainda estávamos a mais da metade da distância. A brisa esfriava, e começamos a cansar. Até então, a ideia de perigo não me passara pela cabeça. O sol cintilava nas águas do lago; o estupendo panorama das montanhas e dos vales, os hotéis e as vilas animados ainda nos sorriam. Mas a partir de certo momento vi a Morte mais perto do que nunca. Ela nadava ao nosso lado e sussurrava alguma coisa ao vento que continuava a afastar o barco de nós quase com a mesma velocidade com que nadávamos. Nenhum socorro ali perto. Sem ajuda, nunca chegaríamos à margem. Além de nadar com facilidade, eu era veloz, cheguei a defender as cores de Harrow quando o nosso time derrotou todos os competidores. Agora, nadava para salvar a vida. Por duas vezes cheguei a uma jarda do barco, e duas vezes um golpe de vento afastou-o quando ia abordá-lo; até que num supremo esforço agarrei-me ao costado no instante em que um sopro ainda mais forte enfunou de novo o pano vermelho. Atirei-me como pude dentro do bote, remei para trás e alcancei meu companheiro, que, apesar de fatigado, parecia não ter percebido o duro brilho amarelo do mortal perigo subitamente armado sobre nós. Não mencionei ao preceptor essa grave experiência; mas nunca a esqueci; e talvez alguns leitores vão lembrá-la.

Minha permanência no Royal Military College forma uma fase intermediária na minha vida. Foi o fim de quase doze anos de colégio, 36 períodos de várias semanas interrompidos por muito curtas férias, durante os quais conheci alguns sinais de êxito, mas não fui chamado a aprender, pelo que me parece, nada de útil ou interessante, nem sequer um jogo divertido qualquer. Um olhar retrospectivo sobre esses anos todos me convence de que foram não só os menos agradáveis, mas até os únicos estéreis e infelizes de minha vida. Criança, fui feliz em meu quarto de brinquedos. Adulto, cada ano tenho sido mais feliz. Mas esse *intermezzo* da escola lança uma sombra amarga no mapa da minha jornada. Foi uma série interminável de aborrecimentos que não me pareciam insignificantes, esforço sem prazer, um tempo de mal-estar de restrições e de inútil monotonia. Esse rumo das reminiscências não deve me levar a exagerar a natureza dos meus tempos de escola. Não há dúvida que foram iluminados pela alegria e pelo entusiasmo da juventude. Harrow era uma excelente escola e os professores, competentes. Quase todos os membros eram felizes e muitos ali na classe e nos campos desportivos alcançaram as maiores distinções de suas vidas. Devo apenas registrar que, sem dúvida por deficiências minhas, fui uma exceção. Teria preferido ser aprendiz de pedreiro ou mensageiro ou ajudado meu pai a arrumar a vitrina de um armazém de secos e molhados. Teria sido vida real, natural, a me ensinar muito mais; e eu me sairia bem melhor. Também me teria permitido conhecer melhor meu pai, o que para mim teria sido uma alegria.

Na verdade, uma educação muito prolongada, embora indispensável ao progresso da sociedade, não é coisa natural. Chega a ser mesmo contra a natureza. Por instinto, o jovem gostaria de ajudar o pai a ganhar a vida, praticar atos úteis e práticos na medida de suas forças, receber um salário, pequeno que fosse, para contribuir na manutenção da casa, dispor de lazeres para tranquilas diversões ou para abusar dessas horas de ócio, ter o direito de trabalhar ou de morrer de fome. Se depois do labor diário, quando chega a noite, o amor à ciência atormenta os que são dignos dele (e por que tentar forçá-lo naqueles que não o são?) é porque o estudo e a reflexão lhes abriram "os umbrais do pensamento".

Em suma, meus dias de escola me desencorajaram. Não me destaquei neles, salvo em esgrima, na qual alcancei o campeonato do colégio. Todos os meus companheiros, até os mais moços, pareciam, sob todos os pontos de vista, terem se adaptado melhor do que eu às imposições do nosso pequeno universo. Mostraram--se superiores no esporte e no estudo. É desagradável ser sempre superado e posto em último lugar desde o início da corrida. O dr.

Welldon me surpreendeu quando, ao me despedir dele, predisse com segurança que eu me sairia bem na vida, predição que eu não via como justificar. Fiquei-lhe reconhecido para sempre.

Sou partidário das Public Schools, mas nunca desejaria voltar a elas.

Jack Milbanke, meu melhor amigo em Harrow, quase dois anos mais velho do que eu, era filho de velho baronete cuja família residira em Chichester por várias gerações. Não brilhava no esporte nem nos estudos, era apenas um pouco acima da média. Mas a conduta e distinção eram excepcionais, assim como a maturidade de espírito e sua conversação, muito superior à de qualquer outro aluno de Harrow. Perfeito cavalheiro em todas as circunstâncias, dotado de muito sangue-frio, presença de espírito e serenidade, sempre mui bem posto, vestindo-se de modo impecável. Quando meu pai vinha me ver, convidava-nos para almoçar no King's Head Hotel. Admirava-me ao vê-los conversar como se tivessem a mesma idade e com a naturalidade de homens de sociedade. Invejava meu amigo. Como seria bom se minhas relações com meu pai fossem assim tão fáceis! Mas ai de mim, não passava de um pobre estudante atrasado nos estudos, cujas tentativas de conversação eram quase sempre desajeitadas ou tolas.

Tivemos uma aventura, Milbanke e eu. Descobrimos que, de acordo com um antigo costume, não éramos obrigados a jogar futebol na semana de exames. Esse dispositivo estava em desuso havia anos. Encorajados por essa descoberta e, sob pretexto de que precisávamos concentrar nossa atenção no estudo, recusamo-nos a jogar, o que nos poderia valer algumas boas bengaladas dos nossos monitores. Mas a lei estava a nosso favor, era inegável. Discutiu-se seriamente a questão nos altos círculos escolares. Durante três ou quatro dias ignoramos nossa sorte. O caso era agravado pelo fato de sermos suspeitos de não nos fatigarmos muito nos estudos, tidos e havidos por preguiçosos. Afinal decidiu-se a causa a nosso favor e creio que o precedente, com tamanha audácia forjado, continuou a vigorar nas gerações seguintes.

Milbanke preparava-se para ingressar no Exército. Decidira-se pelo 10º Regimento de Hussardos, tendo o pai autorizado seu ingresso através da Milícia. Seria um estágio um pouco mais longo, mas havia menos exames. Deixou Harrow por um ano e depois reapareceu flamante como tenente da Milícia. Mantínhamos correspondência e geralmente nos encontrávamos nas férias. Iremos encontrá-lo de novo nestas páginas. Milbanke estava predestinado às mais altas honrarias militares. Ganhou a Victoria Cross na guerra sul-africana por ter, quando gravemente ferido, salvo um de seus soldados, debaixo de fogo cerrado. Tombou em Gallipoli ao conduzir um ataque desesperado durante a terrível batalha de Suvla Bay.

Eu gostava muito das canções de Harrow, a mais notável coletânea do gênero. De quando em vez, reuníamo-nos na grande sala de sessões, ou mesmo nos quartos, para entoar esses esplêndidos cantos tão famosos. Também tínhamos conferências pronunciadas por celebridades, sobre assuntos científicos e históricos, sendo que estes me deixaram funda impressão. Ouvir pessoa autorizada narrar uma história palpitante, sobretudo com auxílio da lanterna mágica, é na minha opinião o melhor meio de se instruir. Tendo acompanhado a conferência com atenção, poderia, depois, reproduzi-la fielmente sem nenhuma dificuldade. Ainda hoje tenho na memória cinco dessas conferências. A primeira do sr. Bowen, o mais famoso mestre de Harrow e autor de numerosas canções, que nos deu um relato emocionante, em forma popular, da batalha de Waterloo. Fez também outra conferência sobre a batalha de Sedan, que muito me interessou. Alguns anos depois, verifiquei que ele a extraíra, quase literalmente, de um livro de

Hooper, *Sedan*, um dos livros favoritos do meu coronel. Nem por isso a conferência deixara de ser boa. Houve também uma conferência pelo grande Whymper, sobre as escaladas aos Alpes, com empolgantes projeções de guias e turistas pendurados por um fio, e de costas para precipícios que, mesmo na fotografia, davam frêmitos no auditório. Noutra conferência ensinaram-nos como as borboletas se protegem com suas cores. Uma borboleta coriácea tem cores berrantes para advertir aos pássaros que não a comam, enquanto uma borboleta saborosa se protege assemelhando-se exatamente ao ramo ou à folha em que vive. Mas são necessários milhões de anos para chegar a tais resultados, e durante esse tempo as menos hábeis se deixam devorar e desaparecem. Eis por que as sobreviventes são assim marcadas e coloridas.

Por fim, tivemos uma palestra do sr. Parkin sobre Federação Imperial. Ele contou como o sinal de Nelson em Trafalgar — "A Inglaterra espera que cada um cumpra o seu dever" — atravessou toda a linha de batalha e como, se nosso país e suas colônias mantivessem a unidade, chegaria o momento em que um sinal desse gênero passaria não só de um navio de guerra a outro, mas de uma nação a outra. Não era vã a profecia e pude mais tarde lembrá-la ao velho sr. Parkin, quando, no último ano de vida, compareceu a um banquete comemorativo da nossa vitória na Grande Guerra.

Gostaria de saber por que não se fazem mais frequentemente essas conferências. Poderia haver uma cada quinze dias e os alunos teriam como dever resumir o que aprenderam e o que pensassem de tudo quanto ouviram. Os professores não tardariam a descobrir, por esse processo, os jovens capazes de aprender as coisas que ouviram e de agir em consequência. Identificariam do mesmo modo os que nada retêm, para classificá-los de acordo com sua deficiência.

Assim, Harrow não teria feito a burrice de me colocar entre os últimos no colégio, e eu teria me divertido mais.

Capítulo 4

SANDHURST

EM SANDHURST, PUDE ESTREAR em condições normais. Não me prejudicava mais o atraso em latim, em francês ou em matemática. Íamos aprender coisas novas e começávamos todos do mesmo ponto. A tática, as fortificações, a topografia, lei e administração militar constituíam todo o nosso programa. Além disso, havia ordem-unida, ginástica e equitação. Só se tomava parte nos esportes quando se tinha vontade. A disciplina era severa e longas as horas de estudo e de instrução. No fim do dia estava-se cansado. Meus novos estudos interessavam-me profundamente, sobretudo a tática e a arte das fortificações. Meu pai autorizara seu livreiro, o sr. Bain, a enviar-me todos os livros que meus estudos necessitassem. Encomendei *Operações de guerra*, de Hamley; *Cartas sobre a infantaria, a cavalaria e a artilharia*, do príncipe Kraft; e *Tática de fogo de infantaria*, de Maine, além de vários volumes sobre a história da guerra civil americana, da guerra franco-prussiana, da guerra russo-turca, que eram então os mais recentes e melhores espécimes de guerra. Assim pude dispor, em pouco tempo, de uma pequena biblioteca militar, que de certa maneira completava as lições recebidas. Não gostava muito dos exercícios de ordem unida, e durante vários meses fiquei entre os "desajeitados" que necessitavam de instrução especial. Mas, em compensação, o trabalho prático de organização do terreno era dos mais interessantes. Abríamos trincheiras, construíamos abrigos e proteções, armávamos parapeitos com sacos de areia, urzes e galhos de árvore. Instalávamos obstáculos, *chevaux de frise* e montávamos *fougasses*, uma espécie de mina primitiva. Rompíamos estradas de ferro com cargas de pólvora e aprendíamos a fazer ir pelos ares pontes de pedra e a improvisar pontões com troncos de árvore. Traçávamos curvas de nível de todas as colinas dos arredores de Camberley, fazíamos reconhecimentos em todas as direções, planos para retaguardas e vanguardas e executávamos até certos problemas táticos simples. Nada nos ensinaram quanto a bombas ou granadas de mão, tidas como armas completamente obsoletas.

O que aprendíamos era evidentemente elementar e não ia além do nível de visão de oficiais subalternos. Mas, às vezes, eu recebia convite para jantar na Escola de Estado-Maior, a menos de um quilômetro de distância, onde os mais competentes oficiais treinavam para o alto-comando. O material de estudo, ali, versava sobre divisões, corpos de exércitos e até exércitos inteiros. Tratava-se de bases, suprimentos, linhas de comunicação e estratégia ferroviária. Era apaixonante. Parecia-me lamentável que tudo isso fosse apenas simulado e que a época de guerras entre nações civilizadas estivesse para sempre extinta. Se ao menos vivêssemos cem anos antes, como tudo seria interessante! Imagine-se ter 19 anos em 1793, com mais de vinte anos de guerra contra Napoleão diante de si! Mas tudo isso acabara. O exército inglês não atirava contra tropas brancas desde a guerra da Crimeia, e agora que o mundo inteiro se tornara tão plácido — e tão democrático — os dias gloriosos terminaram. Felizmente ainda havia alguns povos selvagens e bárbaros. Havia zulus, afegãos e os dervixes do Sudão. Alguns deles poderiam um belo dia, se se dispusessem, começar outro barulho, talvez até houvesse um motim ou revolta na Índia. Os hindus haviam adotado o misterioso costume de lambuzar de lama as mangueiras, e depositamos toda a nossa esperança num artigo do *Spectator*, segundo o qual, dentro de alguns meses, teríamos de reconquistar a Índia. Tudo isso nos fazia sonhar. Naturalmente seríamos promovidos muito antes do tempo regulamentar, atravessaríamos as planícies da Índia ganhando medalhas e honrarias, e, tal como Clive, talvez chegássemos em plena mocidade ao alto-comando! Esses devaneios eram bem pobre consolo, pois combater os pobres hindus, em comparação com uma guerra europeia, era quase como tomar parte num *paper-chase* de trilha em vez de correr o Grand Steeplechase de obstáculos. Seja como for, deve-se aproveitar o possível das oportunidades que se oferecem a uma época.

Apreciei imensamente as aulas de equitação e não fazia figura pior do que os outros. Meu pai providenciara para que durante as licenças — férias, como agora se denominam — eu pudesse seguir um curso suplementar num centro de equitação dos quartéis de Knightsbridge, com a Real Guarda Montada. Mordi o pó várias vezes; depois, quando voltei ao regimento, fiz novo curso de cinco meses. Afinal, creio que estava bem-treinado para me manter na sela e cominar um cavalo, tarefa das mais importantes deste mundo.

Os cavalos foram meu maior prazer em Sandhurst. Eu e meu grupo gastávamos todo o nosso dinheiro alugando cavalos das excelentes cavalariças locais. Abríamos com o locador contas a pagar depois, quando fôssemos promovidos a oficiais. Organizávamos corridas e até provas de obstáculos no parque de um amável vizinho, e cavalgávamos alegremente pelo campo. Aqui interrompo para dar um conselho aos pais, principalmente aos pais ricos: "Não deem dinheiro a seus filhos. Se puderem, deem cavalos." A equitação nunca arrastou ninguém à desonra. Nenhuma hora de vida passada numa sela é perdida. Muitos jovens têm-se arruinado possuindo cavalos, apostando em cavalos, mas nunca montando um cavalo; desde que não haja fratura de crânio, o que, ainda assim, a galope, constitui excelente morte.

Desde que passei a oficial-cadete, minha posição mudou aos olhos de meu pai. Agora tinha o direito de acompanhá-lo quando estava de licença, contanto que não o perturbasse. Ele se divertia muito com acrobatas, malabaristas e animais amestrados, e em sua companhia fui pela primeira vez ao Teatro Empire. Levou-me também a importantes reuniões políticas na casa de lorde Rothschild, em Tring, onde a maior parte dos chefes e um selecionado de glórias em ascensão, pertencentes ao Partido Conservador, frequentemente se encontravam. Começou a levar-me a casas de amigos que tinham cavalos de corrida, e ali encontrávamos companhia e assunto de conversa muito diferentes mas igualmente interessantes. A meus olhos, meu pai parecia possuir a chave de tudo ou quase tudo o que valia a pena. Mas, se eu me aventurava a mostrar sinais de camaradagem, imediatamente se ofendia; e quando, certa vez, ousei insinuar que eu poderia, quem sabe, ajudar seu secretário particular a escrever algumas de suas cartas, acolheu glacialmente minha sugestão. Hoje eu sei que sua atitude para comigo teria mudado com o tempo, pois, se ele vivesse mais quatro ou cinco anos, chegaria a não poder me dispensar. Mas esses quatro ou cinco anos não foram possíveis. Justamente no momento em que nossas amistosas relações iam chegar a um entendimento, e quando uma aliança, ou pelo menos um acordo militar não me parecia impossível, ele desapareceu para sempre.

Na primavera de 1894 todos percebemos que meu pai estava gravemente enfermo. Não queria abandonar a política. Quase toda semana pronunciava discurso em algum centro importante. Não se podia negar que seus esforços eram cada vez menos coroados de sucesso. As notícias nos jornais passaram de três a duas colunas, depois a uma e meia. Certa ocasião, o *Times* mencionou que a sala não estava cheia. Finalmente ouvi minha mãe e a velha duquesa, geralmente em desacordo, suplicarem a meu pai que descansasse um pouco, enquanto ele persistia em afirmar que estava passando muito bem e que tudo ia às mil maravilhas. Sabia que essas duas mulheres tão próximas e tão dedicadas a ele não teriam insistido sem razão.

Vejo agora meu pai sob um aspecto bem diferente daquele em que o via ao escrever sua biografia. Há muito passei da idade que ele tinha quando morreu. Compreendo agora muito bem o caráter fatal do seu ato de demissão. Ele era "o piloto audaz dos momentos difíceis". Fora aquela sua hora. As condições haviam mudado com a vitória dos unionistas, em 1886. Pedia-se calma e trégua política. Lorde Salisbury representava tudo que a nação necessitava e desejava. Por conseguinte, instalou-se à vontade para um longo governo. Naturalmente, sentia-se contente por ter todo o poder nas mãos, em vez de ser obrigado a dividi-lo com um rival inquieto consolidado na liderança da Câmara dos Comuns e tendo o controle do Tesouro. Jamais um homem recupera a posição que perdeu; pode chegar a outra posição aos 50 ou 60 anos, mas nunca chegará àquela que perdeu aos 30 ou 40. Para conservar com dignidade e autoridade a direção de um partido ou de uma nação, é preciso que as qualidades e a influência do líder não só correspondam às necessidades, como também à boa ou má disposição do partido e da nação.

Além disso, desde que lorde Randolph Churchill foi nomeado Chanceler do Tesouro, tornando-se em grande parte responsável pelos negócios do país, deixou de ser, nos assuntos vitais, um tory. Adotou com zelo cada vez maior os pontos de vista de Gladstone, exceto no que concerne à Home Rule irlandesa, e em todas as questões sociais e trabalhistas ia muito mais longe do que poderiam tolerar os whigs ou os liberais da classe média da época. Até mesmo em relação à Irlanda, suas convicções eram singularmente independentes. O Partido Conservador não as aceitaria. Chego a pensar que se tivesse vivido até a época da guerra sul-africana, ele se oporia com uma veemência capaz de expô-lo ao ódio desses próprios elementos da classe operária que ele tanto se orgulhava de ter conquistado. Sua única oportunidade estaria em antecipar-se à campanha protecionista do sr. Chamberlain. Pelo que sei a seu respeito, no entanto, tudo me faz crer que ele seria, ao contrário, um dos principais adversários dessa campanha. Não era homem para tomar decisões sob a égide da direção do partido. Nas lutas de facção, lutava para vencer, lançando mão de todos os recursos. Mas quando responsável pelos negócios públicos era leal e espontâneo. Nunca fez um jogo friamente calculado. Dizia o que pensava, e era melhor assim.

A reputação de orador do sr. Gladstone provém menos de seus discursos que do efeito produzido no momento sobre o auditório. O lugar de lorde Randolph Churchill em nossa história política não se caracteriza por palavras ou atos, mas pela impressão que sua personalidade produzia nos contemporâneos, impressão muito grande que, sob circunstâncias favoráveis, talvez se manifestasse de maneira decisiva. Ele personificava essa força, esse capricho e esse encanto que irradiam frequentemente do gênio.

Agora que reli as cartas que meu pai me escreveu tão cuidadosamente, como se fazia naquele tempo, sinto que não dei o devido valor aos seus cuidados e à sua afeição por mim. Mais do que nunca lamento não ter convivido mais com ele, para conhecê-lo melhor. Quando visitava lorde Rosebery, nos últimos anos de sua vida, além do respeito inspirado por esse homem notável, era pelo prazer de ouvi-lo falar de meu pai. Sentia-me mais próximo a meu pai quando conversava com o seu ilustre e íntimo amigo. Da última vez que vi lorde Rosebery, disse-lhe quanto desejaria recuar no tempo e poder falar com meu pai em pé de igualdade. O velho estadista respondeu: "Ah, ele havia de compreender!"

Eu fazia um mapa das estradas na Reserva de Chobham Common, em junho de 1894, quando um mensageiro de bicicleta me trouxe um recado do ajudante do colégio, ordenando-me que partisse imediatamente para Londres. Meu pai embarcava no dia seguinte para uma viagem em redor do mundo. O pedido comum às autoridades do colégio fora recusado, segundo a rotina. Meu pai telegrafara então ao ministro da Guerra, Sir Henry Campbell-Bannerman: "Meu último dia na Inglaterra...", e só assim pude ir a Londres.

Acompanhamo-lo até a estação, na manhã seguinte, minha mãe, meu irmão e eu. Apesar da grande barba que deixara crescer durante sua última viagem à África do Sul, quatro anos antes, ele parecia fatigadíssimo, esgotado, atormentado por preocupações. Deu-me uma palmada na perna, e esse gesto simples me disse tudo.

Seguiu-se sua longa viagem ao redor do mundo. Nunca mais o vi senão como sombra rapidamente desvanecida.

Em Sandhurst aprendi, entre outras coisas, a me conduzir; conheci o tratamento que deviam estabelecer entre si os oficiais de diversas patentes na disciplina do regimento. O comandante de minha companhia, o major Ball, do regimento de Gales, era exigente e severo. Cerimonioso, reservado, de uma polidez glacial, meticuloso, implacável, era o terror do regimento. Nunca tivera ocasião de serviço ativo, mas tínhamos certeza de que teriam de matá-lo para vencê-lo.

A regra, quando se deixava o recinto do colégio, era escrever o nome no livro de saída da companhia, o que equivalia a uma autorização. Um dia eu guiava uma aranha (alugada) na direção de Aldershot, onde um amigo meu estava em manobras num batalhão da Milícia, e quem havia de encontrar senão o major Ball voltando a Sandhurst guiando um lépido *dog-cart*. Quando o cumprimentei, lembrei-me sobressaltado de que esquecera de escrever o nome no livro de saída. Mas talvez possa escapar desta, pensei, pois é de esperar que ele não examine o livro antes do jantar; e eu assinarei logo que chegar. Encurtei minha visita ao batalhão e tratei de voltar tão depressa quanto os pôneis podiam trotar. Às seis horas cheguei a Sandhurst. Correndo, atravessei a galeria, para chegar à mesa em que ficava o livro de saída. A primeira coisa que me chamou a atenção foram as iniciais do major, "O.B.", sob a página de saída do dia. Tarde demais! Ele me vira em Aldershot e notara que meu nome não constava no livro. Olhei novamente e, para meu espanto, lá estava meu nome escrito pela mão do major, e aprovado por suas iniciais!

Isto me esclareceu sobre a vida e os hábitos do velho exército britânico, e vi como a mais estrita disciplina poderia ser mantida sem desviarmo-nos das regras de um trato amistoso e cortês. Claro que, depois dessa lição, nunca mais me permiti semelhante negligência.

Um incidente do mesmo gênero ocorreu no inverno de 1915, quando eu servia nos Granadeiros da Guarda diante de Laventie. Nosso coronel, o famoso "Ma" Jeffreys, disciplinador de primeira ordem, excelente oficial que dezesseis meses de ataque não tinham absolutamente afetado, censurava o uso do álcool (excetuada a ração usual de rum) quando se estava de serviço, mesmo no front, naquele terrível inverno. Sem dar ordens precisas, tinha no entanto expressado o desejo de que não levássemos álcool para a trincheira. Certa vez, num sombrio e úmido reduto, bebíamos uma garrafa de vinho do Porto quando se ouviu o grito: "O comandante!" Logo depois, o coronel Jeffreys apareceu descendo os degraus. Então um jovem oficial, que provavelmente trazia em si o germe do gênio militar, enterrou instintivamente no gargalo da garrafa a vela que iluminava o refúgio. Essa espécie de castiçal era aliás muito usada no front. Tudo se passou sem complicações. No entanto, seis meses depois esse jovem oficial estava no Clube da Guarda, em gozo de licença, quando encontrou o coronel Jeffreys. "Aceita um cálice de Porto?", convidou este. O oficial aceitou. Trouxeram a garrafa e ambos esvaziaram os cálices. "Tem gosto de vela?", perguntou o coronel; e os dois desataram a rir.

Nos últimos tempos de Sandhurst — permita o leitor a digressão — minha indignação foi provocada pela campanha puritana da sra. Ormiston Chant. Essa dama era membro do conselho do Condado de Londres e, no verão de 1894, iniciou um movimento de expurgo em nossos *music-halls*, encarniçando-se especialmente contra a calçada do Teatro Empire. Esse amplo espaço ficava repleto nas vesperais, sobretudo aos sábados, de jovens de ambos os sexos, que não só namoravam durante o espetáculo e nos intervalos, como também de vez em quando bebericavam. A sra. Ormiston Chant e seus amigos fizeram numerosas acusações relativas à sobriedade e moralidade desses jovens, visando conseguir a interdição do local e de todos os bares que os serviam. Parece que a maioria do público inglês considerava o assunto de modo diferente; sua causa era defendida pelo *Daily Telegraph*, então o mais popular dos nossos jornais. Numa série de vigorosos artigos intitulados "Puritanos policiam calçadas", o *Daily Telegraph* inaugurou uma ampla e espirituosa correspondência para a qual contribuíram diversos leitores sob diversos pseudônimos como "Mãe de cinco filhos", "Cavalheiro e cristão", "Viva e deixe viver", "John Bull" e assim por diante. A controvérsia despertou intenso interesse público. Aliás, em nenhuma parte se debateu mais o assunto do que entre os meus amigos de Sandhurst.

Costumávamos frequentar esse mesmo local nas breves licenças bimensais do meio-dia de sábado à meia-noite de domingo. Escandalizaram-nos as acusações e insinuações da sra. Chant. Nada tínhamos a censurar no comportamento de um e de outro sexo. O único ponto que nos parecia passível na crítica era justamente a maneira severa e até rude com que os enormes policiais uniformizados removiam imediatamente, chegando a empregar a força em plena rua, todo aquele que sem sentir houvesse passado os limites da correta temperança. Consideramos a campanha da sra. Chant inteiramente despropositada e contrária às melhores tradições da liberdade inglesa.

Eu estava ansioso por me meter nessa história. Um dia, no *Daily Telegraph*, um senhor cujo nome não lembro propôs a fundação de uma liga de cidadãos para resistir e vencer a intolerância da sra. Chant e seus acólitos. Chamar-se-ia Liga de Proteção ao Divertimento. A Liga teria comitês, instalando escritório, angariando membros e contribuições, promovendo comícios e editando literatura de propaganda dos seus pontos de vista. Ofereci-me imediatamente como voluntário. Escrevi ao devoto Fundador para o endereço que indicara, expressando-lhe minha cordial concordância com os seus objetivos e declarando estar pronto a cooperar por todos os meios legais. Em tempo devido recebi uma resposta num papel com impressionante cabeçalho, declarando bem-vindo meu apoio, ao mesmo tempo convidando-me para a primeira reunião do Comitê Executivo, a se realizar na quarta-feira, das três às seis da tarde num hotel londrino.

Quarta-feira era meio expediente, e os cadetes de boa conduta puderam facilmente obter licença para ir a Londres. Nos três dias precedentes ocupei-me em compor um discurso, que eu pensava vir a pronunciar perante uma numerosa comissão de cidadãos circunspetos, acerca da necessidade de desfraldar essa bandeira da liberdade inglesa pela qual "Hampden morreu no campo de batalha e Sidney, no cadafalso". Como nunca falara antes em público, parecia-me um sério empreendimento. Fiz vários rascunhos do discurso e decorei-o com exatidão. Desenvolvia cerrada argumentação constitucional sobre os direitos inerentes aos súditos britânicos, sobre a ingerência do Estado nos hábitos sociais dos cidadãos e sobre as numerosas e péssimas consequências que inevitavelmente acompanham a repressão quando não apoiada pela parte sã da opinião pública. Não exagerava a questão nem ficava indiferente aos fatos. Tentava persuadir pela moderação e bom humor e convencer pela lógica temperada com o senso comum. Era, mesmo nos seus trechos mais cerrados, um apelo a uma atitude de tolerância para com nossos transviados oponentes. Não é verdade que há sempre mais erro que maldade nos assuntos humanos? Terminado meu trabalho, esperei ávida e nervosamente o grande momento.

Mal terminamos nossas ocupações matinais, engoli às pressas um almoço, vesti-me à paisana e corri para a estação, onde embarquei para Londres num trem vagarosíssimo. Devo mencionar que minhas finanças estavam nesse tempo restritas; com o preço da passagem de volta, só me restariam no bolso alguns xelins e faltavam mais de quinze dias para receber a mesada de dez libras.

Passei a viagem toda recordando os principais trechos do discurso. Tomei um carro na estação de Waterloo e segui para Leicester Square, perto da qual ficava a sede da Liga. Surpreendeu-me e até me desconcertou a aparência sombria e suja das vielas e mais ainda a do hotel onde se realizaria a reunião. Entretanto, refletia, eles são muito modestos e por isso evitam os quarteirões de luxo. Se esse movimento prosperar, será por basear-se na vontade do povo; deve obedecer a esses simples instintos que todas as classes têm em comum. Não lhe ficam bem ligações com a alta sociedade. Informei ao porteiro que pretendia assistir à reunião da Liga de Proteção ao Divertimento, anunciada para aquele dia.

Pareceu-me que o porteiro ficou meio confuso ao responder que havia um cavalheiro sobre esse assunto no *fumoir*. Fui conduzido a uma saleta escura e ali me encontrei frente a frente com o Fundador da nova organização. Estava só. Fiquei decepcionado. Mas, escondendo meu desapontamento sob os últimos raios da esperança, perguntei-lhe quando teria lugar a reunião. Ele também me pareceu constrangido. "Escrevi a muita gente", disse, "mas como ninguém apareceu, somos só nós dois. Se o senhor quiser, poderemos redigir os estatutos." Objetei então que ele me escrevera em papel timbrado da Liga. "Ora", replicou ele, "isso custa apenas cinco xelins. Sempre é bom ter papel timbrado para esses assuntos. Estimula o pessoal. Veja o seu exemplo!" Parou um pouco como que encabulado com a minha reserva, e acrescentou: "É muito difícil levar os ingleses a fazerem alguma coisa agora. Deixam estagnar tudo. Não sei o que se passa com este país, parece que todos perderam o espírito de iniciativa."

Não adiantava continuar a conversa e muito menos ficar irritado com o Fundador da Liga. Limitei-me a uma despedida seca e decidida, e saí com um magnífico discurso na cabeça e só meia-coroa no bolso. As calçadas regurgitavam de transeuntes preocupados com seus mesquinhos interesses pessoais e indiferentes aos grandes problemas do destino humano. Olhei para esses inúteis passantes, com piedade e um leve desprezo. Evidentemente não seria fácil levar a opinião pública ao caminho certo que imaginara. Se esses débeis produtos da democracia eram tão negligentes na defesa de suas liberdades, como defenderiam vastos domínios e possessões legados por séculos de governo aristocrático e oligarca? Por um momento descri do Império. Depois pensei em jantar, e na modesta meia-coroa! Não, não era possível. Uma viagem a Londres num delicioso meio feriado, precedida de ansiosa expectativa, com um discurso que poderia ter moldado os destinos da nação não pronunciado e não digerido, e, depois de tudo isso, voltar para Sandhurst com um pedaço de bolo e chá! Era mais do que pode suportar a força humana. Fiz então algo pela primeira e última vez em minha vida. Chegara ao Strand, onde vi as três grandes esferas douradas sobre a conhecidíssima loja do sr. Attenborough. Possuía um belo relógio de ouro, presente de aniversário de meu pai. Afinal de contas, até as joias da Coroa de grandes reinos têm sido empenhadas em ocasiões difíceis. "Quanto quer?", perguntou o homem depois de examinar atentamente o relógio. "Cinco libras está bom", disse eu. Ele escreveu umas palavras num livro e voltou com uma dessas cautelas de que só ouvira falar em cançonetas de *music-hall*, e a nota de cinco libras. Mergulhei no coração de Londres. Cheguei em casa sem incidentes.

No dia seguinte, todos os meus camaradas de Sandhurst queriam notícias da reunião. Já lhes havia dado as primícias dos argumentos mais fortes do meu discurso. Eles queriam saber qual fora o efeito. Que tal a reunião? Admiravam o meu topete de pronunciar um discurso defendendo pontos de vista, que, aliás, nos eram comuns, perante um comitê executivo de adultos políticos, edis e outros que tais. Queriam saber tudo. Não desci a minúcias. Discorri superficialmente sobre as dificuldades de galvanizar a opinião pública e transformar de uma só vez a mentalidade nacional. Acentuei a importância de proceder passo a passo, consolidando cada um antes de empreender o seguinte. O primeiro passo era formar um comitê executivo — e isso estava feito. O seguinte era redigir os estatutos da Liga e discriminar atribuições e responsabilidades — e disso se estava cuidando. O terceiro passo consistiria num amplo apelo ao povo, de cuja resposta tudo dependeria. Esses esclarecimentos foram aceitos com certa desconfiança, mas que podia eu fazer? Se ao menos tivesse um jornal só meu, reproduziria a íntegra do meu discurso na primeira página, intercalado de vigorosos aplausos do Comitê, encimado de soberbos títulos consolidados sobriamente por sucessivos artigos de fundo. Só assim a Liga de Proteção ao Divertimento faria progressos reais. Talvez se naquele plácido fim de século, quando tanta coisa estava em processo de formação, se houvesse mobilizado uma vigilante opinião pública em todo o mundo anglo-saxão, ela poderia lançar uma advertência tão impressiva que até os Estados Unidos seriam salvos da Lei Seca! Mais uma vez temos aqui o rastro do destino. Mas ele passou de doces campinas a ásperos e pedregosos caminhos.

Nova participação nessa cruzada me estava reservada. A campanha da sra. Chant não deixou de ter algum sucesso e, por isso, nossa facção julgou mais prudente entrar num acordo tipicamente inglês. Convencionou-se que os bares incriminados seriam separados da calçada por pequenos tabiques de lona. Assim, não ficariam tecnicamente dentro da zona litigiosa. Iam ficar tão distantes dela como se perante a lei estivessem situados no distrito vizinho; mas seriam providenciadas entradas e saídas de largura suficiente, ao mesmo tempo que uma redução dos tabiques asseguraria ventilação adequada. Assim, os templos de Vênus e de Baco, embora adjacentes, estariam separados, e sua sedução sobre a fragilidade humana só poderia se exercer alternada ou sucessivamente, e não de modo simultâneo. Hosanas se ergueram das fileiras dos puritanos. Por sua vez, os proprietários de *music-halls*, depois de patéticas exclamações de protesto, também se acomodaram. O mesmo não se deu com o movimento de Sandhurst. Não fôramos consultados nessa paz vergonhosa. Aquela hipocrisia me causou náusea. Não fazia ideia, nesse tempo, do enorme papel, indiscutivelmente valioso, desempenhado pelas comédias na vida social de grandes povos que desfrutam um regime democrático. Eu queria uma definição precisa dos deveres do Estado e dos direitos individuais, modificados se necessário pela conveniência pública e pelo decoro.

No sábado seguinte à instalação dos tabiques na calçada do Empire, aconteceu que grande número de cadetes ali se encontrava. Havia também muitos universitários mais ou menos da nossa idade, mas meros ratos de biblioteca, indisciplinados e irresponsáveis. As novas instalações foram atentamente examinadas, e constituíram objeto de comentários bastante desfavoráveis. Um jovem cavalheiro, então, furou a lona com a ponta da bengala. Outros seguiram o exemplo. Naturalmente eu não podia recuar quando os colegas estavam empenhados nesse divertimento.

Súbito, algo estranho aconteceu. Aquele magote de duzentas a trezentas pessoas, excitadas, enfurecidas, avançou sobre as frágeis barricadas e reduziu-as a farrapos. Os policiais ficaram impotentes. Por entre o estalar da madeira e o rasgar da lona, foram demolidas as barricadas e os bares ficaram ainda mais ligados à *promenade* que tanto haviam servido.

Nesse lugar pouco virginal pronunciei meu primeiro discurso. Subi num monte de destroços e me dirigi à turba em tumulto. Não se conservou versão alguma das palavras que então proferi. Entretanto, não devem ter sido desacertadas, pois muito tempo depois ainda ouvi referências. Desfiz-me de toda argumentação constitucional e apelei diretamente ao sentimento e até à paixão, terminando por dizer: "Já nos viram derrubar estas barricadas esta noite. Derrubemos agora, nas próximas eleições, aqueles que se tornaram responsáveis por elas." Estas palavras foram recebidas com estrondosos aplausos e seguimos todos praça afora, brandindo pedaços de pau e de lona, como troféus ou símbolos. Lembrei-me da morte de Júlio César, quando conspiradores saíram pela rua ostentando os punhais ensanguentados com que haviam abatido o tirano. Pensei também na tomada da Bastilha, cujos detalhes me eram familiares.

Parece mais difícil levar adiante uma revolução do que iniciá-la. Precisávamos alcançar o último trem de volta a Sandhurst, sob pena de incorrer em falta. Esse trem, que ainda hoje sai de Waterloo pouco depois da meia-noite, conduz diariamente os cadáveres destinados ao cemitério público de Londres. Só ia até Frimley, perto de Aldershot, aonde chegava às três horas da manhã; deixava-nos a quinze quilômetros da Academia Militar. À nossa chegada a esse vilarejo, não encontramos condução. Batemos à porta da hospedaria local. Com certeza nos excedemos nas pancadas. Depois de uma espera considerável, na qual nossa violência se tornou ainda mais acentuada, abriu-se de repente a metade superior da porta e demos com um cano de espingarda, atrás do qual surgia um rosto lívido e ameaçador. Raramente, na Inglaterra, as coisas são levadas ao extremo. Mantivemos atitude firme, explicamos nossa situação e oferecemos dinheiro. O homenzinho, mais calmo e afinal acordado, ofereceu um cavalo velho e uma "aranha" mais velha ainda, em que oito de nós empreendemos uma viagem bem-sucedida a Camberley. Sem despertar o porteiro da entrada, chegamos a nossos alojamentos a tempo para a chamada da manhã.

O episódio causou sensação e chegou a ser tratado em artigos de fundo dos jornais. A princípio fiquei apreensivo, com receio de que identificassem o autor do discurso inflamado na praça pública. Era decerto grave risco, pois o nome de meu pai continuava um centro de atenções. Embora naturalmente orgulhoso da minha participação naquela luta contra a tirania — onde eu cumprira o meu dever como bom cidadão que quer viver num país livre — não deixava de perceber que podia existir uma opinião contrária, e que essa opinião talvez predominasse. Os mais velhos e os que têm em mãos a autoridade nem sempre adotam um ponto de vista compreensivo e esclarecido em relação ao que chamam loucura da mocidade. Às vezes, resolvem "dar exemplos". Embora, como sempre, preparado para o sacrifício, eu preferiria que ele fosse adiado. Felizmente, quando meu nome começou a se ligar aos acontecimentos, o interesse público já arrefecera inteiramente, e ninguém na Academia ou no Ministério da Guerra seria bastante perverso para fazê-lo reviver. Foi um desses golpes de sorte que devemos sempre levar em conta no nosso ativo, para contrabalançar um golpe de azar sobre nós — que sempre cai. Resta apenas registrar que a eleição para o Conselho do Condado foi mal. Os progressistas — como eles se intitulavam — ganharam a eleição. As barricadas foram reconstruídas em tijolo e massa. Nossos esforços de nada valeram. Mas ninguém pode dizer que não fizemos tudo que estava ao nosso alcance.

Finalmente acabei meus estudos em Sandhurst. Em vez de passar entre os últimos, quase por caridade, saí com a honra de ser o oitavo da minha turma de 150 cadetes. Menciono esse fato porque prova que eu era capaz de aprender depressa tudo o que considerasse importante. Esse período foi para mim uma dura mas jovial experiência. Só havia três trimestres. No fim de cada um era-se promovido quase automaticamente, de júnior a médio, depois de um ano já se era sênior. Parecia que, de semana em semana, envelhecíamos.

Em dezembro de 1894 voltei para casa plenamente qualificado para receber da Rainha a patente de oficial. Durante meus anos de colégio fizera muitos amigos, dos quais três ou quatro ainda vivem. Os outros desapareceram. Grande número deles foi engolido pela guerra sul-africana, que sacrificou, além dos meus amigos, muitos homens da minha companhia; e a Grande Guerra matou quase todos os restantes. Os raríssimos sobreviventes foram gravemente feridos por ofensivas inimigas. A todos rendo a homenagem que lhes devo.

Deixando Sandhurst, tomei contato com o mundo que diante de mim se abria como a caverna de Aladim. Desde o início de

1895 até o momento em que escrevo este livro, nunca tive tempo de olhar para trás. Posso contar a dedo os dias em que nada tive que fazer. A vida foi para mim um filme interminável, figurando eu entre os atores. Foi, em geral, muito divertido. Mas os anos de 1895 a 1900, que constituem a parte mais importante deste livro, sobrepujam em vivacidade, variedade e vigor tudo o que experimentei, com exceção, naturalmente, dos primeiros meses da Grande Guerra.

Quando rememoro esses anos, não posso deixar de agradecer aos deuses o dom da existência que me concederam. Todos os dias da minha vida foram bons e cada qual melhor que o precedente. Houve altos e baixos, perigos e viagens, mas sempre o sentimento da mobilidade e a ilusão da esperança. Adiante, jovens do mundo inteiro, mais que nunca sois necessários para preencher o vácuo da geração dizimada pela guerra. Não tendes um momento a perder! Deveis tomar o vosso lugar nas fileiras da batalha pela vida. Os mais belos anos são os de 20 a 25. Não vos contenteis com o que existe, a terra é vossa com tudo o que contém. Tomai posse de vossa herança, aceitai vossas responsabilidades, fazei tremular de novo a gloriosa flâmula, avançai contra os novos inimigos que constantemente se reúnem contra o exército humano, pois basta assaltá-los para vencê-los. Que nada vos desanime! Não vos deixeis nunca abater por um malogro! Não vos deixeis iludir pelo sucesso pessoal ou pela popularidade! Cometereis toda sorte de enganos, mas, se fordes francos e generosos ao mesmo tempo que ardentes, não podereis causar mal ao mundo ou mesmo decepcioná-lo. O mundo foi feito para ser enfrentado e vencido pelos jovens. Até hoje ele viveu e prosperou graças a essas permanentes submissões.

Capítulo 5
___

O 4º REGIMENTO DE HUSSARDOS

DEVO AGORA APRESENTAR AO LEITOR um homem, sob todos os pontos de vista notável, que, a partir desse período, teve papel importante em minha vida: o coronel Brabazon, comandante do 4º Regimento de Hussardos. Esse regimento, vindo da Irlanda para Aldershot, no ano anterior, alojara-se no Quartel de Cavalaria do Leste. O coronel Brabazon era, havia muitos anos, amigo de minha família, por diversas vezes nos encontráramos nos meus tempos de colégio. Quando era cadete de Sandhurst, tive a honra de ser convidado, por seu intermédio, para jantar no cassino do regimento. Foi um grande dia para mim. Nessa época, o cassino de um regimento de cavalaria oferecia ao jovem recém-chegado um espetáculo impressionante. Vinte ou trinta oficiais, magnificamente paramentados de azul e ouro, reuniam-se em redor da mesa sobre a qual brilhavam as taças e os troféus conquistados pelo regimento no decurso de duzentos anos, nas competições esportivas e nos campos de batalha.

Parecia um banquete de gala. A essa numerosa e cintilante assembleia, numa atmosfera de cerimoniosa e velada disciplina, servia-se um copioso jantar, ao som da música executada pela banda do regimento. Acolheram-me com a maior cordialidade, e como, ao que parece, eu me portava com discrição e modéstia, fui daí em diante convidado diversas vezes. Alguns meses mais tarde, minha mãe contou-me que o coronel Brabazon estava vivamente interessado em que eu entrasse para o regimento, mas meu pai se opunha ao projeto. Ele esperava ainda, graças à sua influência, fazer-me entrar para a infantaria. O duque de Cambridge não ficara contente com a minha renúncia ao 60º de Carabineiros e declarara mesmo que sempre havia meio de vencer as dificuldades no momento necessário. "De qualquer modo", dissera então meu pai, "Brabazon, que é um dos oficiais mais distintos do nosso exército, não devia ter virado a cabeça do rapaz falando-lhe em entrar para o 4º de Hussardos." Mas eu já estava de cabeça virada. Depois do seu último regresso, em circunstâncias tão tristes, meu pai não podia se interessar como antes pelos meus assuntos. Minha mãe explicou-lhe como se tinham resolvido as coisas. Ele consentiu, e pareceu mesmo satisfeito com a hipótese de eu me tornar oficial de cavalaria. Uma de suas últimas observações foi: "Você já tem os seus cavalos?"

Meu pai morreu na madrugada de 24 de janeiro. Fui chamado de uma casa vizinha onde dormia. Atravessei correndo no escuro Grosvenor Square, naquela ocasião coberta de neve. Meu pai já perdera os sentidos e expirou sem sofrer. Ruíram meus sonhos de camaradagem com ele, meu desejo de lutar a seu lado e apoiá--lo no Parlamento. Só me restava continuar sua obra e defender sua memória.

Ficava senhor do meu destino. Minha mãe sempre me ajudara e aconselhara, mas eu tinha agora 21 anos, e ela já não pensava em se opor aos meus projetos. Tornou-se, ao contrário, minha ardente aliada, favoreceu meus planos e serviu meus interesses com toda a sua influência e energia sem limites. Com 40 anos, era ainda jovem, bela e cheia de encanto. Trabalhávamos juntos, em pé de igualdade, mais como irmã e irmão do que como mãe e filho. Pelo menos assim me parecia. E assim foi até o fim.

Em março de 1895, fui classificado no 4º de Hussardos. Compareci ao regimento seis semanas antes da chamada e fui imediatamente sujeito, com muitos outros tenentes, à severa e implacável instrução de novos oficiais.

Passávamos longas horas nas pistas de equitação e nas cavalariças. Estava bastante treinado graças aos dois cursos que fizera, mas devo confessar que o 4º de Hussardos ultrapassou tudo o que até então experimentara em matéria de equitação militar.

Nessa época, era hábito os novos oficiais passarem seis meses de aprendizado como soldados. Montavam a cavalo e faziam exercícios com os homens, recebendo exatamente a mesma instrução. À frente da fila de cavaleiros, durante os exercícios, ou no pelotão do pátio, cabia-lhes dar o exemplo aos soldados, tarefa da qual nem sempre se desincumbiam muito bem. Montar e saltar de um cavalo em pelo, a trote ou a galope; saltar, sem estribo ou sem mesmo sem sela, uma barra alta, às vezes com as mãos atrás das costas; sair num trote rápido sem nada entre os joelhos além da pele do animal — provocava sempre muitas quedas. Quantas vezes levantei-me todo machucado, depois de ter mordido o pó da pista, repondo o barrete agaloado de ouro, amarrado debaixo do queixo por um laço, com toda a dignidade de que era capaz, sob o olhar divertido de vinte recrutas encantados por verem o seu tenente passar por uma prova que tantas vezes eles enfrentavam. Tive a má sorte, logo no começo, de torcer um dos músculos essenciais à prática da equitação, o que muito me fez sofrer. Ignorava-se naquele tempo a eletroterapia; continuei, a despeito das dores, sob pena de ser considerado maricas se pedisse dispensa por um dia que fosse.

O instrutor regimental de equitação, apelidado "Jocko", um tirano feroz, mostrou-se durante essa semana de extrema tensão. Um dos tenentes mais antigos fez publicar, no *Aldershot Times*, o anúncio: "Major _____, Professor de Equitação, Quartel de Cavalaria do Leste. Curso de caça em 12 lições e de *steeplechase* em 18." Isso cobriu de ridículo o major e, talvez, o tenha induzido a considerar debique qualquer sorriso que aflorasse aos lábios de alguém da turma.

Mas sou de opinião que os jovens devem suportar voluntariamente, até certo ponto, algum rigor. De resto, era uma vida descuidada e atraente que se abria diante de mim. Antes mesmo de terminar o curso de cavalaria, os jovens oficiais podiam frequentemente sair a cavalo com sua tropa em marchas de treinamento, chegando mesmo a fazer de serra-fila durante o exercício. Há um encanto todo especial em tomar parte nas manobras de um brilhante esquadrão de cavalaria a trote, e esse encanto se transforma em deliciosa emoção quando os exercícios são executados a galope. O movimento dos cavalos, o tinir do equipamento, a ondulação das plumas, a emoção do movimento, a consciência de participar de uma máquina viva, a dignidade do uniforme, tudo isso contribui para a beleza de um exercício de cavalaria.

Devo explicar ao leitor ignorante que a cavalaria manobra em coluna e combate em linha, e que o exercício de cavalaria consiste em mudanças rápidas e ágeis de uma formação para outra. Assim, desenvolvendo-se em escalonamento, um esquadrão pode se alinhar em qualquer direção, quase instantaneamente. Os mesmos princípios se aplicam aos movimentos de unidades de cavalaria muito maiores. Por exemplo, regimentos, brigadas e até divisões de cavalaria podem alinhar-se em muito pouco tempo, a fim de se posicionar para a ação mais importante da cavalaria — a Carga.

É uma pena, realmente, que a guerra, em sua marcha voraz, baixa e oportunista, tenha relegado tudo isso e se voltado para os químicos de óculos ou os mecânicos que manobram alavancas de metralhadora ou de avião. Mas, em Aldershot, no ano de 1895, nenhum desses horrores afligia o gênero humano. Os dragões, os lanceiros e, acima de tudo, segundo nos parecia, os hussardos, aspiravam ainda ao lugar de honra no campo de batalha. A guerra, que era cruel e magnífica, tornou-se cruel e sórdida. Na verdade, estragaram-na completamente. Toda a culpa é da Democracia e da Ciência. A partir do momento em que se permitiu a uma dessas intrigantes semeadoras de distúrbios tomar parte no próprio combate, adeus nobreza da guerra! Em vez de um pequeno número de profissionais perfeitamente adestrados, defendendo a causa de sua pátria, com armas antigas, e a surpreendente complicação das manobras arcaicas, apoiadas a cada instante pelos aplausos do país, vemos agora populações inteiras, inclusive mulheres e crianças, lançadas umas contra as outras num brutal extermínio do qual só conseguem escapar alguns burocratas de olhos remelentos, que sobram para fazer a escrita da carnificina. Desde o momento em que a democracia foi admitida, ou melhor dizendo, se fez admitir no campo de batalha, a guerra deixou de ser um esporte de gentlemen; que vá para o diabo, então! E venha a Liga das Nações.

Apesar de tudo, era um belo espetáculo assistir, nos anos de 1890, ao general Luck, Inspetor-Geral, fazer manobrar uma divisão de cavalaria de trinta ou quarenta esquadrões como se fossem uma só unidade. Quando essa massa esplêndida se dispunha em formação e recebia ordem de se deslocar num ângulo de 15°, a brigada exterior devia galopar por uma distância de talvez três quilômetros numa nuvem de poeira tão espessa que se tornava impossível enxergar cinco metros adiante. E depois de cada manhã de exercícios contavam-se umas vinte quedas e uma boa meia dúzia de acidentes. Mas, quando finalmente se reconstituía a linha, e o comandante dava a ordem de carregar, mal se podiam conter gritos de alegria transbordante.

Mais tarde, quando voltávamos ao quartel, essas explosões de entusiasmo, pelo menos no que me concerne, eram atenuadas pela ideia de que os alemães contavam com vinte divisões de cavalaria, cada uma das quais tinha o mesmo porte daquela, tão querida mas única, de que eu fazia parte; e também por imaginar o que aconteceria se meia dúzia de desmancha-prazeres se metessem numa trincheira com uma metralhadora Maxim.

Havia também esplêndidas paradas; a Rainha Vitória, da sua carruagem, no posto de honra, via desfilar como um largo rio cintilante toda a guarnição de Aldershot, que compreendia talvez 25 mil homens fardados de azul e ouro, escarlate e cor de aço — cavalaria, infantaria e artilharia, sem esquecer os engenheiros e o corpo de serviços do exército. Parecia-nos inteiramente injusto que todas as outras potências europeias — França, Alemanha, Áustria e Rússia — pudessem fazer a mesma coisa em seus países, no mesmo dia, em vinte lugares diferentes. Pensava eu por que os nossos estadistas não estabeleciam uma convenção internacional pela qual cada país seria representado, em caso de guerra, tal como nas Olimpíadas, por equipes da mesma força, e nós por um único, mas completo, corpo de exército que abrangesse tudo o que a nossa raça podia produzir de melhor, e se decidiria assim a soberania no mundo. Mas os ministros da era vitoriana tinham muito pouca iniciativa e deixaram escapar a oportunidade. A Guerra saiu das mãos dos peritos e de pessoas convenientemente exercitadas, com profundo conhecimento do assunto, para ficar reduzida a uma simples e repugnante questão de Homens, Dinheiro e Maquinaria.

Aqueles dentre nós que já começavam a compreender essa espécie de degradação que ia atingindo a guerra eram irresistivelmente levados a concluir que o exército britânico nunca mais participaria de qualquer conflito europeu. Aliás, como poderíamos, quando só tínhamos um corpo de exército com uma única divisão de cavalaria, inclusive a Milícia e — Deus os abençoe — os

Voluntários. Nenhum tenente patrioteiro, nenhum belicoso oficial de estado-maior de Aldershot, em 1895, poderia acreditar, ainda mesmo nos momentos de maior otimismo, que nosso pequeno exército fosse de novo enviado à França. No entanto, havia de chegar o dia em que um capitão de cavalaria — de nome Haig — que conosco manobrara no Long Valley naquela primavera, se sentiria amarrado porque, numa batalha das mais importantes, só conseguiu pôr em linha quarenta divisões britânicas com o 1º Corpo de Exército americano — num mero total de 600 mil homens — e apoiá-los com menos de quatrocentas brigadas de artilharia.

Às vezes, fico pensando se outras gerações teriam assistido a uma revolução de valores e de fatos tão completa quanto a que atravessamos. Praticamente, nenhuma das noções estabelecidas, que me haviam ensinado a considerar permanentes e vitais, ficou de pé. Em compensação, tudo o que eu considerava impossível, ou me ensinaram a considerar impossível, veio a acontecer.

O coronel Brabazon era um proprietário irlandês arruinado, que passara a vida no exército britânico. Desde sua entrada para os Granadeiros da Guarda, por volta de 1860, fora um dos mais brilhantes oficiais da época. Unia-o ao príncipe de Gales íntima e sólida amizade. Na Corte, nos clubes, nas pistas de corrida, na caça, por toda parte ele se fazia notar. Embora solteirão, não era misógino. Devia ter sido belo, na mocidade. Sua estatura era perfeita para um homem e, embora não chegasse a quase dois metros de altura, dava essa impressão. Na maturidade, conservara-se um esplêndido tipo. Seus traços firmes e simétricos, seus olhos de um cinzento brilhante e os fortes maxilares eram acentuados por bigodes que o Kaiser poderia considerar um ideal impossível de atingir. A tudo isso, juntava ele o ar e as maneiras dos dândis da geração precedente e uma incapacidade, real ou afetada, de pronunciar a letra *r*. Dono de conversação atraente e substanciosa, sua notável personalidade ficava à vontade em todos os círculos, fossem ou não escolhidos.

Sua carreira militar fora longa e acidentada. Depois de seis anos de serviço, devido ao estado de suas finanças, vira-se obrigado a deixar os Granadeiros da Guarda e atravessara um período de sérios aborrecimentos. Servira como voluntário — grande privilégio — na campanha de Ashanti, em 1874, onde se distinguiu a tal ponto que os altos círculos cogitaram de reintegrá-lo ao posto. E realmente esse favor quase sem precedentes lhe foi concedido.

O Príncipe de Gales desejava muito que ele fosse designado para seu regimento, o 10º de Hussardos, nesse tempo o mais seleto regimento do Exército. Mas, como não houvesse posto vago, Brabazon foi provisoriamente classificado num regimento de infantaria de linha. E quando perguntavam: "A que regimento pertence você agora, Brab?", ele respondia: "Não *uemember*, só sei que os soldados usam gola e punhos *guín* e para chegar lá toma-se o *tuén* na estação Waterloo."

Anos depois, ele perguntou ao chefe de estação de Aldershot: "Onde está o *tuén* de Londres?" "Já partiu, coronel." "Partiu? *Buing* outro."

Transferido afinal para o 10º de Hussardos, ganhou reputação durante a guerra do Afeganistão, em 1878-1879 e tomou parte, cinco anos depois, nos terríveis combates dos arredores de Suakim, no Sudão, em 1884. Como fora comissionado duas vezes, era, na hierarquia militar, superior ao coronel do seu próprio regimento. Isso criou uma situação bastante constrangedora, só possível no exército inglês daquele tempo. O coronel do 10º, encontrando um dia algo a censurar no esquadrão de Brabazon, chegou ao ponto de ordenar a volta do esquadrão ao quartel. Brabazon ficou mortificado. Entretanto, algumas semanas depois, o 10º de Hussardos formou uma brigada com outro regimento de cavalaria para umas manobras. A hierarquia do regimento não tinha mais razão de ser, e o posto de Brabazon no Exército lhe conferia automaticamente o comando da brigada. Diante do próprio coronel, que no momento era seu subordinado, Brabazon repetiu as mesmas observações mordazes que lhe haviam sido dirigidas e concluiu com esta ordem peremptória: "Coronel, leve seu *uegiment* para o quartel!" O incidente deu o que falar. Não se podia negar que Brabazon tinha a lei de seu lado. Mas nessa época os homens estavam habituados a afirmar seus direitos de um modo rígido que não se usa mais hoje em dia.

Como era evidente que sua antiguidade no regimento jamais lhe permitiria assumir o comando do 10º, o Ministério da Guerra lhe oferecera, em 1893, o comando do 4º de Hussardos. Essa designação teve reflexos nos oficiais mais antigos do regimento. Geralmente, um regimento não fica muito satisfeito com a vinda de um estranho que surge com planos de "melhorar a aparência geral". Houve realmente certa tensão à chegada desse famoso coronel repleto de medalhas e condecorações, revestido de todo o seu prestígio social e militar, para assumir o comando de um regimento cujas tradições eram quase tão antigas quanto as do 10º de Hussardos. Aliás, Brabazon não procurou desfazer essa primeira impressão; demonstrou, ao contrário, notável confiança em si mesmo, o que lhe valeu não somente completa obediência de todos, como também grande admiração, pelo menos da parte dos capitães e tenentes. E isso apesar de ter situado no devido lugar alguns oficiais antigos. "Em que farmácia foi comprado este vinho?", perguntou certa vez a um irascível chefe do cassino de oficiais.

Comigo mostrou-se sempre muito amável, salvo em questões de serviço. Aí era extremamente rigoroso. Mas não tardei em descobrir que por trás de todas as frases sobre a guerra e o esporte, temas que com os de religião e ateísmo e mais dois ou três outros constituíam o grosso de sua palestra no cassino, o coronel era um devorador de livros. Quando um dia citei a frase: "Deus torna ameno o vento para a ovelha tosquiada", e Brabazon me perguntou onde lera aquilo, respondi com muita convicção que, embora a frase fosse geralmente atribuída à Bíblia, procedia, na realidade, de *Sentimental Journey*, de Sterne. Perguntou-me então com a maior inocência do mundo: "Já o leu?" Felizmente, eu não era apenas franco de natureza, mas também precavido. Confessei que não lera. Fiz bem, porque era, parece, um dos livros favoritos do coronel.

Mas Brabazon encontrou quem o superasse. Pouco tempo depois de sua entrada para o regimento, deparou-se-lhe pela frente um personagem dos mais importantes, Sir Evelyn Wood, que então comandava em Aldershot. Brabazon, além de introduzir uma porção de pequenas modificações, em geral muito razoáveis, no uniforme diário do regimento — por exemplo, galões amarelos cromados para o Exército, em vez de galões dourados — usava havia mais de trinta anos uma barbicha "Imperial", evidentemente contrária aos regulamentos da Rainha: "O queixo e a parte inferior do lábio devem ser rapados (exceto para os sapadores, que usarão barba)." Mas, durante trinta anos de guerra e de paz, nenhum superior ousara empregar sua autoridade mandando rapar a "Imperial" de Brabazon. Ele a mantinha como um privilégio e uma instituição reconhecida, da qual sem dúvida se orgulhava imensamente. Quando, porém, Sir Evelyn Wood foi posto à frente de Aldershot, quis impor sua disciplina, os galões amarelos cromados desapareceram, assim como as confortáveis blusas de sarja com as quais o regimento costumava praticar exercícios, restabelecendo-se os galões dourados e as túnicas justas do velho sistema. Forçado a obedecer, o coronel queixou-se, em particular, ao Ministério da Guerra. A razão estava toda de seu lado. Um ano depois, na verdade, com caráter obrigatório, essa inovação foi imposta a todo o Exército. Mas ninguém no Ministério da Guerra, ou mesmo em Londres, teria ousado opor-se a Sir Evelyn Wood quando este tinha por si o texto dos regulamentos da Rainha. Logo que soube da crítica de Brabazon às suas decisões, Sir Evelyn Wood resolveu dar um golpe. Mandou ao coronel uma ordem escrita para que se apresentasse na próxima revista "barbeado de acordo com o Regulamento". Evidentemente, era uma tremenda ofensa. Brabazon não tinha alternativa: obedeceu. Na mesma noite, sacrificou sua "Imperial", e na manhã seguinte apareceu desfigurado ante seus homens, perplexos ante esse espetáculo e escandalizados quando souberam da história. O coronel ressentiu-se tão profundamente que jamais aludiu a esse incidente e, à exceção de matéria de serviço, nunca mais dirigiu a palavra a Sir Evelyn Wood.

Tal era o homem sob cujo comando eu tinha a honra de servir e cuja calorosa e constante amizade pude desfrutar nos últimos vinte anos de sua vida. O coronel era um tory ferrenho, da mais severa e robusta escola. Suas três doutrinas fundamentais eram: proteção, conscrição e restabelecimento das leis sobre moléstias contagiosas. Julgava os governos e os políticos segundo estes se conformavam ou pareciam conformar-se ao seu programa. Mas em política nem a controvérsia sobre a liberdade de comércio, nem o orçamento de Lloyd George, nem a questão do Ulster, nada perturbou nossas relações.

Durante o verão de 1895, tivemos a agradável surpresa de ler que o governo da Home Rule radical fora derrotado na Câmara dos Comuns, e lorde Salisbury novamente encarregado de formar gabinete. Lorde Rosebery era geralmente apreciado porque o consideravam um patriota, mas tinha tão maus companheiros! Dizia-se que essas más companhias o empolgavam, e ele era tão fraco que cedia apesar de suas convicções.

Ele foi mantido no governo pelo apoio dos nacionalistas irlandeses, que, como toda gente sabia, só descansariam quando esfacelassem o Império Britânico. Pretendi defender John Morley, mas retorquiram-me que era o pior de todos, aliado dos fenianos e de toda sorte de traidores. Exprimiram um prazer todo particular ao ver a queda do governo porque ele deixara diminuir as reservas de cordite. Se uma guerra viesse a estourar, como poderíamos combater sem aquela pólvora sem fumaça? Alguém observou que, na realidade, havia pólvora sem fumaça em quantidade suficiente, mas que qualquer porrete era bom para espancar esses cães. Não há dúvida de que os liberais eram mui pouco populares em Aldershot. As eleições gerais vieram provar que o resto da nação participava de nossa opinião, pois lorde Salisbury voltou com uma maioria de 150 votos, e os conservadores governaram dez anos, durante os quais tiveram de sustentar várias guerras que constituem a maior parte deste relato. Só caíram quando começaram a se embair com a ideia protecionista, e foi então que os liberais entraram em cena vindo a fazer a maior de todas as guerras. Mas tudo isso faz parte da história.

Fui convidado para a recepção na Devonshire House, depois dos banquetes ministeriais. Ali encontrei todos os novos ministros, elegantíssimos em seus uniformes azul e ouro. Esses uniformes não eram tão belos quanto os nossos, mas tinham certo estilo que os distinguia. Conversei especialmente com o sr. George Curzon, o novo subsecretário do Exterior, homem de aspecto agradável, que recebeu com muita amabilidade as minhas felicitações. Explicou-me que, apesar de modesto, o seu posto comportava a representação do Foreign Office na Câmara dos Comuns e tudo o mais que daí decorria. Por isso, esperava tomar parte na política exterior em vez de apenas defendê-la ou explicá-la. Na recepção estavam também alguns dos pobres jovens senhores esquecidos, que eram obrigados a sorrir mais do que os outros e a felicitar um por um todos os recém-chegados para aqueles postos que eles haviam disputado. Como ninguém chegara sequer a pensar em mim para nenhum desses cargos, sentia-me à vontade para dar largas ao ciúme.

Nessa época morreu a sra. Everest. Mal soube que estava seriamente enferma, vim a Londres vê-la. Ela morava com a família da irmã no norte da cidade.

Quando me recebeu, tinha perfeita noção do seu estado, mas só se preocupou comigo. Chovera muito. Ao perceber que o meu capote estava molhado, mostrou-se inquieta, temendo que eu me resfriasse. Para acalmá-la precisei tirar o capote e pô-lo a secar. Seu único desejo era rever meu irmão Jack, mas, infelizmente, não pudemos satisfazê-la. Procurei em Londres um bom especialista e dois médicos para uma conferência. Diagnosticaram peritonite. Tive que voltar a Aldershot no trem da meia-noite para participar de uma revista na manhã seguinte. Assim que pude ficar livre, voltei à cabeceira da sra. Everest. Ela me reconheceu, mas pouco a pouco perdeu a consciência. A morte chegou mansamente. Minha ama vivera uma vida tão inocente, tão cheia de amor e abnegação por aqueles a quem servia, e sua fé era tão simples que não temia a morte. Fora a minha mais querida e mais íntima amiga nos meus vinte anos de vida. Telegrafei ao pastor em cuja casa ela trabalhara quase um quarto de século antes. Ele morava em Cumberland. Tinha boa memória e se lembrava dos dedicados serviços da sra. Everest. Encontramo-nos junto à sepultura. Ele era agora arcediago e não levou consigo a "pequena Ella".

Quando penso no destino dessas pobres velhinhas, muitas das quais não têm ninguém que as proteja e nada de que viver, sinto-me feliz por ter participado de alguma forma na elaboração das nossas leis de pensões e seguros de vida, que constituem motivo de orgulho e podem servir de modelo às de qualquer outro país.

Capítulo 6

CUBA

No último decênio da era vitoriana, o Império gozara de uma paz tão prolongada e contínua que as condecorações e tudo o que elas representam de experiência e de aventuras se haviam tornado extremamente raras no exército britânico. Os veteranos da Crimeia e do Motim da Índia não faziam mais parte do exército ativo. Os combatentes do Afeganistão e do Egito, do começo dos anos 1880, já figuravam nos altos postos. Desde aquela ocasião não fora disparado um tiro de fuzil para valer. E quando, em janeiro de 1895, entrei para o 4º de Hussardos, raros capitães, para nem falar em oficiais subalternos, em todas as forças de Sua Majestade, podiam gabar-se de ter tomado parte na mais insignificante escaramuça. A raridade, em geral, é que dá valor às coisas, e nunca o serviço em tempo de guerra tivera tão alta cotação entre as autoridades militares e fora tão ardentemente cobiçado pelos oficiais de todas as patentes. Era o meio rápido de promoção em todas as armas. Era o portal fascinante que inaugurava o caminho da glória e, aos olhos dos velhos circunspectos como aos das moças, ele envolvia numa auréola toda especial aquele que o tivesse prestado. Como nós, os oficiais moços, invejávamos o ex-major pelas suas aventuras em Abu Klea! Como admirávamos o coronel, com a sua longa série de condecorações! Ouvíamos com interesse nunca saciado as histórias que ele se dignava contar-nos, de vez em quando, sobre feitos gloriosos e episódios havia muito envolvidos na noite do tempo. Como desejávamos, também nós, ter recordações assim para desfiar e ostentar, muitas vezes se fosse preciso, diante de um auditório cheio de simpatia! Com que inquietação nos indagávamos no agradável ambiente do cassino, depois de uma boa refeição, se algum dia teríamos também ocasião de nos distinguir e de travar empolgantes batalhas! As proezas no polo, na caça ou na pista de corridas não deixavam de ter sua importância. Mas o oficial que estivera "sob fogo" merecia uma admiração unânime, sincera e espontânea das moças e se via cercado de uma atmosfera de respeito por parte dos generais a que obedecia e dos homens que comandava.

A falta de serviço ativo se fazia sentir cruelmente nos círculos em que eu era então chamado a viver. Aliás, todas as queixas nesse sentido não tardariam em ser ouvidas e nossos desejos satisfeitos em medida que jamais chegáramos a imaginar. Naquele tempo, nos parecia real o perigo (era assim que nós, os jovens oficiais, o considerávamos) de que os governos liberais e democráticos tornassem a guerra impossível. Cedo, porém, havíamos de verificar que esse receio era ilusório. A era da paz chegava ao fim, e guerras não faltariam. Viriam guerras em quantidade, até mesmo guerras demais. Poucos dos jovens e ardentes alunos de Sandhurst promovidos a oficiais, e de jovens oficiais que nessa época e mais tarde se alistaram no serviço de Sua Majestade cheios de esperanças, haviam de sobreviver às horríveis provações que lhes reservava o destino. As pequenas escaramuças da fronteira hindu e do Sudão atraíam o exército britânico. Mas a guerra sul-africana deveria atingir proporções capazes de satisfazer plenamente as ambições de nosso pequeno exército. E depois de tudo isso, teríamos ainda que enfrentar o dilúvio!

O ano militar dividia-se em uma estação de verão de sete meses de instrução e uma de inverno de cinco meses de licença, durante a qual cada oficial dispunha pelo menos de dois meses e meio de repouso ininterrupto. Eu gastara todo o meu dinheiro com pôneis de polo, e, como não tinha meios para caçar, saía à procura de aventuras no mundo inteiro. A paz generalizada, na qual a espécie humana enlanguescera tantos anos, só fora perturbada num canto do globo. A longa guerrilha entre espanhóis e rebeldes cubanos, segundo se dizia, entrava na fase mais aguda. O capitão-general espanhol, aquele famoso marechal Martinez Campos, igualmente conhecido por suas vitórias sobre os mouros e pelos *pronunciamentos* no seu próprio país, fora enviado à ilha recalcitrante, enquanto 80 mil espanhóis atravessavam o oceano num supremo esforço para dominar a revolta. Ali, ao menos, se combatia! Desde a infância eu sonhava com soldados e guerras, e muitas vezes imaginara em sonho, dormindo ou acordado, as sensações da primeira vez em que se entra em fogo. Na minha inocente mocidade, parecia-me experiência maravilhosa ouvir as balas sibilando em torno, tentar escapar à morte e aos ferimentos. Além do mais, agora que de algum modo assumira obrigações profissionais, considerava útil um ensaio geral, uma viagem de prova, para adquirir a certeza de que a tentativa não estava acima da minha capacidade. Dirigi, pois, para Cuba as minhas esperanças.

Participei esses projetos a um dos meus camaradas, Reginald Barnes, que mais tarde comandou durante muito tempo algumas divisões na França. Acolheu com entusiasmo a ideia. O coronel, e com ele todo o grupo de oficiais, encarava benevolamente toda tentativa destinada a adquirir experiência profissional num teatro de guerra. Isso era considerado quase tão proveitoso quanto uma séria temporada de caça, sem a qual nenhum tenente ou capitão poderia aspirar a uma posição respeitável. Assim estimulado, escrevi a um velho amigo de meu pai, um dos seus companheiros do

Quarto Partido, Sir Henry Wolff, então embaixador em Madrid, perguntando se lhe seria possível obter as licenças necessárias das autoridades militares espanholas. O excelente velho, cuja influência adquirida durante longos anos na Corte espanhola não tinha rival no corpo diplomático de que era decano, fez o impossível por mim. Não tardei em receber ótimas cartas de apresentação, oficiais e pessoais, assegurando ao embaixador que bastaria desembarcar em Havana para ser recebido pelo capitão-general, e que este faria por nós todo o necessário. Assim, no começo de novembro de 1895, embarquei para Nova York e de lá para Havana.

Os homens da atual geração, esgotados, maltratados, mutilados e fatigados pela guerra, talvez não compreendam as deliciosas sensações e o ardente entusiasmo com que um moço inglês, educado numa era de paz, partia para o primeiro contato com um verdadeiro teatro de operações. Quando pela primeira vez, madrugada ainda, avistei no horizonte azul o litoral cubano, tive a impressão de me achar no navio de Long John Silver e ter diante de mim a Ilha do Tesouro. Ali estava uma região onde tremendos acontecimentos se desenrolavam, cenário de uma ação vital! Lugar onde tudo podia acontecer, onde alguma coisa devia acontecer! Podia deixar ali minha vida! Esse devaneio foi interrompido pela chamada para o café da manhã e a confusão do desembarque.

Cuba é uma ilha encantadora. Com razão os espanhóis denominaram-na "Pérola das Antilhas". O clima ardente, mas temperado, chuvas abundantes, vegetação luxuriante, fertilidade inigualável, paisagens de sonho, tudo isso me levava a censurar meus antepassados que um belo dia deixaram escapar essa magnífica possessão. Mas nossa democracia moderna herdou suficiente número de possessões a conservar ou soltar.

A cidade e o porto de Havana apresentavam, há 35 anos, um deslumbrante espetáculo. Instalei-me num bom hotel, chupei grande quantidade de laranjas, fumei alguns charutos, e finalmente apresentei minhas credenciais a quem de direito. Tudo correu às mil maravilhas. Eu e meu companheiro fomos imediatamente tratados como membros de uma missão que embora não oficial assumia grande importância, visto ser enviada em tempos de necessidade, por uma poderosa nação e antiga aliada. Quanto mais tentávamos diminuir a importância de nossa visita, mais se parecia apreciar o seu significado. O marechal Martinez Campos estava em excursão, inspecionando postos e guarnições. Mas tudo se arranjaria de acordo com nossos desejos. Devíamos encontrar o comandante supremo em Santa Clara. A viagem não apresentava nenhuma dificuldade; os trens eram blindados, e escoltas armadas viajavam nas duas extremidades dos especiais; os lados dos vagões eram protegidos por sólidas placas. Quando havia tiroteio, como era frequente, bastava estirar-se no chão para se chegar são e salvo. Pusemo-nos a caminho na manhã seguinte. O marechal Martinez Campos recebeu-nos amavelmente e confiou-nos a um dos oficiais do seu estado-maior, filho do duque de Tetuan, o tenente Juan O'Donnell, que falava inglês extremamente bem. Surpreendeu-me seu nome, mas disseram-me que o nome se tornara espanhol desde a época da Brigada Irlandesa. O'Donnell explicou que se pretendêssemos ver os combates, precisaríamos incorporar-nos a uma coluna móvel. Disse-nos que uma dessas colunas acabara de partir naquela manhã, sob o comando do general Valdez, em direção a Sancti Espiritus, cidade situada a 65 quilômetros de distância, assediada pelos rebeldes. Era pena, realmente, que a tivéssemos perdido. Sugerimos a possibilidade de alcançá-la facilmente, pois não devia ter feito mais que uma etapa de marcha. O jovem espanhol meneou a cabeça: "Vocês não chegariam a oito quilômetros daqui." "Então, onde está o inimigo?", perguntamos. "Em toda parte… e em parte alguma; cinquenta cavaleiros podem ir aonde entenderem. Mas dois não devem arriscar-se."

Havia, entretanto, um meio de alcançar o general Valdez. Era seguir por estrada de ferro até Cienfuegos e daí, por mar, até Tuna. A linha férrea de Las Tunas a Sancti Espiritus, segundo nos informou O'Donnell, era fortemente protegida por casamatas, e os trens militares até então conseguiam passar regularmente. Assim, depois de uma viagem de 240 quilômetros, chegaríamos a Sancti Espiritus em três dias, enquanto o general Valdez e suas tropas só conseguiriam atingir a cidade ao anoitecer do quarto dia. Poderíamos então nos incorporar à coluna e acompanhar as operações. Dar-nos-iam cavalos e ordenanças, e o general nos receberia no seu estado-maior, na qualidade de convidados.

Fizemos o percurso com algum risco, mas sem incidentes. Sancti Espiritus, apesar do nome, era um lugar de segunda ordem, em péssimas condições sanitárias. A varíola e a febre amarela devastavam-na. Passamos a noite numa taverna infecta, barulhenta e repleta. Na noite imediata chegou o general Valdez com sua coluna. Era uma força respeitável: quatro batalhões, compreendendo 3 mil homens de infantaria, dois esquadrões de cavalaria e uma bateria transportada em lombo de burro. Os soldados pareciam descansados e bem-dispostos, não dando mostras de fadiga. Vestiam uniformes de algodão, que talvez fossem brancos, mas que o pó e a imundice do caminho haviam colorido de amarelo. Carregavam pesadas mochilas, talabartes duplos, usavam grandes chapéus-panamá de palha. Seus camaradas, bem como os habitantes locais, os receberam calorosamente.

Depois de respeitosa espera, apresentamo-nos ao Grande Quartel-General. O general Valdez já lera os telegramas que nos recomendavam e acolheu-nos com grande afabilidade. Suárez Valdez era general de divisão. Ia fazer uma expedição de quinze dias através das regiões insurretas, com o duplo objetivo de visitar as cidades defendidas pelos espanhóis e combater os rebeldes onde os encontrasse. Explicou-nos, por intermédio do intérprete, que se sentia honrado em receber na coluna dois representantes de uma grande potência amiga, e que apreciava o apoio moral implícito nesse gesto da Inglaterra.

Sempre com o auxílio do intérprete, agradecemos sua gentileza, assegurando-lhe quanto nos parecia sedutora a empresa a que nos entregáramos. O intérprete disse isso numa frase altissonante, e o general pareceu satisfeitíssimo. Anunciou que a marcha prosseguiria de madrugada. A cidade estava demasiado infestada de doenças para que fosse aconselhável permanecer ali mais do que o tempo estritamente necessário. Nossos cavalos estariam prontos antes da madrugada. Em seguida, convidou-nos para jantar.

Imaginem-se as sensações de um jovem oficial, na manhã seguinte. Noite ainda, o céu começa a clarear. Estamos no que um poeta brilhante, embora pouco conhecido, chamou "vago e misterioso templo da Aurora" [Mackay, *Twenty-one Days in India*]. Estamos a cavalo, de uniforme. Nossos revólveres carregados. Na escuridão e na meia-luz, longas filas de homens armados avançam lentamente em direção ao inimigo. Talvez esteja perto. Talvez nos espere a um quilômetro dali. Não sabíamos. Ignoramos tudo de nossos amigos, como de nossos inimigos. Nada temos a ver com essa briga. Salvo em caso de legítima defesa, não podemos tomar parte nos combates. Mas temos a impressão de viver um momento decisivo, realmente um dos melhores que já vivemos. Estamos certos de que algo vai acontecer. Esperamos fervorosamente que aconteça algo. Não queremos ser mortos nem feridos. Mas, então, que queremos? Essa atração da juventude — a aventura pelo prazer da aventura. Poderia parecer loucura fazer uma viagem tão longa e tão dispendiosa para se levantar às quatro horas da manhã na esperança de tomar parte num combate em companhia de estrangeiros. No entanto, sabíamos que muitos tenentes do exército inglês dariam um mês inteiro de soldo para estar em nosso lugar.

Mas nada aconteceu. O dia levantou-se lentamente. E a extensa coluna espanhola serpenteou pelas intermináveis florestas, nas ondulações do vasto panorama úmido e ensolarado. Andamos cerca de oito quilômetros, ao fim dos quais, como já fossem nove horas e estivéssemos em campo raso, fez-se alto para o almoço e a *siesta*. O almoço era uma refeição importante. A infantaria acendeu fogueiras para cozinhar a comida. Os cavalos, desamarrados, puderam pastar à vontade. Serviu-se ensopado e café ao estado-maior numa mesa. Era uma espécie de piquenique. O ajudante de ordens do general apareceu finalmente com uma grande garrafa de metal, na qual preparou uma bebida que ele chamava "runcotél". Só mais tarde me foi explicado o sentido dessa palavra, que ainda hoje recordo muito bem. Era sem dúvida "Rum Cocktail". Seja qual for o nome, era muito bom. Entrementes, haviam armado redes nas árvores e convidaram-nos a repousar. Os soldados e oficiais do regimento deitaram-se no chão, creio que depois de terem tomado as precauções militares necessárias, e todos dormiram à sombra durante cerca de quatro horas.

Às duas horas da tarde, terminada a *siesta*, o bivaque foi ruidosamente desfeito e uma hora depois estávamos de novo em marcha, caminhando mais quatro horas, até as sete, num passo nunca inferior a quatro quilômetros por hora. Chegamos com o crepúsculo a um novo acampamento. A coluna fizera uns trinta quilômetros, e a infantaria não parecia cansada. Esses sólidos camponeses espanhóis, filhos da terra, podiam marchar horas seguidas, com equipamento pesado, por caminhos apenas transitáveis, demonstrando uma resistência admirável. O alto prolongado no meio do dia era para eles como uma segunda noite de descanso.

Estou certo de que os romanos dispuseram muito melhor que nós o horário do dia. Levantavam-se antes de o sol raiar em qualquer estação do ano, enquanto nós, salvo em tempo de guerra, nunca vemos a alvorada. Mas o descambar do sol predispõe à tristeza, enquanto que a aurora anima. O repouso e o sono no meio do dia restauram muito mais as criaturas do que uma longa noite. A natureza não nos fez para trabalhar ou mesmo para nos divertir das oito da manhã à meia-noite. Impomos ao organismo um esforço injusto e imprudente. Seja para negócio ou prazer, mental ou físico, devíamos cortar em dois os nossos dias e nossas marchas. Quando estava à frente do Almirantado, durante a guerra, notei que podia trabalhar duas horas a mais se descansasse uma hora depois do almoço. Os latinos são mais avisados e mais naturais em sua maneira de viver do que os anglo-saxões ou os teutões; é verdade que têm sobre nós a vantagem de um clima muito superior.

Seguindo essa rotina, marchamos vários dias através de uma região magnífica, sem avistar o menor sinal de guerra. Em caminho, fizemos intimidade com os espanhóis, e falando com eles um francês execrável, chegamos a formar uma impressão do seu ponto de vista, ainda que sob ângulo diferente. O tenente-coronel Benzo, chefe do estado-maior, por exemplo, aludiu uma vez à guerra "que fazemos para preservar a integridade do nosso país". Surpreendeu-me essa reflexão. Por culpa de minha educação excessivamente restrita, ainda não chegara a compreender que outros países tivessem, em relação às suas possessões, os mesmos sentimentos que na Inglaterra nutríamos pelas nossas. Seu sentimento quanto a Cuba era indubitavelmente idêntico ao nosso em face da Irlanda. Isso me causou profunda impressão. Achava muito topete desses estrangeiros terem os mesmos sentimentos e empregarem as mesmas expressões sobre seu país e suas colônias que nós outros, ingleses. Mas inclinei-me diante do fato, tratando de anotá-lo. Até então simpatizara (secretamente) com os rebeldes, ou pelo menos com a rebelião, mas agora começava a compreender quanto se sentiam infelizes os espanhóis com a perspectiva de se verem despojados de sua bela "Pérola das Antilhas" e senti-me cheio de pena deles.

Não podíamos entender como conseguiriam vencer. Imagine-se o custo horário de uma coluna de cerca de 4 mil homens, ziguezagueando na selva úmida e sem fim; e havia talvez uma dúzia dessas colunas, e muitas outras menores, continuamente em marcha. Além disso, mantinham-se 200 mil homens em todos os postos e guarnições ou nas casamatas marginais das estradas de ferro. Sabíamos que a Espanha não era rica. Sabíamos que imensos esforços e sacrifícios precisava fazer para manter mais de 250 mil homens do outro lado do oceano, como um haltere na ponta do braço estendido. Quanto ao inimigo, nada víramos nem ouvíramos nada. Mas de sua existência estávamos certos, pois os espanhóis não teriam tomado em vão tamanhas precauções nem mobilizado tropa tão numerosa. Essas florestas e essas montanhas estavam repletas de bandos esfarrapados, muito bem-providos de armas e munições, especialmente de uma arma temível chamada "machete". Aliás, a guerra não expunha esses homens a nenhum sacrifício além dos habituais: miséria, perigo e privações. Os espanhóis tinham diante de si, portanto, um inimigo invisível, e avançavam como os comboios de Napoleão na península Ibérica, dia após dia, através de um mundo de hostilidade impalpável, atormentados aqui e ali por terríveis ataques.

Passamos a noite de 29 de novembro na aldeia fortificada de Arroyo Blanco. Enviáramos dois batalhões e um esquadrão com a maior parte do comboio para reabastecer uma série de fortins. As forças restantes, 1.700 homens talvez, deviam procurar o inimigo e oferecer combate. A 30 de novembro completava eu o meu 21º aniversário, e nesse dia, pela primeira vez, ouvi tiros disparados em ódio e balas silvando através da tropa.

Havia uma cerração baixa e nessa manhã, quando nos pusemos a caminho, súbito a retaguarda da coluna foi envolvida. Nessa época, quando o combate se travava a pequena distância e as tropas utilizavam — ao menos em parte — fuzis de grosso calibre, ouviam-se fortes detonações, podendo-se ver nuvens de fumaça e mesmo clarões. A linha de fogo parecia estar a duzentos metros e vinha dela um ruído ensurdecedor. Era muito impressionante, mas, como nenhuma bala se dispunha a vir em minha direção, tranquilizei-me facilmente. Estava como aquele otimista "que pouco se importava com o que acontecia desde que não o atingisse". O nevoeiro era tão espesso que muito pouco se podia distinguir. Ao fim de algum tempo, começou a desfazer-se e tive noção de que caminhávamos ao longo de uma pista de quase cem metros de largura no mato. Isso se chamava "estrada militar", e a seguimos durante horas. A floresta já avançara avidamente sobre o caminho e os oficiais empunhavam o "machete" para cortar os galhos ou divertir-se em golpear os grandes porongos que espirravam água fria nos imprudentes.

Naquele dia, quando acampamos para o almoço, cada homem sentou-se perto de seu cavalo e comeu o que trazia no bolso. Haviam me dado meio frango magro. Mastigava uma coxa do frango quando, ali bem perto, quase diante de nós estourou a fuzilaria na orla do mato. O cavalo que estava atrás de mim — não o meu — deu um salto para a frente. Houve grande alvoroço. Um grupo de soldados se atirou na direção de onde partiram os tiros, só encontrando, é claro, alguns cartuchos vazios. Nesse ínterim, a sorte do cavalo ferido me dera o que pensar. Era um baio. A bala o atingira entre as costelas e o sangue jorrava de um ferimento de trinta centímetros no seu pelo luzidio. O animal deixou pender a cabeça, mas não caiu. A morte era certa. Desarrearam-no rapidamente. Enquanto contemplava tudo isso, não pude deixar de pensar que a bala que atingira esse cavalo passara rente à minha cabeça. Portanto, estava em pleno fogo. Já era alguma coisa. Comecei a tomar nossa empreitada um pouco mais a sério do que até então.

Durante todo o dia seguinte seguimos o mesmo caminho. A mataria, que antes se assemelhava vagamente às florestas inglesas, cedera lugar a palmeiras de todo tamanho e de formas extraordinárias. Levamos duas ou três horas dentro de florestas dessa espécie, para chegar a um lugar mais descoberto. Depois de vadear um rio, estacamos para passar a noite perto de uma cabana, que, embora miserável, vinha assinalada no mapa. Fazia muito calor. Eu e meu amigo convencemos dois moços do estado-maior a se banharem no rio que cercava três lados do acampamento. A água era deliciosa, morna e límpida, o sítio era magnífico. Depois do banho, vestíamo-nos na margem, quando uma bala passou sibilando junto a nós, seguida de outra, depois uma terceira, e afinal uma saraivada. Era evidente que nos visavam.

Acabando de nos vestir às pressas, e tão elegantemente quanto possível, batemos em retirada ao longo do rio, para voltar ao QG. Ao chegarmos, havia uma verdadeira escaramuça a uma distância de meio quilômetro e choviam balas sobre o acampamento. Os rebeldes estavam armados de Remingtons, e o surdo estampido de suas armas fazia estranho contraste com o estalo agudo dos fuzis espanhóis. Depois de mais ou menos meia hora, os atacantes se consideraram satisfeitos, e se retiraram levando mortos e feridos, que, esperávamos, deveriam ser numerosos.

Jantamos tranquilamente na varanda, e nos recolhemos para passar a noite na pequena granja. Não eram só tiros isolados que ressoavam na noite, mas também salvas. Uma bala atravessou a palha do teto da cabana e outra foi ferir um ordenança que se achava na entrada. Preferiria saltar da rede e estirar-me no chão. No entanto, como ninguém se mexia, achei melhor ficar quieto. Reconfortou-me a ideia de que o oficial espanhol cuja rede ficava entre a minha e o fogo inimigo era um homem corpulento, que se poderia mesmo considerar gordo. Sempre simpatizei com os gordos. Naquele caso, sobretudo, fiquei especialmente satisfeito por ver que ele se alimentara bem em criança, e pouco a pouco adormeci.

Depois dessa noite agitada, a coluna pôs-se novamente em marcha. A cerração protegia os atiradores rebeldes, que nos saudaram, mal atravessamos o rio, com fogo bem-dirigido. Recuando diante de nós, o inimigo aproveitava todas as posições. Embora, na realidade, poucos homens fossem atingidos, as balas atravessavam toda a coluna, tornando a marcha inquietante. Às oito horas, a vanguarda da coluna espanhola chegou a um terreno descampado. Amplo caminho coberto de capim, tendo de um lado uma cerca de arame farpado e de outro uma sebe, seguia da extremidade da planura até a linha inimiga. De cada lado desse caminho, estendiam-se campos cobertos de vegetação que chegava à cintura de um homem. No meio do caminho, ou seja, a mais ou menos dois quilômetros, surgia um bosque de algumas centenas de palmeiras. Ao fim da pista, quase em ângulo reto, levantava-se um morro encimado por uma paliçada, pelo qual se estendia uma densa floresta. Era a posição inimiga, que o general resolveu atacar imediatamente.

A tática era muito simples. Assim que o principal batalhão espanhol entrou em campo raso, lançaram-se duas companhias sobre seus dois flancos. A cavalaria avançou à direita da pista e a artilharia no centro. O general, seu estado-maior e os dois visitantes ingleses avançaram solenemente ao longo da pista. Durante cerca de trezentos metros, tudo se passou na maior calma. Depois, na linha de crista do morro, subiram algumas nuvenzinhas de fumaça seguidas de detonações das armas dos rebeldes. O fato se reproduziu duas vezes, depois o fogo do inimigo se tornou renhido e contínuo, estendendo-se em toda a extensão da posição. A infantaria espanhola começou a responder e a avançar continuamente. Dos dois lados aumentou o fogo. Em torno de nós ouviam-se sons ora semelhando um suspiro, ora um assobio, ora o zumbir de uma vespa. O general e seu estado-maior avançaram até que a linha de fogo inimiga estivesse apenas a trezentos ou quatrocentos metros.

Ali paramos, e sempre montados, completamente a descoberto, assistimos ao assalto da infantaria. Nesse momento vibrava o ar ao zumbir das balas e as palmeiras, constantemente atingidas, ressoavam com um ruído surdo. Os espanhóis queriam aparentar valentia, e nós precisávamos nos esforçar para não ficar atrás. Mas isso me parecia bem perigoso, e muito me admirava que houvesse tão poucos feridos em toda essa balbúrdia. Em nosso grupo, composto de uns vinte homens, apenas três cavalos e seus respectivos cavaleiros foram feridos, e nenhum morreu. Afinal, com grande alívio para mim, a crepitação dos tiros de Mauser começou a predominar, e o fogo dos rebeldes enfraqueceu até cessar completamente. Durante algum tempo vi vultos procurando refúgio no mato. Depois, o silêncio. A infantaria avançou e ocupou a posição inimiga. A perseguição na selva impenetrável era absolutamente impossível.

Como nossa coluna não tivesse víveres para mais de um dia, retiramo-nos através da planura até La Jicotea. A honra espanhola e a nossa curiosidade estavam ambas satisfeitas. A coluna regressou ao litoral e nós à Inglaterra. Partimos sem levar a certeza de que os espanhóis estivessem prestes a acabar rapidamente com sua guerra de Cuba.

Capítulo 7

HOUNSLOW

Na primavera de 1896, o 4º de Hussardos marchou para Hounslow e Hampton Court antes de embarcar, no outono, para a Índia. Em Hounslow cedemos nossos cavalos a um regimento que voltava da Índia, de sorte que todos os exercícios de equitação foram provisoriamente suspensos. O regimento ficaria no Oriente doze ou catorze anos, os oficiais tinham toda liberdade de preparar e providenciar seus assuntos particulares. Antes da partida de nossos cavalos formamos numa revista final no campo de instrução de Hounslow, e o coronel Brabazon, cujo comando acabava, despediu-se então de nós, num discurso breve e marcial muito bem-lançado.

Passei seis meses dos mais agradáveis — na verdade os únicos momentos ociosos que jamais conheci em minha vida. Podia morar com minha mãe e frequentar o quartel de Hounslow, indo pelo trem subterrâneo duas ou três vezes por semana. Durante esse período, jogamos polo em Hurlington e Ranelagh. O campo de Roehampton ainda não existia. Eu possuía cinco bons pôneis e creio que os torcedores podiam depositar alguma confiança em mim. Entreguei-me inteiramente às diversões da estação londrina.

Naquela época a sociedade inglesa ainda existia tal como outrora. Era um corpo brilhante e poderoso, com regras de conduta e métodos para fazê-las observar, totalmente desaparecido. De modo geral, todo mundo se conhecia e as poucas centenas de grandes famílias que haviam governado a Inglaterra por tantas e tantas gerações, vendo-a ascender à glória, eram todas mais ou menos ligadas por casamento. Por isso encontravam-se em toda parte amigos e parentes. Os personagens mais em destaque na sociedade eram frequentemente os mais importantes homens de Estado no Parlamento, assim como os mais cotados atletas do turfe.

Lorde Salisbury evitava sistematicamente convocar reunião de gabinete quando havia corridas em Newmarket, e a Câmara dos Comuns já firmara o hábito de adiar as sessões por causa do derby. Naqueles dias as esplêndidas festas em Lansdowne House, Devonshire House ou Stafford House reuniam todos os elementos que compunham um alegre e brilhante círculo de sociedade, estreitamente ligado aos assuntos parlamentares, à hierarquia do Exército e da Marinha e à política do Estado. Hoje, Lansdowne House e Devonshire House transformaram-se em hotéis, apartamentos e restaurantes, e Stafford House veio a ser o mais desagradável e estúpido museu do mundo, em cujos decrépitos salões os governos socialistas melancolicamente dispensam a hospitalidade pública.

Mas nenhuma dessas sombras descera ainda sobre Londres em 1896. Pelo contrário, a atenção geral voltava-se para as festas do Jubileu de Diamante, a ser comemorado no ano seguinte. Vivi de companhia em companhia, cada qual mais encantadora, convidado dos fins de semana nesses esplêndidos domínios e castelos que então se ligavam, por seus proprietários, à longa e triunfante história do Reino Unido. Alegra-me ter visto, ao menos por um instante, esse mundo desaparecido. Uma das imagens que me ficaram na memória é a do baile à fantasia da duquesa de

Devonshire, em 1897. Tudo se passou exatamente como uma das cenas que Disraeli descreveu detalhadamente em seus romances. De fato, essa festa fez reviver uma daquelas famosas descrições, pois, do lado de fora, no Green Park, uma multidão se reunira na noite de verão para ver chegar e partir os convidados, ouvir a música e talvez meditar sobre o abismo que então separava as classes dirigentes das dirigidas. Quando em 1920 monsieur Paul Cambon terminou sua longa e memorável carreira na Corte de Saint James, teve a amabilidade de vir almoçar comigo. A conversa encaminhou-se para os gigantescos acontecimentos pelos quais passáramos e sobre a distância que o mundo percorrera desde o começo do século. "Durante os vinte anos que aqui passei", disse o velho embaixador, "fui testemunha de uma revolução inglesa muito mais profunda e radical do que a própria revolução francesa. A classe governante foi quase inteiramente privada de poder político e, até certo ponto, de seus bens e domínios, e tudo isso foi realizado quase imperceptivelmente, sem que se tenha de deplorar a perda de uma só vida." Creio que ele tinha razão.

Lilian, viúva de meu tio, o oitavo duque de Marlborough, filha de um comodoro da Marinha americana, e enriquecida por um primeiro casamento, acabara de desposar, em terceiro matrimônio, lorde William Beresford. Era o mais moço dos três irmãos de lorde Waterford, todos homens de valor. O mais velho, Charles, era o famoso almirante. O segundo, Marcus, distinguiu-se na sociedade e nos prados de corrida; o terceiro, Bill, o soldado, conquistara a Victoria Cross na Zululândia. Durante toda a minha vida, até suas mortes, permaneci em contato com os três.

Lorde William e a duquesa Lilian casaram-se um pouco tarde, mas sua união foi feliz, próspera e chegou até a dar frutos. Instalaram-se na bela propriedade de Deepdene, perto de Dorking, e constantemente me convidavam a vê-los. Tomei-me de grande amizade por Bill Beresford, que parecia ter todas as qualidades necessárias para encantar um jovem tenente. Era um homem fino, conhecedor perfeito da sociedade e seus círculos, frequentador de clubes. Fora, por longos anos, secretário militar de lorde Dufferin e de lorde Lansdowne, ambos vice-reis da Índia. *Sportsman* perfeito, passara boa parte da vida lidando com cavalos. Polo, corrida de pôneis e de cavalos, caça de todo gênero haviam desempenhado importante papel em sua vida. Quando jovem oficial do 12º de Lanceiros ganhara vultosa aposta indo, depois do jantar, do cassino dos Blues, em Knightsbridge, aos quartéis de cavalaria de Hounslow, onde apanhou um texugo de estimação do 10º de Hussardos, meteu-o no alforje e trouxe-o nas costas ao cassino de Knightsbridge num tempo recorde. Em esporte, como em apostas, nada havia que ele não experimentasse. Mais tarde, foi um oficial que serviu em três ou quatro guerras e conseguiu, numa situação desesperadora, salvar um de seus camaradas das azagaias e balas dos zulus. Suas opiniões sobre os negócios públicos, embora um pouco convencionais, eram das mais práticas; e em matéria de etiqueta e conduta em sociedade, era considerado um juiz infalível.

Eu frequentava muito Deepdene, desfrutando seus confortos e esplendores, e nunca me cansara de ouvir os sábios conselhos de Beresford e de comunicar-lhe minhas impressões. Sempre me lembro de tê-lo ouvido dizer que nunca mais haveria guerra entre povos civilizados. "Vi frequentemente os países chegarem a limites extremos", dizia ele, "mas sempre aconteceu alguma coisa para detê-los." Era de opinião que havia bastante bom senso no mundo para que uma coisa tão hedionda ainda pudesse acontecer entre nações civilizadas. Eu não aceitava essas declarações como decisivas, mas muito me impressionei com elas e, três ou quatro vezes, quando circularam boatos de guerra, tranquilizei-me pensando no que ele dissera. E três ou quatro vezes pude verificar que tinha razão. Era a conclusão natural de uma vida vivida na época vitoriana. No entanto, dia chegou em que o mundo mergulhou em águas muito mais profundas, águas que lorde William Beresford e seus contemporâneos jamais teriam podido sondar.

Foi em Deepdene, em 1896, que encontrei, pela primeira vez, Sir Bindon Blood. Era um dos generais mais experientes e no qual maior confiança se depositava em toda a fronteira hindu. Voltara para casa depois de vitória no desfiladeiro de Malakand, no outono de 1895. Se novas perturbações ocorressem na fronteira hindu, ele podia estar certo de conseguir um comando supremo. Possuía, portanto, a chave das delícias futuras. Cultivei sua amizade e numa certa manhã de domingo, na relva ensolarada de Deepdene, arranquei-lhe a promessa de que se algum dia comandasse nova expedição na fronteira hindu havia de permitir que o acompanhasse.

Passei desagradável experiência em Deepdene. Fui convidado — grande honra para um segundo-tenente — a um jantar oferecido ao Príncipe de Gales. O coronel Brabazon estava entre os convivas. Convenci-me de que era necessário mostrar-me sob os mais favoráveis aspectos e ser pontual, discreto, reservado, em suma, capaz de demonstrar precisamente todas as qualidades que me faltam. Teria de tomar o trem das seis horas para Dorking, mas resolvi viajar no das 7h15. Era arriscar-me muito, mas só no meio da viagem percebi que na certa ia chegar atrasado ao jantar. O trem deveria parar em Dorking às 8h18, e ainda havia 10 minutos de carro, da estação à casa. Por isso comecei a me vestir no trem entre as paradas nas estações, para grande surpresa do senhor que viajava no mesmo compartimento. Esse trem ia numa lentidão horrível e parecia perder minutos inteiros em cada parada. E evidentemente parava em todas as estações. Faltavam vinte para as nove quando cheguei a Dorking. Saltei do compartimento e encontrei na Plataforma um criado, alarmadíssimo. Pela velocidade com que tocou os cavalos da carruagem, compreendi que algo de sério me esperava no fim da viagem. "Mas — monologava eu

— discretamente ocuparei meu lugar sem que ninguém perceba e depois me desculparei."

Quando cheguei a Deepdene, encontrei todo mundo no salão. Sem mim teriam sido treze à mesa. O preconceito da família real, nessa época, contra o número treze é bem-conhecido. O Príncipe de Gales recusara sentar-se e não permitira que se arrumassem duas mesas. Como de costume, ele fora dos mais pontuais e chegara precisamente às oito e meia. Faltavam agora doze minutos para as nove. Entrei no salão, confuso, e encontrei toda essa gente selecionada e distintíssima, furiosa ao se ver perturbada por um rapazote, convidado de favor e que muito devia se honrar com isso. Lembrei-me de tentar uma explicação. Coisa curiosa, seria dela mesma que mais tarde me serviria em muitas oportunidades: eu não partira suficientemente cedo.

Depois de examiná-la bem, resolvi repudiá-la, e, timidamente, me aproximei do príncipe gaguejando umas palavras de desculpa. "No seu regimento não lhe ensinam a ser pontual, Winston?", perguntou o príncipe num tom severo, dirigindo um olhar amigo ao coronel Brabazon — que rugia. Momento pavoroso! Passamos à mesa, dois a dois, e nos sentamos. Éramos catorze. Um quarto de hora depois, o príncipe, que tinha bom coração, pôs-me à vontade com uma censura muito amável.

Sou de opinião que a falta de pontualidade é um hábito detestável e durante toda a minha vida procurei me corrigir. "Nunca pude compreender", disse-me, anos depois, o dr. Welldon, "o ponto de vista dessa gente que faz questão de chegar atrasada dez minutos em cada encontro durante o dia inteiro." Tenho exatamente a mesma opinião. O único remédio consiste em suprimir um ou dois encontros para reajustar as horas marcadas. Mas pouca gente tem suficiente força de vontade para agir desse modo. Mais vale desmarcar encontro com uma pessoa importante, com risco de vê-la cair fulminada à nossa porta, do que deixar outras nove praguejando durante dez minutos numa antecâmara sem ar.

Em dezembro de 1895 acontecera na África do Sul alguma coisa que agora, ao refletir revendo meu mapa da vida, parece-me ter sido uma fonte do mal. Lorde Salisbury voltara ao governo no ano anterior, com maioria conservadora de 150 votos. Podia contar com um domínio limitado apenas pela Lei do Septenato. Impôs-se como tarefa principal compensar a má sorte do sr. Gladstone no Sudão, quando do assassinato do general Gordon, e sua rendição na África do Sul, depois da nossa derrota em Majuba Hill. Pôs-se à obra lentamente, prudentemente, com perseverança. Assegurou cuidadosamente a paz na Europa, esforçou-se em manter a maior calma interna. Quando a expansão russa no Extremo Oriente ameaçou os interesses da Inglaterra e a vida do Japão, não trepidou em bater em retirada. Permitiu à esquadra britânica da China receber ordens dos russos para deixar Porto Artur. Suportou as zombarias inconsequentes da oposição liberal da época, que punham em destaque sua pusilanimidade. Quando a nota Olney sobre a Venezuela — nota que era na realidade um ultimato — chegou dos Estados Unidos, ele mandou uma resposta tão moderada que amainou a tempestade. Confinado no Império Britânico, guardou toda a liberdade de ação para o Sudão e o Transvaal.

A atividade do sr. Chamberlain também se desenvolveu nessa esfera. O grande "Joe", que mantivera lorde Salisbury no seu posto de 1886 a 1892, fora um dos principais autores dos ataques que em 1895 fizeram cair os liberais depois de sua curta estada no poder. Decidira-se finalmente a participar do novo governo de lorde Salisbury, e o Ministério das Colônias, que na média era vitoriana, fora considerado posto de somenos, tornou-se, em suas mãos, instrumento criador de política nacional. Lorde Salisbury, não perdendo de vista o ajuste de contas com o califa de Khartum e com o presidente Kruger em Pretória, encontrou no imperialista radical de Birmingham um sustentáculo dos mais calorosos no assunto sul-africano.

Fora dessas correntes pessoais e temperamentais, os acontecimentos na África do Sul tinham tudo para provocar rapidamente uma crise. O desenvolvimento das minas de ouro profundas no Rand convertera Johannesburg, em poucos anos, num importante fator, não só para a Inglaterra, mas para os negócios financeiros e econômicos do mundo inteiro. A república dos agricultores bôeres, que até então se haviam contentado em levar uma vida pastoril nas regiões perdidas para onde seus avós emigraram, achava-se agora na posse de vastos rendimentos provenientes das minas de ouro e responsável por uma grande cidade moderna cuja população poliglota aumentava rapidamente. Um poderoso, capaz e ambicioso núcleo de governo se desenvolveu em Pretória, convertendo-se no centro das aspirações holandesas em todo o Sul da África. Alimentou-se das taxas sobre as riquezas extraídas com crescente rapidez do ouro do grande Banket Reef. Dirigiu-se então à Holanda e à Alemanha para assegurar apoio e amizades na Europa. E por detrás estava a força considerável de cinquenta ou sessenta fazendeiros bôeres ferozes, de espírito estreito, cheios de preconceitos e de fidelidade à sua causa, constituindo o melhor exército de atiradores a cavalo até hoje conhecido e os guerreiros montados mais hábeis, depois dos mongóis.

A nova população de Johannesburg — os *outlanders*, como eram ali denominados — na qual predominava o elemento britânico, estava descontente com a má administração, frequentemente corrupta, do governo bôer, e ainda mais com as pesadas taxas que este aumentava sem cessar. Retomaram o antigo grito de alarma: "Nada de impostos sem representação", e pediram direito de voto. Mas, como seu número teria varrido o regime bôer e reposto a soberania do Transvaal nessas mãos britânicas das quais fora arrancado em 1881, suas justas reivindicações não puderam ser satisfeitas.

O sr. Chamberlain, sempre acompanhado de lorde Salisbury, fez-se campeão da causa dos *outlanders*. No papel, do ponto de vista democrático, o caso era esmagador. Mas nunca se conseguiu convencer ninguém, por argumentos razoáveis, a entregar a própria pele. Os velhos habitantes do Transvaal não iam ceder sua autonomia, ou pelo menos parte dela, aos recém-chegados, por mais influentes e numerosos que estes fossem. Cobrindo-os de impostos, pretendiam os bôeres obter os meios necessários para sujeitá-los. Se a querela terminasse em batalha, o presidente Kruger e seus colegas não viam motivo para que a Europa deixasse de intervir a seu favor e para que eles não se transformassem em donos de toda a África do Sul. Seu caso também era bom. Não haviam sido obrigados a se refugiar nos sertões para evitar a dominação britânica, a contínua ingerência desta entre eles, e seus súditos e serviçais indígenas? Declaravam que o comprido braço do imperialismo britânico, ávido de ouro, os perseguira até os últimos refúgios. E o sr. Chamberlain replicava que eles recusavam direitos civis aos elementos modernos e progressistas que contribuíam com nove décimos da riqueza do país, porque temiam não lhes fosse permitido chicotear seus miseráveis cafres. O sr. Cecil Rhodes era presidente e criador da British South Africa Chartered Co. Também era, fortemente apoiado pelos holandeses, primeiro-ministro da colônia do Cabo. O dr. Jameson trabalhava sob suas ordens como administrador da companhia. Homem de forte personalidade, muito impulsivo, Jameson reunira uma tropa de seiscentos ou setecentos homens em Mafeking a fim de, se os *outlanders* se revoltassem visando obter direitos cívicos e liberdades políticas, como tantas vezes haviam ameaçado, se o sr.

Rhodes se mostrasse favorável, e se o governo inglês aprovasse, marchar rapidamente os 250 quilômetros que separavam Mafeking de Johannesburg e impedir inúteis derramamentos de sangue. Ao mesmo tempo se formara em plena Johannesburg uma conspiração para obter, pela força, os direitos de cidadania para os *outlanders*. Dinheiro não faltava aos conspiradores, que contavam no seu seio com os principais proprietários de minas de ouro.

Em geral eram apoiados — embora frouxamente — pelos seus empregados e pela população não holandesa de Johannesburg, que já excedia em número a do Transvaal inteiro. Numa certa manhã de abril, um governo provisório foi proclamado em Johannesburg, e o dr. Jameson, com setecentos cavaleiros e dois canhões, pôs-se em marcha para se colocar a seu serviço.

Esse acontecimento escandalizou a Europa e emocionou o mundo inteiro. O Kaiser enviou seu famoso telegrama ao presidente Kruger e deu ordem às forças navais, que por acaso se encontravam nas proximidades, para desembarcarem na baía de Delagoa. Todos os países condenaram a Inglaterra em termos descomedidos. O comando bôer, que estava prevenido havia muito, cercou facilmente o dr. Jameson e seus homens; depois de um combate furioso, forçou-os a uma rendição. Ao mesmo tempo, outras forças transvalianas consideráveis esmagaram a revolta em Johannesburg e prenderam todos os chefes e os milionários que nela se haviam envolvido. Quando as primeiras notícias da marcha do dr. Jameson chegaram à Inglaterra, o governo britânico desautorizou imediatamente a ação. Lorde Salisbury pôs em campo todos os seus recursos de paciência e poder diplomático para acalmar os ressentimentos. Os chefes da conspiração de Johannesburg, condenados à morte, conseguiram livrar-se graças a enormes resgates. Jameson e seus homens foram entregues à justiça britânica pelos bôeres, e o primeiro, assim como seus lugares-tenentes, foram condenados a dois anos de prisão.

Sob os auspícios do Partido Liberal, fez-se um inquérito severo para saber até onde ia, nesse caso, a cumplicidade do sr. Chamberlain ou do sr. Rhodes. O inquérito durou muito tempo, não chegou a nenhuma conclusão positiva e acabou esquecido; mas deixou atrás de si um longo cortejo de consequências sombrias. A reputação inglesa recebera, no mundo inteiro, um golpe profundo. Os holandeses ativaram a queda de Cecil Rhodes na Cidade do Cabo. A nação britânica interpretou o telegrama do Kaiser como uma revelação de suas disposições hostis e jamais o esqueceu. O Kaiser, por seu turno, vendo-se absolutamente sem defesa ante o poder marítimo da Inglaterra, convenceu-se de que devia construir a esquadra alemã. Toda a política sul-africana desviou-se do caminho pacífico. Os colonos ingleses dirigiram-se ao governo imperial para pedir auxílio, e as populações holandesas, em toda África do Sul, reuniram-se em torno das duas repúblicas bôeres. O governo britânico tratou de retomar posições depois do seu desastroso recuo, e o Transvaal taxou os *outlanders* ainda mais para melhor se armar. Todas as causas da disputa se envenenaram e o caso passou a um tribunal muito mais importante.

Durante esse agitado verão, minha mãe reunia constantemente à sua mesa personalidades políticas dos dois partidos e os homens mais destacados na arte e na literatura, assim como as mais deliciosas criaturas que se poderiam imaginar. Uma vez, no entanto, ela foi um pouco mais longe do que devia. Sir John Willoughby, um dos companheiros de Jameson, então sob fiança, a espera de julgamento em Londres, era um dos nossos mais velhos amigos. Fora ele que me ensinara a colocar em linhas de combate meus soldadinhos de chumbo. De volta de Hounslow, encontrei-o em casa antes do almoço. Minha mãe estava atrasada. Súbito a porta se abriu e anunciaram o sr. Morley. Tomado de angústia, mas com presença de espírito, audaciosamente apresentei-os um ao outro. Não podia agir de outro modo. John Morley empertigou-se e sem estender a mão fez uma saudação curta e seca. Willoughby olhou duro para a frente como se não o tivesse visto. Senti-me tremendamente contrafeito, mas fiz o possível para entabular conversa, fazendo a um e a outro, alternativamente, as perguntas mais banais. Afinal, para meu grande alívio, minha mãe chegou. Mostrou-se à altura da situação, que era desta vez muito séria. Antes do fim da refeição, uma pessoa desprevenida não poderia notar que dois dos quatro convivas jamais se dirigiam diretamente a palavra. E mais para o fim do almoço pareceria até que eles já não viam nisso nenhum inconveniente. Mas, tendo tomado posições, queriam conservá-las. Suspeitei que minha mãe pretendesse atenuar as asperezas formadas em torno desse caso para reduzir sua gravidade ao nível da política ordinária. Mas houvera derramamento de sangue — e aí estava toda a diferença.

Desnecessário dizer que, com meus 21 anos eu estava inteiramente do lado do dr. Jameson e seus homens. Compreendia muito bem as causas da disputa para ambos os lados. Mas sonhava que um dia "vingaríamos Majuba". Surpreendia-me ver nosso governo conservador agir com tamanha timidez nessa crise. Envergonhava-me vê-lo rastejar diante da oposição liberal e chegar a ponto de punir esses bravos soldados, muitos dos quais eu conhecera tão bem. Mas em anos vindouros eu deveria aprender muito mais sobre a África do Sul.

Capítulo 8

ÍNDIA

Afinal chegou o momento do embarque para o Oriente. Fizemo-nos a vela em Southampton, num transporte que levava mais de 1.200 homens, e, depois de uma viagem de 23 dias, ancoramos no porto de Bombaim. Levantou-se então o pano sobre aquilo que bem poderia ter sido outro planeta.

É fácil imaginar a alegria dos passageiros, oficiais e soldados, depois de viajarem numa espécie de galinheiro durante quase um mês, à vista dos palmares e palácios de Bombaim estendendo-se diante de nós como um vasto crescente. Contemplamo-los por cima das embarcações que sulcavam as águas inquietas e brilhantes. Todos queriam descer imediatamente para ver como era feita a Índia. Os atrasos e as formalidades do desembarque, que oprimem o viajante comum, multiplicam-se para aqueles que viajam à custa de Sua Majestade. Contudo, cerca de três horas da tarde foram dadas ordens para que o desembarque se efetuasse às oito, quando o calor fosse menor. Enquanto isso, porém, alguns oficiais poderiam ir a terra. Durante todo o dia uma infinidade de pequenas embarcações nos cercou, subindo e descendo com o movimento das ondas. Tratamos de chamar algumas delas, e um quarto de hora depois chegamos às docas de Sassoon. Gostei de pisar em terra firme, porque o ritmo agitado da embarcação a que eu e dois amigos nos confiáramos começava a constituir nossa principal preocupação. Chegamos perto de uma grande muralha de pedra de degraus úmidos, à qual estavam presas argolas de ferro. O barco subia e descia, ao sabor das ondas. Estendi a mão e agarrei uma argola. Mas antes que tivesse podido pisar o primeiro degrau, a embarcação foi projetada para trás, dando um violento sacolejão no meu ombro direito. Mas consegui desembarcar e, proferindo algumas observações de caráter muito especial, não voltei ao assunto e não tardei a esquecer o incidente.

Permitam-me os jovens leitores aproveitar esta oportunidade para adverti-los contra a luxação do ombro. Como em muitos outros assuntos, são os primeiros passos os que contam. É necessário um grande choque para romper a articulação do ombro. Mas, uma vez que isso acontece, a articulação fica sensibilizada para o resto da vida. Embora eu não tivesse destroncado o ombro, iria sofrer durante toda a minha vida as consequências dessa torção. Nunca mais pude jogar polo como antes, proibiram-me o tênis, e nos momentos de perigo, de violência ou de esforços, vi-me sempre muito perturbado por isso. A partir daí, com intervalos irregulares, luxei o ombro pelas razões mais inesperadas: por dormir com o braço debaixo do travesseiro, ao apanhar um livro na estante, escorregando na escada, nadando etc. Uma vez estive na iminência de sofrer a luxação quando fazia gestos veementes na Câmara dos Comuns, e imaginei o espanto dos colegas que me ouviam se de repente me vissem, sem razão aparente, atirado no chão num esforço instintivo para aliviar a dor do braço destroncado.

Foi realmente muita falta de sorte. Contudo, nunca se sabe se o azar se transforma em sorte. Talvez se na carga de Omdurman eu tivesse podido usar da espada em vez de ser forçado a usar arma moderna como a Mauser, não estivesse contando esta história.

Nunca se deve esquecer, quando se é atingido pela infelicidade, que ela talvez nos salve de uma desgraça maior; quando se pratica uma grande tolice, que talvez seja ela mais útil do que uma ação medida e pensada. A vida é um todo, a sorte é um todo; não se pode separá-las em partes.

Retomemos nossa viagem a esse país que o coronel Brabazon, em seu discurso de despedida, ligou à Coroa Britânica chamando a Índia "esse belo apanágio da *Buítish Cuoun*". Mandaram-nos para um acampamento em Poona, e, como chegáramos tarde, passamos a segunda noite em terra alojados em amplas barracas numa extensa planície. A luz do dia trouxe suaves e cerimoniosos candidatos aos postos de mordomos, criados, valetes e barbeiros, que nessa época formavam as bases da criadagem dos tenentes de cavalaria. Traziam todos excelentes certificados dos oficiais do regimento que acabara de partir. Depois de breves formalidades e muitos salamaleques, apoderaram-se de tudo quanto possuíamos, e assumiram completa responsabilidade de nossa vida doméstica.

A Índia, naquele tempo, era o ideal para quem queria ser atendido com perfeição e ver-se livre das preocupações caseiras. Bastava entregar os uniformes e a roupa ao criado de quarto, os cavalos ao *syce*, o dinheiro ao mordomo e não era preciso preocupar-se com mais nada. Organizado o gabinete, cada ministro tomava posse de suas funções com todos os conhecimentos, fidelidade e experiência necessários. Dedicavam a vida àquelas tarefas. Por um salário ínfimo, um tratamento justo e equitativo, e algumas palavras cordiais, nada havia que não fizessem. O mundo, para eles, limitava-se aos objetos de nosso guarda-roupa e outros pertences. Com tanta serenidade e dedicação, não havia trabalho demais, nem perigo que não arrostassem. Príncipes não eram mais bem servidos do que nós.

Entre os candidatos que se apresentaram em nossas tendas, havia dois ou três *syces* que puxavam pôneis de polo e traziam um bilhete de seus antigos amos; chegou em seguida, com espalhafato, um homem imponente de casaca vermelho e ouro, trazendo um envelope com vistosos sinetes: era o mensageiro de lorde Sandhurst, o Governador, que nos convidava, a mim e a meu camarada Hugo Baring, para jantarmos em sua casa naquela noite. Assim, depois de um longo dia quase todo consumido em admoestar os homens por esquecerem de pôr os capacetes de cortiça e arriscarem desse modo a própria vida, dirigimo-nos à casa do governador, onde nos esperava um esplêndido e cerimonioso jantar, regado a champanhe gelada. Sua Excelência, depois de beber à saúde da Rainha-Imperatriz encerrando o jantar, teve a bondade de pedir minha opinião sobre vários assuntos. Em vista da magnificência de sua hospitalidade julguei de mau gosto não lhe responder com a maior precisão. Não me lembro exatamente os pontos das relações anglo-hindus sobre os quais me interrogou. Sei apenas que respondi profusamente. Havia momentos, porém, em que ele parecia querer expor seus pontos de vista. Mas achei que não seria cortês dar-lhe trabalho e, de boa vontade, ele pareceu conformar-se com minha loquacidade.

Teve a amabilidade de fazer-nos acompanhar, na volta, pelo ajudante de ordens, para ter a certeza de que chegaríamos sãos e salvos ao acampamento. Afinal, depois de 48 horas de estudos aprofundados, eu formara sobre a Índia uma opinião das mais favoráveis. Às vezes, pensava, percebe-se muito melhor as coisas à primeira vista — como diz Kinglake: "Um exame tão minucioso que acabe por apresentar um objeto sob um ângulo de visão errado e irreal falseia mais o julgamento do que um golpe de vista de conjunto que perceba as coisas em suas verdadeiras proporções."

Ao adormecer, naquela noite, tínhamos sem dúvida um sentimento muito definido da grande obra que a Inglaterra realizava na Índia, e de sua alta missão de governar essas raças, primitivas ainda que agradáveis, para o maior bem delas e nosso. Mas pareceu-me que, logo depois, soara o toque de alvorada. Devíamos tomar o trem de cinco e dez, que em 36 horas nos levaria a Bangalore.

O grande altiplano triangular da Índia meridional compreende os domínios do nizam e do marajá de Mysore. A tranquilidade dessas regiões quase tão extensas quanto a França inteira é assegurada por duas guarnições britânicas de 2 ou 3 mil homens cada uma, sediadas em Bangalore e em Secunderabad. Cada uma tem cerca do dobro desse total em tropas indianas, de sorte que forças suficientes de todas as armas, acham-se sempre prontas para todos os exercícios de manobra. As linhas de acantonamento inglesas se encontram, como de costume, a uns dez quilômetros das cidades populosas cuja guarda lhes está confiada. E no espaço intermediário estendem-se as linhas dos regimentos hindus. As tropas inglesas são alojadas em espaçosos e arejados quartéis. Nada foi poupado na elaboração dos planos e na construção desses alojamentos. Ótimas estradas, extensas avenidas arborizadas, água potável em abundância, escritórios bem-instalados, hospitais e instituições, amplos campos de parada e manobras caracterizam esses centros de vida coletiva de enormes comunidades de homens brancos.

É excelente o clima de Bangalore, situada a mais de novecentos metros acima do nível do mar. Malgrado a violência do sol, as noites são geralmente frescas e agradáveis, à exceção dos meses mais quentes. As rosas europeias em inúmeros vasos enormes atingem uma notável perfeição de cores e perfumes; espantosa a profusão das flores, das sebes floridas e das trepadeiras. Saracuras e serpentes abundam nas plantações de milho. Borboletas multicores dançam ao sol, e as lucíolas adejam ao luar.

Não há alojamento de oficiais. Estes recebem uma ajuda de custo que, junto com o soldo e outros extraordinários, enche mensalmente de rupias de prata um saquinho de cordão do tamanho de uma beterraba das grandes. Em torno do cassino de cavalaria estende-se um bairro de espaçosos bangalôs de um andar, cercados de jardim. O tenente recebe no fim do mês seu saquinho de prata, entrega-o logo ao mordomo, e teoricamente não precisa mais se preocupar. Mas era melhor, naquele tempo, num regimento de cavalaria, completar a generosidade da Rainha com uma mesada, duas ou três vezes maior do que o soldo, enviada pela família. Recebíamos, no total, pelos nossos serviços, cerca de catorze xelins por dia, além de três libras para manter dois cavalos. Isto, com as quinhentas libras anuais que nos pagavam trimestralmente, era meu único meio de vida; devia, portanto, pedir emprestado todo o resto, a juros exorbitantes, aos banqueiros nativos, realmente muito obsequiosos. Os oficiais eram prevenidos contra esses cavalheiros. De minha parte, sempre os achei encantadores: muito gordos, muito polidos, bastante honestos e de uma rapacidade impiedosa. Com eles bastava assinar pedacinhos de papel para que aparecesse, como por encanto, um pônei de polo. O financista levantava-se sorridente, cobria o rosto com as mãos, tornava a calçar as sandálias e partia satisfeito por três meses. Contentava-se com *2% ao mês* e ganhava a vida muito bem por esse processo, pois era raro encontrar maus pagadores.

Reginald Barnes, Hugo Baring e eu, pondo em comum todos os nossos recursos, alugamos um bangalô luxuoso, todo rosa e branco, coberto de sólidas telhas, com amplas varandas sustentadas por colunas de estuques, nas quais se enroscavam buganvílias roxas. Em torno da nossa morada estendia-se um amplo terreno, e herdamos dos antigos locatários 150 magníficas roseiras, Maréchal Niel, La France, Gloire de Dijon etc. Mandamos construir uma grande estrebaria de adobe, com telhado, para trinta cavalos e pôneis. Nossos mordomos formavam um triunvirato jamais perturbado por dissensões internas. Pagávamos iguais contribuições e, assim, libertos de qualquer preocupação material, pudemos consagrar-nos aos assuntos mais sérios, que se exprimiam numa palavra: polo.

Afora nossas funções normais, era o polo que concentrava todo o nosso interesse. Para jogar polo, porém, eram necessários pôneis. Durante a viagem, organizáramos o clube de polo do regimento, que em troca de uma contribuição modesta mas sistemática de todos os oficiais, mesmo dos que não jogassem, oferecia facilidades de empréstimo para se conseguirem esses elementos indispensáveis. Um regimento recém-chegado da Inglaterra não podia esperar ser levado a sério no mundo do polo hindu antes de pelo menos dois anos, o tempo necessário para formar uma cavalhada apresentável. No entanto, o presidente do nosso clube, assim como os oficiais antigos, depois de longas e animadas discussões, tomaram uma decisão audaciosa e inédita. As cavalariças Bycullah, em Bombaim, são o grande centro para a compra de cavalos e pôneis árabes importados na Índia. O Poona Light Horse, regimento indígena comandado em grande parte por oficiais ingleses, possuía, em virtude de sua permanência na região, uma grande vantagem para a compra de pôneis árabes. Ao passarmos pelo Poona, havíamos experimentado os seus pôneis e entabulado negociações de alta importância. Afinal, ficou decidido que o clube do regimento compraria todos os 25 pôneis pertencentes ao Poona Light Horse, a fim de que esses animais formassem um núcleo em torno do qual fôssemos reunindo meios capazes de assegurar uma futura vitória no torneio inter-regimental. Foram extraordinários o ardor e a perseverança com que nos lançamos à realização dessa obra gigantesca. Nunca, na história do polo hindu, um regimento de cavalaria da Índia meridional havia alcançado a Taça Inter-Regimental. Sabíamos que seriam necessários dois ou três anos de esforços e sacrifícios para chegar a esse resultado. Mas, afastando tudo o que nos pudesse distrair da magna obra, considerávamos o sucesso plenamente possível. Consagramo-nos inteiramente a essa tarefa.

Não devo deixar de dizer, entretanto, que havia ao mesmo tempo uma série de obrigações militares a cumprir. À alvorada, todos os dias, éramos despertados por uma sombra que, com mão fria e úmida, levantava-nos habilmente o queixo e aplicava uma navalha cintilante nas nossas faces ensaboadas e indefesas. Às seis horas o regimento estava de pé e íamos manobrar durante hora e meia numa vasta planície. Voltávamos ao bangalô para tomar banho, e íamos tomar o café da manhã no cassino. Depois, as cavalariças nos ocupavam durante hora e meia, até as dez e meia. Voltávamos então ao bangalô antes que o sol se tornasse insuportável. Todas as distâncias no acampamento eram tão grandes que seria impossível andar a pé; estávamos sempre a cavalo. Mas o sol a pino não tardava a marcar sua tirânica supremacia e muito antes das onze horas já todos os brancos estavam abrigados. À uma e meia, sob um calor tórrido, deslizávamos até o cassino para almoçar e voltávamos para dormir até as cinco horas. Só então o acampamento começava a viver. Era a hora do polo. Era a hora impacientemente esperada o dia inteiro. Nessa época eu costumava jogar toda *chukka* na qual me podia introduzir. De manhã, ficava tudo organizado para a formação dos grupos, e um peão esperto anotava os nomes dos oficiais e o número de *chukkas* que desejava jogar. Tirava a média para "o bem maior do maior número". Eu providenciava para jogar pelo menos oito, quando não dez e doze.

Mal as sombras da noite se estendiam sobre o campo de polo, voltávamos transpirando, extenuados, para um banho morno no bangalô, onde descansávamos até as oito e meia, hora de jantar ao som da música do regimento e do tilintar do gelo nos copos bem cheios. Depois, os que tinham a sorte de não ser agarrados pelos oficiais mais antigos para jogar um penoso jogo muito em moda, chamado *whist*, iam fumar à luz da lua até as dez e meia ou onze horas, ao apagar das luzes. Tal foi para mim, durante três anos, o "longo, longo dia indiano". E não tinha motivo de queixa.

Capítulo 9

EDUCAÇÃO EM BANGALORE

Foi no inverno de 1896, quase no fim do meu 22º ano de vida, que o desejo de me instruir chegou. Comecei a perceber como até mesmo vagas noções me faltavam em mais de um ramo do conhecimento. Dominava um vasto vocabulário e gostava das palavras e da sensação de vê-las alinhadas, caindo em seus lugares como moedas num caça-níqueis. Mas notei que empregava grande número de palavras das quais não poderia dar nenhuma definição precisa. Temia servir-me de outras palavras que admirava, pelo receio de que parecessem absurdas.

Certo dia, antes de deixar a Inglaterra, ouvira um dos meus amigos declarar: "O Evangelho de Cristo foi a última palavra em ética." Pareceu-me uma frase belíssima — mas que vinha a ser, exatamente, essa palavra "ética"? Não me haviam falado nela em Harrow ou em Sandhurst. A julgar pelo sentido, pensei que poderia significar, ao mesmo tempo, "lealdade ao colégio", "jogar o jogo", "*esprit de corps*", "conduta honrável", "patriotismo" etc. Depois, alguém me ensinou que a ética não tratava apenas das regras de comportamento, mas precisamente do porquê dessas regras; fiquei sabendo que obras inteiras eram consagradas a essa palavra. Pagaria de boa vontade uma ou duas libras a quem me pudesse fazer uma conferência de hora e meia sobre ética. A extensão do seu sentido, seus principais ramos, as questões fundamentais de que se ocupava e as controvérsias de que era objeto; quais as autoridades na matéria e os livros mais conhecidos sobre o assunto. Mas, em Bangalore, ninguém poderia me esclarecer sobre ética. Possuía certo conhecimento de tática, opiniões próprias concernentes à política, porém, era impossível obter ali onde me encontrava algumas ideias gerais e concisas sobre ética.

Este é um simples exemplo da dúzia de necessidades intelectuais de que meu espírito começou a ressentir-se. Evidentemente, sabia que, aos 19 ou 20 anos, a juventude universitária estava saturada de tudo isso e podia tão bem formular perguntas embaraçosas quanto lhes dar respostas que nos confundiriam. No exército nunca fizéramos muito caso desses moços e da sua afetada superioridade, considerando que, afinal de contas, eles só lidavam com livros, enquanto nós comandávamos homens e defendíamos o Império. Já me acontecera, entretanto, invejar os vastos conhecimentos que alguns deles pareciam possuir; e gostaria de encontrar um professor competente que eu pudesse ouvir e interrogar ao menos uma hora por dia.

Depois, alguém falou certa vez diante de mim no "método socrático". Quem era Sócrates? Um grego cheio de pontos de vista, casado com uma megera, compelido finalmente ao suicídio de tão aborrecido que era. Mas devia ser, evidentemente, personagem importante. Gostaria de conhecer a história de Sócrates. Por que sua fama atravessara tantos séculos? Por quais razões a República o levara à morte? Só por suas palavras? Devia haver motivos tenebrosos para se chegar a esta alternativa: a segurança do poder de Atenas ou a vida desse professor falastrão. Esse dilema não podia ter origens mesquinhas. Sócrates deveria ter criado alguma coisa perigosíssima, alguma dinamite intelectual, alguma bomba moral! Mas a esse respeito eram omissos os regulamentos da Rainha.

E havia a história. Sempre gostei de história no colégio. Era-me ensinada do modo mais seco e desinteressante, concentrada em resumos. Um dia, marcaram-me como dever para casa o estudo de cem páginas de história. Por acaso, antes da reabertura das aulas, meu pai se lembrou de examinar-me a respeito. Tratava-se da época de Carlos I. Meu pai interrogou-me sobre a Grande Advertência feita ao Rei. Que sabia eu? Respondi que o Parlamento derrubou o Rei e cortou-lhe a cabeça. Isso me parecia a maior advertência imaginável.

Mas a coisa era muito diferente. "Existe", disse meu pai, "exatamente no meio do período que lhe deram para estudar, um fato especialmente grave cujas consequências se fazem sentir em toda a história de nossa constituição, mas de cuja importância você não tem a menor ideia." Sua observação me surpreendeu. Não compreendi a importância do fato mencionado que agora teria o desejo de conhecer mais a fundo. Decidi, pois, ler obras de história, filosofia, economia política e outras matérias desse gênero. Escrevi a minha mãe para que me enviasse os livros de que ouvira falar. Ela respondeu imediatamente, e todo mês o correio trazia um volumoso pacote de obras que me pareciam as melhores. Em história resolvi começar por Gibbon. Alguém dissera que meu pai lera Gibbon com o maior prazer, chegando a decorar páginas inteiras, e que esse autor influenciara fortemente seu estilo de escritor e de orador. Por isso mesmo, entreguei-me à leitura dos oito volumes, na edição do reverendo Milman do *Declínio e Queda do Império Romano*. Assunto e estilo impressionaram-me imediatamente. Durante as longas horas ardentes do meio-dia hindu, desde que deixávamos as cavalariças até que as sombras do crepúsculo anunciassem a hora de polo, devorei Gibbon, percorrendo-o triunfalmente de ponta a ponta, com um interesse sempre desperto. Anotava todas as minhas opiniões à margem das páginas, e não tardei em tornar-me veemente partidário do autor contra as censuras que lhe eram feitas pelo pio e pomposo editor. Os estúpidos comentários deste último nem chegaram a me impressionar. Por outro lado, as apologias e críticas do reverendo me enfureciam. De tal modo me agradou o *Declínio e Queda do Império Romano*, que tratei logo de ler a autobiografia de Gibbon, felizmente incorporada à mesma edição. Pensei na sra. Everest ao ler a referência do autor à sua velha ama: "Se existe alguém — e estou certo que existe — que se regozija pelo fato de eu viver, toda a sua gratidão deve dirigir-se a essa querida e admirável mulher." Este deveria ser também o epitáfio de minha ama. De Gibbon, passei a Macaulay. Decorara os *Cantos da Roma Antiga*, e os amava muito; naturalmente, sabia que o mesmo autor escrevera uma história, embora jamais lhe tivesse lido sequer uma página. Embarquei então nesse relato empolgante, e naveguei a toda vela impulsionado por ventos favoráveis. Lembro-me, a propósito, de que o cunhado da sra. Everest, o velho carcereiro, possuía uma edição da história de Macaulay comprada em fascículos e depois encadernada, da qual falara sempre com grande respeito. Aceitei como palavras do Evangelho tudo o que Macaulay escrevera e suas severas opiniões sobre o duque de Marlborough deixaram-me desolado. Não tinha ninguém junto a mim para dizer que esse historiador, apesar do estilo cativante e de sua inaudita suficiência, deixava-se às vezes empolgar pela imaginação, que ele considerava superior à verdade, e difamava ou glorificava os grandes homens coletando documentos segundo as necessidades da narrativa. Não lhe posso perdoar ter iludido assim minha confiança e a outra confiança, ainda mais ingênua, do meu velho amigo carcereiro. Entretanto, devo reconhecer que, sob certos aspectos, ele me foi dos mais proveitosos.

Seus ensaios sobre Chatham, Frederico, o Grande, os *Memoriais de Hampden* de lorde Nugent, Clive, Warren Hastings, Barère (o canalha), os colóquios de Southey sobre a sociedade e, sobretudo, essa obra-prima de ferocidade literária, os *Poemas* do sr. Robert Montgomery, me encantaram tanto quanto sua *História*.

De novembro a maio, quatro a cinco horas por dia, li obras de história e filosofia: a *República* de Platão — pareceu-me que para todos os efeitos práticos ele era o mesmo caso de Sócrates —; *Política*, de Aristóteles, editada pelo próprio dr. Welldon; Schopenhauer, sobre o pessimismo; Malthus, sobre a população; *A origem das espécies*, de Darwin; tudo isso intercalado de outras obras de menor valor. Era uma curiosa educação. Em primeiro lugar, porque eu a abordava com o espírito vazio e faminto; com um par de sólidas mandíbulas mastigava tudo o que caía ao meu alcance. Em segundo lugar, porque não tinha a meu lado ninguém que dissesse "Isto está desacreditado, você devia ler a resposta que Fulano deu a essa obra; é a última palavra sobre o debate", "há um livro bem melhor sobre esse assunto" etc. Então, pela primeira vez, comecei a invejar esses meninos na universidade, que dispunham de gente instruída para guiá-los, professores cuja vida fora consagrada a estudar e examinar certas ideias em todos os domínios da ciência, desempenhando a missão de divulgar os tesouros que haviam acumulado. Hoje em dia, porém, lamento os estudantes ao ver a vida frívola que tantos levam, quando se lhes oferecem possibilidades tão numerosas e tão benéficas. Afinal, a vida de um homem deve ser pregada numa cruz entre Pensamento e Ação. Fora do trabalho não há prazer.

Quando estou de "veia socrática", e delineio o projeto da *minha* República, realizo modificações radicais na educação dos filhos da gente abastada. Com 16 ou 17 anos os jovens aprenderiam um ofício manual e sadio, deixando esse aprendizado lazeres a serem preenchidos com muita poesia, canções, dança e exercício de ginástica. Poderiam assim dar livre curso, de modo útil, à sua exuberância. E só àqueles que demonstrassem realmente sede de aprender seria facultado chegar à Universidade, um privilégio cobiçado, cuja concessão só se faria aos que evidenciassem capacidade na fábrica ou no campo, e cujas qualidades, entre elas a perseverança, estivessem acima da média. Mas esse programa perturbaria o mundo e causaria uma agitação capaz de terminar com meus dias numa taça de cicuta.

Minhas diversas leituras nos dois anos subsequentes induziram-me a formular certas questões acerca de religião. Até então, aceitara respeitosamente tudo o que me haviam ensinado. Mesmo nas férias, ia uma vez por semana à igreja; em Harrow celebravam-se três ofícios aos domingos, além das preces cotidianas pela manhã e à tarde. Tudo isso estava muito bem. Acumulei durante esses anos um tal saldo no banco dos deveres religiosos que daí em diante vivi exclusivamente dessas economias. Os casamentos, os batizados, os enterros trouxeram-me rendas constantes e nunca procurei apurar detalhadamente o estado de minhas finanças nesse terreno. É possível que já não tenha mais reservas, eventualidade que não era de recear nos anos da minha mocidade.

No Exército também ouvia ofícios religiosos e, às vezes, ia alternadamente à igreja com católicos e protestantes. A tolerância religiosa no Exército inglês atingira e mesmo ultrapassara as regiões da indiferença. Ninguém se inquietou jamais, nem se viu prejudicado, em virtude de convicções religiosas. Cada um dispunha de todas as facilidades para praticá-las. Na Índia, as divindades de uma centena de religiões eram postas no panteão imperial, graças a uma praxe reverente. No regimento, acontecia-nos discutir questões deste gênero — "Se continuaríamos a viver em outro mundo depois da morte", "Se já vivemos uma vida anterior a esta", "Se nos lembraremos e nos encontraremos depois da morte, ou se, como os budistas, simplesmente recomeçaremos".

Em geral, concluíamos que, fazendo o possível para levar vida honrada e cumprir com nossos deveres, fiéis aos amigos e bons para os fracos e os pobres, tudo iria bem e pouco importava ser ou não ser crente. É o que em nossos dias provavelmente se chamaria "a religião das mentes sadias".

Entre os oficiais mais antigos, alguns discutiam também sobre o valor da religião cristã para as mulheres ("a religião ajuda a virtude") e para as classes menos privilegiadas ("podem não ser felizes na terra, mas se consolam ao pensar que encontrarão a felicidade no Além"). Entendia-se que o cristianismo também possuía valor disciplinar, pelo menos da maneira como era apresentado pela Igreja Anglicana, pois dava a todos vontade de ser respeitável, de conservar as aparências e, assim, afastava os escândalos. Desse ponto de vista, cerimônias e ritos perdiam toda importância particular, exprimindo a mesma ideia, traduzida em línguas diferentes, para atingir raças e temperamentos diversos. O excesso de religião, no entanto, considerava-se sempre um mal, especialmente entre os indígenas cujo fanatismo se tornava muito perigoso e os impelia ao crime, ao motim e à rebelião. Tal era, segundo me parece, a síntese das opiniões do meio em que eu vivia. Comecei a ler muitas obras que solapavam toda a educação religiosa que recebera em Harrow. O primeiro desses livros foi *O martírio do homem*, de Winwood Reade. Era o livro de cabeceira do coronel Brabazon, que o lera e relera, considerando-o uma espécie de Bíblia. É realmente uma história da humanidade, concisa e excelentemente escrita, que trata sem rebuços os mistérios de todas as religiões e conduz à conclusão deprimente de que nos extinguimos simplesmente, como velas. Essa leitura me surpreendeu e escandalizou. Verifiquei, porém, que Gibbon era da mesma opinião; e, finalmente, o sr. Lecky, com suas obras *Rise and Influence of Rationalism in Europe* e *A History of European Morals* que percorri naquele inverno, contribuiu para consolidar opiniões inteiramente profanas. Durante certo tempo, senti-me até indignado por ter acreditado em todas as mentiras — assim então julgava — impingidas pelos professores e pastores que me haviam guiado na adolescência. Naturalmente, se eu houvesse frequentado a universidade, todas essas dificuldades teriam sido resolvidas pelos professores eminentes e eclesiásticos que lá doutrinavam. Pelo menos indicariam livros com o mesmo poder de persuasão, demonstrativos do ponto de vista oposto, o que me evitaria, quem sabe, passar por essa violenta e agressiva fase antirreligiosa que, eternizada, talvez me tornasse insuportável. Os frequentes contatos com o perigo restituíram-me o equilíbrio, nos anos subsequentes. Quaisquer que fossem minhas opiniões e argumentos contra a religião, verifiquei que não hesitava em invocar proteção especial ao me encontrar sob o fogo do inimigo e não conseguia evitar certo sentimento de gratidão ao voltar são e salvo para tomar meu chá. Cheguei a pedir coisas menos importantes do que a vida, e, quase sempre, durante esses anos, e mesmo em toda a minha vida obtive o que pedi. Esse costume parecia perfeitamente natural e quase tão real e tão forte quanto o processo do raciocínio que tão violentamente o contradizia. Além disso, ele reconfortava, enquanto o raciocínio nada fazia. Resolvi, portanto, agir de acordo com meus sentimentos, sem me preocupar em adaptar minha conduta às conclusões de meus pensamentos.

É excelente para um homem sem cultura ler livros de máximas. As *Citações familiares* de Bartlett são uma obra admirável que estudei com muita atenção. Uma vez gravadas na memória, as citações inspiram bons pensamentos e despertam também o desejo de ler os bons autores à procura de outras máximas. Nessa obra, ou em outra do gênero, encontrei o pensamento de Pascal, cujo tom paradoxal me impressionou: "O coração tem razões que a razão desconhece." Julgava totalmente estúpido preferir as razões do coração às da cabeça. Não via por que não aproveitar as duas.

Não me preocupava a incoerência de pensar de um modo e crer de outro. Parecia-me que deixar o espírito explorar os domínios do pensamento e da lógica até onde os pudesse alcançar era tão bom quanto rogar por socorro e ser reconhecido às graças recebidas. Não podia conceber que o Supremo Criador, que nos dera inteligência e alma, se ofendesse por não vê-las avançar juntas, sem conflitos, emparelhadas, pois que, afinal, Ele devia ter previsto isso desde o começo, e naturalmente compreendia tal dualismo.

Nessa ordem de ideias, sempre me surpreendi ao ver certos bispos e membros do clero empregarem tanto esforço para conciliar a Bíblia com a ciência e a história moderna. Por que conciliar? Se se é recebida uma mensagem que alegra o coração e fortifica a alma, é prometido o encontro com seres que nos são caros num mundo mais vasto e generoso, por que inquietar-se com a forma e a cor do envelope manchado na viagem, e indagar se está devidamente selado, se a data e o carimbo do correio estão certos? Esses detalhes poderão despertar curiosidade, mas são evidentemente sem importância. O que importa é a mensagem e o bem que dela se pode tirar. Uma argumentação cerrada pode levar à conclusão precisa de que os milagres são impossíveis e "é mais provável que o testemunho humano se engane do que sejam violadas as leis da natureza"; e, ao mesmo tempo, pode-se encontrar consolação ao ler que Cristo transformou água em vinho nas bodas de Canaã, na Galileia, ou que andou sobre as águas, ou que ressurgiu dos mortos. O espírito humano não pode compreender o infinito, mas a descoberta das matemáticas lhe permite dispor facilmente do infinito. A ideia de que nada é verdadeiro, exceto aquilo que alcançamos compreender, é ridículo. E a ideia de que dois conceitos, que nosso espírito não consegue admitir a um só tempo, não podem ser igualmente verdadeiros é mais estúpida ainda. Evidentemente, nada mais refratário ao nosso espírito, bem como aos nossos sentimentos, do que o espetáculo de milhares, milhões de universos — pois é essa a cifra atualmente alcançada — errantes, rodando uns em torno dos outros, eternamente, sem finalidade. Por isso mesmo, resolvi desde cedo acreditar em tudo o que quisesse acreditar, enquanto, ao mesmo tempo, deixava meu raciocínio seguir livremente todos os caminhos que fosse capaz de percorrer.

Alguns primos meus, que levavam sobre mim a vantagem de uma educação universitária, divertiam-se crivando-me de argumentos tendentes a provar que nada existia fora do nosso pensamento. Toda criação não passava de sonho. Todos os fenômenos eram imaginários. Cada um cria seu próprio universo. Quanto mais desenvolvida a imaginação, mais variado o mundo. Interrompa-se o sonho, o universo cessa de existir. Podem ser divertidas essas acrobacias mentais; não são perigosas, mas completamente inúteis. Apenas faço uma advertência aos meus jovens leitores para que não as considerem um jogo, pois nesse caso os metafísicos dirão a última palavra e os desafiarão a contradizer suas absurdas proposições.

Quanto a mim, sempre me contentei com o seguinte argumento que há muito eu mesmo descobri: olhamos para o céu e vemos o sol, que nos ofusca a vista; os sentidos registram esse fato. Logo, o grande Sol aparentemente só existe para as nossas sensações físicas. Felizmente, porém, há um método fornecido pela matemática, para provar a realidade do sol; nesse método os sentidos não intervêm. Baseados em longos cálculos, completamente estranhos aos nossos sentidos, os astrônomos conseguem calcular o momento em que se produzirá um eclipse e predizem, pelo raciocínio puro, que em determinado dia uma mancha escura passará sobre o sol. Nesse dia, o sentido da vista convencerá imediatamente que os cálculos dos astrônomos eram justos. Assim, a evidência dos sentidos é reforçada pela evidência, muito diversa, de um vasto processo de raciocínio matemático. Temos, portanto, acerca da realidade do sol, um testemunho independente. Os meus amigos metafísicos afirmam que os dados sobre os quais os matemáticos teriam feito seus cálculos eram necessariamente obtidos, na origem, pela evidência dos sentidos. Respondo: "Não." Esses dados poderiam ser obtidos, ao menos teoricamente, por máquinas de calcular automáticas, movidas pela luz que as impressionasse, sem nenhuma intervenção dos sentidos. E se eles persistissem em dizer que, para se conhecerem tais cálculos, temos de empregar algum sentido, responderia que o processo matemático contém em si mesmo uma realidade e um valor que, uma vez descobertos, constituem fator novo e independente. Nessa altura, estou a afirmar enfaticamente minha convicção de que o sol é real e quente, quente como o inferno, e, se os metafísicos duvidam, que procurem vê-lo de perto.

Nossa primeira incursão no mundo do polo indiano foi dramática. Seis semanas depois do desembarque, realizou-se a disputa da Taça Golconda, em Hyderabad. A capital dos domínios do nizam, assim como a guarnição britânica vizinha, a oito quilômetros, no acantonamento de Secunderabad, tinham cinco ou seis times de polo, inclusive o do 19º de Hussardos que acabávamos de substituir em Bangalore. Entre os homens do 4º e do 19º de Hussardos as relações eram tensas, devido a uma observação inconveniente atribuída a um soldado, cerca de trinta anos antes, a propósito do estado do quartel do 4º que seria ocupada pelo 19º. Embora já não existisse um só dos personagens dessa querela, os sargentos e soldados, a par dos menores detalhes, sentiam-se tão irritados como se o incidente tivesse ocorrido no mês anterior. Essa tensão, no entanto, não existia entre oficiais, e fomos recebidos com a maior gentileza possível no cassino do regimento. Fiquei no bangalô de um jovem capitão chamado Chetwode, atualmente nomeado comandante em chefe na Índia. Além das outras equipes da guarnição, havia duas formidáveis rivais hindus: o Vicar Al Umra, time do primeiro-ministro, e os representantes da famosa Brigada Golconda, a própria guarda do nizam.

O Golconda era reputado o melhor time de polo em todo o sul da Índia. Havia conquistado numerosas vitórias sobre o Patiala e o Jodhpore, principais times nativos do norte da Índia. Imensas riquezas, bem representadas pelos seus pôneis, estavam à sua disposição, e eles tinham toda a compreensão e domínio do polo, que era nessa época ideal comum dos jovens oficiais hindus e ingleses.

Acompanhados pelos pôneis que comprámos do Poona Light Horse, pusemo-nos a caminho, ansiosos, mas resolutos, para nossa longa viagem através do Deccan. Nossos anfitriões do 19º receberam-nos de braços abertos e nos informaram, com todas as condolências do estilo, que teríamos a infelicidade de jogar com o Golconda na primeira partida. Deploraram sinceramente nossa má sorte, pois com tão pouco tempo na Índia era realmente uma infelicidade termos de enfrentar, logo de saída, na primeira partida, o time que, com toda a certeza, venceria o torneio.

De manhã, assistimos a uma revista de toda a guarnição. As tropas inglesas, as tropas hindus e as forças do nizam desfilaram marcialmente diante do mundo oficial. Precediam-nas cerca de vinte elefantes puxando gigantesco canhão. Era costume, então, fazer os elefantes saudarem levantando a tromba, o que foi executado por todos eles com harmonia e precisão exemplares. Mais tarde esse costume foi abolido porque, tendo algumas pessoas vulgares rido nervosamente, a dignidade dos elefantes fora ofendida, ou, quem sabe, a dos cornacas. Depois chegaram mesmo a abolir os elefantes, e ruidosos tratores puxam agora canhões muito maiores e mais destruidores. Assim progride a civilização. Mas, por mim, lamento a falta dos elefantes e dos seus cumprimentos.

Durante o dia realizar-se-ia a partida de polo, que era em Hiderabad um espetáculo realmente notável. O grande campo estava apinhado de gente. Hindus de todas as classes acompanhavam o jogo com atenção. As tribunas, enfeitadas e cobertas de damasco, regurgitavam de ingleses e dignitários hindus. Pensava-se que seríamos presa fácil, e, quando nossos ágeis e hábeis adversários marcaram rapidamente três tentos a zero logo aos primeiros minutos, não estávamos longe de participar da opinião geral. No entanto, sem pretender entrar em detalhes que, apesar de sua importância, apagaram-se com o passar do tempo, à vista de acontecimentos muito mais graves, vencemos o Golconda por nove a três acompanhados pelos urros da multidão. Nos dias imediatos dispusemos dos nossos adversários à vontade e estabelecemos um recorde até hoje não superado: ganhamos um torneio de primeira classe cinquenta dias depois de desembarcar na Índia.

O leitor bem pode imaginar com que furor redobramos nossos esforços para conseguir o objetivo supremo que nos fixáramos. Mas vários anos haviam de passar até que pudéssemos atingi-lo.

Ao aproximar-se o verão de 1897, soube-se que certo número de oficiais poderia obter o que se chamava "licença por três meses" para ir à Inglaterra. Como havíamos chegado tão recentemente, ninguém tinha vontade de partir. Mas considerei que seria realmente uma pena perder essa excelente oportunidade, e resolvi aproveitá-la. Embarquei em Bombaim em fins de maio, com um calor tremendo, um tempo espantoso e um mar desatinado. O enjoo não me largou até percorrermos mais de dois terços do oceano Índico. Travei conhecimento com um coronel alto e magro, encarregado da Escola de Tiro na Índia chamado Ian Hamilton. Esse homem chamou minha atenção para uma coisa que até então me escapara: a tensão existente entre a Grécia e a Turquia. Realmente essas duas potências estavam a pique de entrar em guerra. Romântico, ele estava a favor da Grécia, e esperava poder ajudá-la, fosse como fosse. Quanto a mim, criado como um tory, era pelos turcos e pensei acompanhar seus exércitos na qualidade de correspondente de algum jornal. Declarei também que eles com certeza venceriam os gregos, porque eram pelo menos cinco contra um e muito melhor armados. Essa afirmação penalizou o coronel, e por isso afirmei-lhe que não tomaria parte nas operações e me contentaria em ver e contar o que se passasse. Quando chegamos a Port Said já era evidente que os gregos estavam vencidos. Fugiram à luta desigual com tanta prudência quanto rapidez, e as Grandes Potências puseram em campo toda a sua diplomacia para tentar protegê-los de uma destruição certa. Por isso, em vez de ir para os campos de batalha da Trácia, passei quinze dias na Itália, sobretudo em Roma. Reli as frases de Gibbon em que descreve a emoção com que, em seus derradeiros anos, se aproximou da Cidade Eterna; e, embora sem a sua erudição, foi com reverência que segui suas pegadas.

Essas férias constituíram um excelente prelúdio aos divertimentos que me esperavam em minha temporada londrina.

Capítulo 10

A EXPEDIÇÃO DE MALAKAND

Estava eu nos gramados de Goodwood, levando uma vida agradável e ganhando meu dinheiro, quando tive notícia de que as tribos Pathans se haviam revoltado na fronteira noroeste da Índia. Li nos jornais que se formara uma expedição composta de três brigadas, sob o comando de Sir Bindon Blood. Telegrafei-lhe imediatamente, lembrando-lhe da promessa que me fizera, e tomei o trem para Brindisi a fim de alcançar a mala das Índias. Interessei no assunto lorde William Beresford, que apoiou meu pedido junto ao general. Recebeu-me no Marlborough Club, pouco antes do meu embarque na estação Victoria. Esses Beresford tinham um ar fantástico. Davam a impressão de que o mundo e as pessoas que o compõem eram da maior importância. Lembro-me do modo pelo qual anunciou meu projeto a uma roda de amigos do clube, muito mais velhos que eu: "Ele parte hoje para o teatro das operações no Oriente." "O Oriente!" O termo me impressionou. Qualquer outra pessoa teria dito: "Ele embarca para a Índia", mas, para aquela geração, o "Oriente" significava a porta das aventuras e das conquistas da Inglaterra. "Para o front?", perguntaram. Ao que, ai de mim, só pude responder: "Assim espero." Mostraram-se todos muito cordiais e até mesmo entusiasmados. Eu me sentia importante, mas, como é natural, guardava a maior discrição sobre o plano de campanha de Sir Bindon Blood.

Cheguei exatamente na hora da saída do trem, mas tomei-o na melhor disposição do mundo.

Uma viagem para a Índia basta. Nas outras já não há nenhuma nova. Estávamos no período mais quente do ano, e o mar Vermelho era sufocante. Os *punkahs*, agitados a mão, pois naquele tempo não havia ventiladores elétricos, estalavam vigorosamente de um lado e de outro da sala das refeições repleta, remexendo o ar quente impregnado do cheiro da comida. Mas esses incômodos não eram nada em comparação com a minha ansiedade. Eu renunciara a duas semanas de descanso, e, chegando a Brindisi, não encontrei resposta de Sir Bindon Blood. Certamente teria notícia em Aden. Ali, roído pela impaciência, vi o *steward* distribuir um a um todos os telegramas. Nada para mim! Era desanimador. Afinal, em Bombaim, fui encontrar boas notícias. O general mandara o seguinte despacho: "Muito difícil; nenhum lugar vago; venha como correspondente; tratarei de colocá-lo. B.B."

A primeira coisa a fazer era obter permissão do meu regimento em Bangalore. Para tanto, precisava realizar uma viagem de dois dias em direção oposta à que me conduziam minhas esperanças. No regimento houve grande surpresa por me verem voltar antes do fim da licença, mas era sempre bem-vindo um tenente a mais para dar serviço. Consegui ser nomeado correspondente de guerra do jornal *Pioneer*, e minha mãe obtivera que minhas correspondências fossem também publicadas no *Daily Telegraph*, que pagava cinco libras por coluna. Não era nada, visto que eu devia prover todas as minhas despesas.

Munido dessas credenciais jornalísticas, apresentei com grande ansiedade ao meu coronel o telegrama de Sir Bindon Blood. Felizmente, ele se mostrou indulgente, e o destino me foi favorável.

Embora o telegrama não tivesse nenhum caráter oficial, autorizou-me a partir e tentar a sorte. Nessa mesma noite, acompanhado de meu ordenança, parti com o equipamento de campanha para a estação da estrada de ferro de Bangalore, onde comprei passagem para Naushera. O empregado hindu apanhou o saquinho de rupias que estendi e deu-me através do guichê um bilhete comum. Tive a curiosidade de lhe perguntar que distância devia percorrer. O hindu, com grande polidez, consultou um guia e respondeu sem vacilar: "3.263 quilômetros." A Índia é realmente um grande país!

Aquilo representava cinco dias de viagem, num calor de forno. Viajava só, mas levava bons livros, e o tempo não custou muito a passar. Esses grandes compartimentos dos trens indianos, forrados de couro, bem protegidos do ardor do sol, com temperatura que se mantém relativamente agradável graças a uma roda de palha úmida, movida de vez em quando, são perfeitamente adaptados às condições locais. Passei cinco dias como numa célula forrada e escura, uma célula que se deslocava no espaço e onde eu lia à claridade de uma lâmpada ou a uma nesga de sol admitida com ciúme.

Interrompi por um dia e uma noite a viagem, em Rawalpindi, onde tinha um amigo no 4º de Dragões da Guarda. Já se notava certa agitação na cidade, embora ficasse situada a algumas centenas de quilômetros do front. Toda a guarnição esperava ser enviada ao teatro das operações. Suspenderam-se as licenças, e os dragões aguardavam de um dia para outro a ordem de afiar os sabres.

Depois do jantar fomos ao acantonamento dos sargentos, onde se cantava furiosamente. Nada me evoca mais fortemente o passado do que um cheiro; depois do cheiro, a melhor sugestão da memória é a música. Tenho na cabeça melodias correspondentes a todas as guerras em que tomei parte, e, de fato, correspondentes a todos os períodos críticos ou emocionantes de minha existência. Um dia, quando for rico, pretendo gravá-las todas em discos; então hei de me sentar numa poltrona, fumando meu charuto, para ver desfilarem diante de mim imagens e sensações dos dias passados. Lembro-me muito bem das canções de soldados daquele período. Havia uma intitulada "O Novo Fotografado", sobre uma chocante invenção recente, graças à qual era possível fotografar objetos através de uma tela ou de qualquer outro obstáculo opaco. Foi a primeira vez que ouvi falar no assunto. Parecia que a nova invenção ia acabar com todos os segredos do mundo.

Naturalmente não levávamos a novidade a sério, mas pouco depois li nos jornais que seria possível, dentro de muito pouco tempo, fotografar até os ossos do corpo humano.

Deixei Rawalpindi inspirado por nobres sentimentos, tanto mais que o jantar com os oficiais do regimento fora copiosamente regado. Conduzi-me, entretanto, com estudada discrição, pois naquele momento as relações entre aquele distinto regimento e o meu eram bastante tensas. Um oficial do 4º de Dragões da Guarda telegrafara a um dos nossos capitães, segundo a praxe do serviço, perguntando quais eram as suas condições mínimas para uma permuta de regimento. Ao que o nosso capitão respondera, brincando: "Dez mil libras, um título de nobreza e equipamento gratuito." Os Dragões de Guarda se ofenderam, tomando aquilo como alusão ao nível de seu regimento. Esse pequeno incidente concorreria para avivar a rivalidade nos futuros campeonatos de polo de 1898 e 1899.

Mas o leitor não deve esquecer que estou em viagem para o front. De manhã cedo, no sexto dia depois da minha partida de Bangalore, desci em Naushera, ponta de ferrovia da *Malakand Field Force*, a Expedição de Malakand. Precisei percorrer 65 quilômetros na planície, com um calor sufocante, numa *tonga*, carrinho puxado a galope por pôneis, que eram trocados em determinados pontos, antes de começar a subir a serra abrupta para chegar ao Passo de Malakand. Esse desfiladeiro fora forçado por Sir Bindon Blood, três anos antes, e o estado-maior da nova expedição, bem como uma brigada de todas as armas, acampava nas imediações.

Amarelo de poeira, apresentei-me ao quartel-general. O general estava ausente. Partira com uma coluna volante para chamar à razão os Bunerwal, poderosa tribo que possuía seu próprio vale, onde se mantinha havia séculos contra todos os estranhos. Em 1863, o governo imperial mandara uma expedição a Buner, dando lugar ao que ficou sendo chamado, nos anais anglo-hindus, campanha de Umbeyla. Os Bunerwal resistiram com extraordinária coragem. Os esqueletos de muitas centenas de soldados ingleses e cipaios ficaram estendidos em torno do famoso Crag Picquet, que fora tomado e retomado várias vezes. Ninguém sabia quanto tempo levaria Sir Bindon Blood para dominar esses célebres e ferozes rebeldes. Entrementes, receberam-me no cassino do estado-maior, e deram-me licença de desarrumar minhas malas numa das barracas. Decidi fazer-me o mais simpático possível, para que um erro qualquer não me desse má reputação no novo mundo em que era introduzido.

O general levou cinco dias para agradar e amansar os Bunerwal; mas, para mim, a campanha parecia não terminar. Procurei empregar esse tempo da melhor forma possível. Adquiri assim uma nova habilidade. Até aquela ocasião, nunca conseguira tomar uísque. Detestava o gosto da bebida, e não podia compreender como tantos dos meus colegas oficiais viviam pedindo uísque e soda. Eu gostava de vinho, branco ou tinto, e especialmente champanhe; em ocasiões especiais podia beber um cálice de brandy, mas não tolerava de modo algum o gosto de fumaça do uísque. Naqueles dias, o calor, embora não me causasse pessoalmente nenhum mal, estava realmente terrível. Não se tinha outra coisa para beber — não contando chá — senão água morna ou água morna com limão ou água morna com uísque. Nessa alternativa, "agarrei-me à esperança maior". Aliás, minhas altas disposições morais me indicavam essa solução: desejando adaptar-me a todas as condições requeridas para o serviço em campanha, venci as fraquezas comuns da carne. No fim desses cinco dias eu havia dominado inteiramente a minha repugnância por uísque.

Não foi, aliás, vitória temporária. Ao contrário, fortifiquei solidamente o terreno conquistado nessa época, e durante toda a vida o conservei. Uma vez adquirido o hábito, a própria repugnância que se tem pelo uísque passa a constituir um encanto especial. Em suma, até hoje nunca recuei, quando se apresenta ocasião, diante da bebida base do revigoramento dos oficiais brancos no Oriente.

A moda do uísque era completamente nova na Inglaterra. Meu pai, por exemplo, nunca teria conseguido tomá-lo, exceto na caça, nos pântanos ou em algum lugar desolado e gélido. Viveu no tempo do *brandy and soda*, que oferecia, por sinal, as mais respeitáveis garantias. Entretanto, examinando o assunto, de um modo inteiramente imparcial, depois de muita reflexão e numerosas experiências, posso afirmar que, para o uso cotidiano, o uísque, sob forma diluída, é a melhor dessas duas deleitáveis bebidas.

Já que fui levado a tratar desse assunto, a propósito de minha estada no passo de Malakand, aproveito a oportunidade para acentuar a diferença de educação dos jovens oficiais e dos universitários daquele tempo. Os estudantes de Oxford e de Cambridge bebiam como esponjas e chegavam a ter clubes e jantares onde se era obrigado a consumir mais álcool do que se aguentava. Em Sandhurst, ao contrário, e em todo o Exército, embriaguez era considerada falta degradante, punida não somente pela censura social como até de modo mais concreto; e quando chegava ao conhecimento das esferas superiores, pela exclusão. Acostumara-me a julgar com o maior desprezo as pessoas que se embriagavam, salvo, naturalmente, em casos especialíssimos e em alguns aniversários; gostaria de enfileirar os estudantes excessivamente inclinados à bebida para castigá-los duramente pelo mau emprego que faziam daquilo que considerei sempre uma dádiva dos deuses. Nessa época, eu era inteiramente contra os bêbados, os proibicionistas e outras vítimas dos excessos. Hoje em dia, porém, posso avaliar com mais indulgência a fragilidade da natureza de que todas essas extravagâncias decorrem. Os oficiais de então eram mesmo intolerantes, considerando que quem se embriagasse ou impedisse os outros de tomarem um drinque devia ser punido. Somos agora, evidentemente, muito mais experientes, pois a Grande Guerra nos civilizou e enobreceu.

Durante cinco dias, eu também me equipara para o momento em que nosso regimento iria entrar em ação. Precisei comprar dois bons cavalos, contratar um *syce* (valete) militar e completar minha indumentária de campanha. Infelizmente, para eles, mas felizmente para mim, muitos oficiais tinham morrido na semana anterior e de acordo com o costume dos exércitos anglo-hindus seus pertences eram vendidos em leilão depois do enterro, quando havia um. Por esse processo adquiri rapidamente novo equipamento. A princípio pareceu-me horrível ver os objetos íntimos de um camarada da véspera, sua própria camisa de meia, as botas, o cantil, o revólver, cobertor, marmita — distribuídos assim a estranhos, sem a menor cerimônia. Mas, afinal, aquilo era bem lógico e de acordo com os melhores princípios de economia. Não se podia encontrar melhor mercado para todos esses objetos. Não havia despesa de transporte. O comissário do acampamento obtinha por eles um preço muito melhor do que poderia esperar a viúva ou a mãe do tenente A.B. ou do capitão X.Y. A mesma coisa se passava com os soldados. Contudo, devo confessar que senti apertar-me o coração quando poucas semanas depois afivelei pela primeira vez o talabarte de um valente camarada que eu vira morrer na véspera.

Convém agora dar ao leitor uma ideia mais geral da campanha. Durante três anos, os ingleses haviam conservado em seu poder o alto do passo de Malakand, e dali controlavam a estrada, que ia do vale do Swat e ao longo do rio de mesmo nome e muitos outros vales até o Chitral. O vale do Chitral era considerado de grande importância militar. Depois parece ter decaído bastante, mas nessa ocasião era, sem dúvida, um desfiladeiro de grande importância. As tribos do vale do Swat, irritadas pela presença de tropas na região que consideravam, havia muitas gerações, como sua terra, ficaram subitamente enfurecidas. O governo atribuiu a revolta a motivos religiosos. Mas podia ser facilmente explicada por causas muito mais simples. As tribos atacaram as guarnições que ocupavam o passo de Malakand e o fortim de Shakdara, que, incrustado num rochedo como um Gibraltar liliputiano, defendia a extensa ponte sobre o rio Swat. As tribos amotinadas trucidaram muita gente, inclusive mulheres e filhos dos pacíficos habitantes, que não alimentavam nenhum sentimento de hostilidade em relação a elas. A defesa do passo, surpreendida por repentino ataque, fora bastante difícil, mas finalmente o ataque fora repelido e, pela madrugada, a cavalaria dos guias e do 11º Regimento de Lanceiros de Bengala havia caçado os turbulentos nativos de uma à outra extremidade do vale do Swat, pretendendo ter abatido grande número deles a lançaços.

O forte de Shakdara resistira ao cerco. A ponte pênsil ficara intacta. Por ela devia passar a expedição punitiva de 12 mil homens e 4 mil animais para chegar às montanhas através dos vales do Dir e do Bajaur, além da região de Mamund, e retomar contato com a civilização nas planícies da Índia, depois de ter submetido os Mohmand, outra tribo que se mostrava extremamente recalcitrante, nas proximidades de Peshawar.

Sir Bindon Blood voltou da expedição no prazo marcado. Era um oficial anglo-hindu de grande experiência, e levara os Bunerwal à razão, quase sem derramamento de sangue. Conhecia e gostava dessa população selvagem e sabia como entender-se com eles.

Os pathans são uma gente curiosa. Têm toda sorte de costumes horripilantes e praticam tenebrosas vinganças. Compreendem perfeitamente as negociações, e quando se consegue convencê-los de que se tem força bastante para tratar com eles em pé de igualdade, geralmente se pode chegar a um entendimento.

Sir Bindon Blood fora muito bem-sucedido com os Bunerwal. Houvera um único combate, sem importância, durante o qual o ajudante de campo do general, lorde Fincastle, e outro oficial tinham ganho a Victoria Cross ao salvarem, em circunstâncias trágicas, a vida de um companheiro que seria morto pelos nativos. Assim é que o meu velho amigo de Deepdene voltava general, comandante em chefe, cercado de seu estado-maior e seguido por jovens heróis.

Sir Bindon Blood era uma figura imponente entre as tribos selvagens que percorriam, armadas, aquelas desoladas regiões. Tinha um aspecto muito mais impressionante de uniforme, a cavalo, com seu porta-bandeira e a escolta, do que quando eu o vira na segura e confortável Inglaterra. Possuía considerável experiência dos exércitos inglês e indiano, em tempo de paz como em tempo de guerra, e não conservava mais qualquer ilusão.

Orgulhava-se de ser descendente direto do famoso coronel Blood, que, no reinado de Carlos II, tentara assaltar à mão armada a Torre de Londres para roubar as joias da Coroa — episódio, aliás, que está nos livros de história. O coronel foi preso no momento em que saltava as grades de ferro da Torre, levando uma preciosa carga. Julgado por alta traição e outros crimes capitais, foi absolvido e imediatamente nomeado para as funções de chefe da guarda pessoal do rei. Essa estranha série de acontecimentos deu origem ao rumor de que sua tentativa de roubo tivera o apoio do próprio soberano. É certo que naquele momento o rei se encontrava em grande penúria de dinheiro, e já existiam, em diversas partes da Europa, precursores do sr. Attenborough. O fato é que Sir Bindon Blood via nessa tentativa de roubo das joias da Coroa por seu antepassado o mais glorioso acontecimento da história da família. E é natural que sentisse também grande simpatia pelas tribos pathans da fronteira noroeste da Índia, que teriam compreendido perfeitamente e aplaudido sem reservas esse incidente e suas consequências. Se o general tivesse conseguido contar-lhes essa história pelo rádio, não precisaria três brigadas acompanhadas de um interminável comboio de camelos e cavalos para a penosa travessia das despovoadas montanhas e regiões centrais onde eu deveria passar as semanas seguintes.

O general, que já era então um veterano, vive ainda, mais forte e desempenado do que nunca. Só houve um incidente desagradável em toda a campanha. Um fanático, que vinha com uma delegação (chamada *girga*) puxou de uma faca e correu para o general que estava apenas a seis metros de distância. Sir Bindon Blood, a cavalo, sacou o revólver, que a maioria dentre nós considerava simples acessório para um general de divisão, e a dois metros abateu seu assaltante. É fácil imaginar a alegria de toda a força expedicionária, até o último pária faxineiro.

Não é minha intenção narrar a campanha. Já escrevi, como adiante se verá, a história minuciosa desse episódio. Contento-me em resumi-la em alguns parágrafos. As três brigadas da expedição de Malakand avançavam uma atrás da outra, através dos vales, desfilando diante das tribos e causando-lhes grandes prejuízos ao se apoderarem do gado para alimentar os homens e do feno para alimentar os animais. Os oficiais-políticos que acompanhavam o destacamento, com barras brancas na gola, parlamentavam a todo momento com os chefes, sacerdotes e outras notabilidades locais. Esses oficiais eram muito pouco populares entre a oficialidade do Exército, e havidos como trapalhões. Dizia-se que arranjavam sempre as coisas de tal modo que, à revelia de todos, atentavam contra o prestígio do Império. Eram acusados do grave crime de tergiversar, procurando esgotar todos os recursos antes do recurso final — que era o tiroteio. Levávamos um notável oficial-político, o major Deane, alvo de muita antipatia porque interrompia sempre as operações militares. No momento exato em que nos alegrávamos com a perspectiva de um glorioso combate, quando os canhões estavam carregados, e todo mundo pronto, esse major Deane — e por que major era o que desejávamos saber, pois que tinha todo o aspecto de um político comum — surgia e fazia parar tudo. Sem dúvida, esses chefes selvagens eram velhos amigos e quase parentes do major. Nada podia perturbar essa amizade. Entre os combates, conversavam como camaradas e se entendiam como oficiais do mesmo ofício, da mesma maneira como falavam com nosso general como de bandido a bandido.

Naquele tempo não conhecíamos ainda os bandidos *versus* a polícia de Chicago, mas devia ser algo no mesmo gênero. Indubitavelmente, eles se entendiam à perfeição e votavam o mesmo profundo desprezo a coisas como democracia, mercantilismo, negócios, honestidade e pobres-diabos de todos os tipos. Nós, ao contrário, queríamos lutar. Não viéramos de tão longe, suportando aquele desconforto e aquele terrível calor — podia-se quase levantar o calor com as mãos em concha, pois ele pesava nos ombros como um fardo e estalava em nossa cabeça como um pesadelo — para participar de intermináveis trocas de confidências sobre assuntos que ignorávamos, entre os oficiais-políticos e aqueles nativos irredutíveis e criminosos. Da banda inimiga, havia também guerreiros valorosos e uma juventude belicosa que só pensava em lutar. Esses queriam fuzilar-nos, e nós a eles. Mas éramos todos enrolados, eles pelo que chamavam de "os anciãos", e nós pelos oficiais-políticos de tarjas brancas ou penas brancas na lapela.

Entretanto, tal como geralmente acontece, os apetites carnívoros levavam a melhor. As tribos escaparam ao controle dos "velhos" e não foram acalmados pelos nossos oficiais-políticos. Grande número de homens foi morto, e, do nosso lado, o governo imperial teve que conceder pensão às viúvas dos tombados em serviço ativo, enquanto outros, gravemente feridos, ficaram inválidos para o resto da vida. Mas não deixou de ser excitante e, para os que não foram mortos nem feridos, muito divertido.

Espero que o leitor, através destas frases, talvez um pouco irreverentes, tenha uma ideia da paciência e da grande experiência do governo da Índia. Deve ser paciente porque sabe que, se as coisas se agravarem irremediavelmente, pode sempre matar e vencer seja quem for. O problema é justamente evitar tão lamentável desfecho. Trata-se de um governo constituído, disciplinado pela lei e tendo que atender a inúmeras negociações e considerações de ordem pessoal e local; controlado não só pela Câmara dos Comuns, como por toda sorte de restrições puramente anglo-hindus, que vão desde a mais alta concepção da magnanimidade liberal até os mais insignificantes obstáculos e dissabores das formalidades.

Assim deveriam ser constituídas as sociedades nos anos de calmaria: uma força esmagadora do lado dos governantes, e inúmeras objeções contra o uso de qualquer parcela dessa força. Contudo, de tempos em tempos, produzem-se lacunas que dão lugar, como veremos nas páginas seguintes desta narrativa, ao que se chama "lamentáveis incidentes".

Capítulo 11

O VALE DE MAMUND

UMA CAMPANHA NA FRONTEIRA NOROESTE DA ÍNDIA constitui experiência única. Nenhuma outra parte do mundo oferece semelhante paisagem e tal população. Os vales se estendem entre muralhas de mil a 2 mil metros de altura, e as colunas precisam esgueirar-se num labirinto de corredores gigantescos, ao fundo dos quais torrentes selvagens, alimentadas pelas geleiras, espumam sob céus de chumbo. Nesse cenário de um esplendor feroz, vive uma raça cujas qualidades parecem harmonizar-se com a natureza em torno. À exceção da época das colheitas, em que o instinto de conservação as obriga a uma trégua temporária, as tribos pathans estão sempre em guerra. Todos os seus homens são guerreiros, políticos e teólogos. Todos os palácios são fortalezas feudais, construídas, é certo, de barro, mas dotadas de ameias, torreões, seteiras, cercadas de torres com pontes levadiças etc. Cada aldeia tem suas fortificações; cada família alimenta sua *vendetta*, cada clã, sua rivalidade. As numerosas tribos e combinações de tribos têm sempre qualquer divergência a resolver umas com as outras. Nunca se esquecem de nada, e é raro que uma dívida não seja paga. Na vida social, além do acordo no tempo da colheita, existe um código de honra dos mais complicados, fielmente seguido. Quem o conhece e observa escrupulosamente pode atravessar desarmado toda a região, de uma fronteira a outra. Mas o menor erro técnico será fatal. A vida desses pathans é interessantíssima, e seus vales, tão fecundados por um sol sem fim quanto pelas aguadas abundantes, são bastante férteis para prover sem grande trabalho as modestas necessidades das populações ali esparsas.

Nesse mundo feliz, o século XIX introduziu duas coisas novas: o fuzil que se carrega pela culatra e o governo britânico. A primeira foi um objeto de luxo e uma bênção dos céus. A segunda, um tormento só. A comodidade do fuzil de carregar pela culatra, e mais ainda, do carregador, nunca foi tão apreciada quanto nas regiões montanhosas da Índia. Uma arma capaz de matar com precisão a 1.500 metros de distância abria todo um mundo de alegria a cada família ou clã que pudesse consegui-la. Ela dava a cada um a possibilidade de atirar de sua própria casa para a casa do vizinho, a mais de um quilômetro, ou de alvejar de tocaia o cavaleiro que passasse lá embaixo. As próprias aldeias podiam atirar umas contra as outras sem saírem a campo. Ofereciam-se então preços fabulosos por esses deslumbrantes produtos da ciência. Ladrões de fuzis percorreram a Índia para completar o esforço de provectos contrabandistas. Uma onda contínua dessas armas tão cobiçadas estendeu-se ao longo da fronteira. Aumentaram o respeito das tribos pathans pela civilização cristã.

Em compensação, a atividade do governo britânico foi mui pouco satisfatória. A ação da grande potência do sul organizada e absorvente em seu avanço, parecia ser apenas pouco mais do que um esporte violento. Se os pathans faziam uma incursão nas planícies, além de rechaçados (o que, afinal, era apenas justo), viam suas incursões seguidas por uma série de choques que, de quando em vez, davam lugar a expedições aos vales para punir os nativos e exigir indenizações pelos danos causados. Nada haveria a dizer de tais expedições punitivas se apenas chegassem, tivessem um engalfinhamento e fossem embora. Era essa, aliás, em muitos casos, a conduta dos próprios pathans, a linha de "mata e cai fora", à qual durante muito tempo aderira o governo da Índia. Mas, em fins do século XIX, os intrusos começaram a abrir estradas ao longo dos numerosos vales, destacando-se entre elas o grande caminho de Chitral. Os ingleses tentaram manter a segurança dessas estradas por meio de ameaças, de fortins e de subsídios. Contra os subsídios não houve objeções. Mas a tendência toda de construção de estradas desagradava profundamente aos pathans, pois ao longo dessas estradas esperava-se que as gentes se mantivessem tranquilas, não deviam tirotear uns contra os outros, e, sobretudo, não podiam atirar contra os viajantes. Assim também já era pedir demais; longa série de querelas teve aí sua origem.

Nossa marcha a caminho do Mohmand levou-nos a passar frente à boca do vale de Mamund. O vale tem a forma de uma bacia de quase 1.500 quilômetros de largura. Não tínhamos nenhuma divergência com os mamunds. Sua reputação era pestilenta, e fazia-se todo empenho em deixá-los em paz. Mas o espetáculo do nosso acampamento, com suas linhas perfeitas de abrigo contra o sol, seus grupos de tendas-hospitais, seus numerosos cavalos, mulas e burros, excitou a cobiça dos Mamunds. Os fogos que de noite brilhavam, formando um vasto quadrilátero, ofereciam isca por demais tentadora à natureza humana tal como se desenvolveu na fronteira indiana. Ação de atiradores isolados era inevitável e começou ao anoitecer sobre o acampamento de nossa brigada de ponta. Não houve grande estrago. Alguns homens foram feridos. Sir Bindon Blood, impassível, continuou a jantar, embora em certo momento tivéssemos de apagar as velas. Pela manhã, ignorando a impudência dos mamunds, prosseguimos a marcha para Nawagai.

Mas os nativos estavam inquietos, e quando chegou nossa segunda brigada, com o intervalo de dois dias, centenas de homens armados com tudo o que encontraram à mão, desde antiquíssimos fuzis de pederneira até os de último modelo, passaram três horas inebriantes atirando na massa de homens e animais que se lhes deparava. O grosso da tropa já cavara abrigos e todo o acampamento estava cercado de trincheiras. Contudo, essa noite custou a vida de uns quarenta oficiais e soldados, além de muitos cavalos e burros de carga.

Sir Bindon Blood, ao saber do acontecido, ordenou represálias. O general Jeffreys, comandante da segunda brigada, teve ordem de entrar no vale do Mamund no dia seguinte e castigar os truculentos assaltantes. O castigo consistiria em marchar ao longo do seu vale, que forma um beco sem saída, e percorrê-lo todo, destruindo as colheitas, arrebentando os reservatórios de água, fazendo explodir tantos castelos quanto o tempo permitisse e matando todos os homens que se opusessem à execução dessas ordens. "Se você quiser assistir a uma batalha", disse-me Sir Bindon Blood, "vá juntar-se a Jeffreys". Utilizando uma escolta de Lanceiros de Bengala, que voltava ao encontro da segunda brigada, percorri em marcha vagarosa os vinte quilômetros de terreno escarpado que separavam os dois acampamentos e cheguei ao quartel-general de Jeffreys antes do anoitecer.

Durante toda a noite, balas voaram sobre o acampamento; nós todos, porém, tínhamos bons abrigos cavados e as alimárias estavam protegidas da melhor maneira. Na madrugada de 16 de setembro, toda a nossa brigada, precedida por um esquadrão de Lanceiros de Bengala, penetrou em formação de combate no vale do Mamund e se desdobrou rapidamente sobre a sua vasta superfície. Havia três destacamentos separados, cada um com sua missão punitiva a realizar. Como se estendiam em leque, e o número total de nossa expedição não ia além de 1.200 homens, não tardamos em ficar reduzidos a pequenos grupos. Aderi à coluna central, cuja missão era avançar até o fundo do vale. Comecei por seguir a cavalaria.

Chegamos à extremidade do vale sem disparar um só tiro. As aldeias, como a planície, estavam desertas. Quando nos aproximamos das escarpas, notamos, pelos binóculos de campanha, cachos de homenzinhos reunidos numa colina cônica. De vez em quando, o sol refletia no aço das espadas brandidas pelos guerreiros. O espetáculo alegrou-nos, e a tropa avançou a galope em direção de umas árvores que se achavam ao alcance de um tiro da colina. Ali apeamos — cerca de quinze homens — e abrimos fogo à distância de 1.500 metros. A colina cobriu-se imediatamente de pequeninas nuvens de fumaça e as balas começaram a sibilar através das árvores que nos abrigavam. Essa divertida escaramuça durou cerca de uma hora, enquanto a infantaria avançava penosamente em nossa direção, através da planície. Quando chegou, decidiu-se que a principal companhia do 35º Regimento Sikh atacaria a colina e duas outras companhias se movimentariam ao longo de um contraforte à sua esquerda, a caminho de uma aldeia cujos tetos apareciam entre os rochedos e os milharais ondulantes junto à montanha. Entrementes, a cavalaria guardaria a planície, mantendo ligação com a reserva das forças, quase exclusivamente constituída pelos "Buffs" (o Real Regimento de East Kent).

Resolvi juntar-me ao grupo que escalava o contraforte em direção à aldeia. Confiei meu pônei a um indígena e pus-me a galgar a rampa com a infantaria. Fazia um calor tremendo. O sol, quase a pino, batia em cheio. Subimos resfolegantes, durante quase uma hora, através dos milharais, sobre os rochedos e ao longo de trilhas pedregosas e de penhas desprotegidas, sempre subindo. Alguns tiros partiram do alto do morro, rompendo o absoluto silêncio reinante. À medida que galgávamos, a forma oval do vale de Mamund se desenhava aos nossos pés. Parando um instante para descansar, sentei numa pedra e pus-me a contemplá-lo. Eram aproximadamente onze horas. O que primeiro me chamou a atenção foi que não havia tropas visíveis. A cerca de seiscentos metros do pé do contraforte viam-se alguns lanceiros ao lado dos cavalos. Mais longe, sobre o fundo montanhoso, destacava-se esguia coluna de fumaça subindo de um castelo em chamas. Afinal, onde estava o nosso exército? Compunha-se de 1.200 homens que avançavam juntos havia poucas horas, e agora pareciam engolidos pelo vale. Empunhei o binóculo para perscrutar o horizonte. Viam-se cidades de barro, castelos disseminados, profundos leitos de rio, o reflexo das cisternas, alguns campos cultivados e raros grupos de árvores, tudo sob um céu claro e limpo, num cenário de massas rochosas. Mas nem sinal da brigada anglo-hindu!

Então, pela primeira vez, veio-me a ideia de que éramos bem poucos: cinco oficiais ingleses, inclusive eu, talvez 85 sikhs e mais ninguém! E estávamos encurralados no fundo do perigoso vale de Mamund, escalando penosamente a montanha para castigar a aldeia mais afastada.

Ainda conservava muito recentes na memória as recomendações recebidas em Sandhurst sobre o perigo de "dispersar forças"; e o contraste entre as precauções que o grosso da tropa tomara naquela manhã, ao deixar o acampamento, e a posição atual de nosso punhado de homens era realmente impressionante. Entretanto, como a maioria dos jovens estouvados, eu desejava o perigo e só alimentava uma esperança: que acontecesse algo sensacional. E de fato aconteceu!

Atingimos finalmente as poucas casas de barro da aldeia, que, como as demais, estava deserta. A aldeia ficava na extremidade do contraforte e se ligava à massa montanhosa por uma larga faixa de terra. Um oficial e eu nos postamos com oito sikhs do lado que dava para a montanha, enquanto o resto da companhia, depois de revistar as casas, sentou-se para descansar nesses abrigos. Escoou-se um quarto de hora e nada ocorreu.

Aí, apareceu o capitão da companhia. "Vamos nos retirar", disse ao tenente. "Vocês ficarão aqui para cobrir nossa retirada, até tomarmos posição naquele morro além da aldeia." E acrescentou: "Os Buffs parece que nunca mais chegam e o coronel acha que aqui ficamos muito expostos."

A observação me pareceu muito sensata. Não esperamos nem dez minutos. Durante esse tempo, como eu presumia, o grosso da companhia se retirou da aldeia até o morro. De repente, um lado da montanha se animou. Espadas surgiram cintilando junto aos rochedos, bandeiras vistosas flutuaram aqui e ali; em nossa frente, nas escarpas ergueram-se a regular distância umas das outras várias pequenas nuvens de fumaça branca, e as balas choveram junto de nós. No alto da montanha, a trezentos, quatrocentos, quinhentos metros, surgiram figuras brancas e azuis, descendo a rampa, pulando de uma para outra saliência do terreno, como macacos de galho em galho numa grande árvore. De todos os lados erguiam-se gritos agudíssimos. "Yi, Yi! Bang! Bang!" Toda a vertente cobriu-se de flocos de fumaça. As miúdas figurinhas desciam sempre, cada vez mais próximas. Os oito sikhs abriram fogo, cada vez mais nutrido.

Vultos hostis continuavam a se precipitar pela montanha, e grupos de cerca de vinte homens reuniam-se entre os rochedos, a uma centena de metros da aldeia. Eram alvos tentadores demais para que pudéssemos resistir ao desejo de atirar. Tomei o Martini-Henry do sikh ao lado do qual eu estava deitado; pareceu-me muito satisfeito em me passar munição. Comecei a atirar meticulosamente sobre os vultos. As balas silvavam sobre nossas cabeças. Mas, como nos estendêramos no chão, não fomos atingidos. O tiroteio ia num crescendo e durou talvez 35 minutos. Ali estava, evidentemente, a aventura que tanto procurávamos. Ouvi então uma voz gritar em inglês:

"Venham! Recuem agora! Não há tempo a perder! Nós os cobriremos daqui do morro!"

Era o ajudante do batalhão.

O sikh cujo fuzil eu tomara emprestado pusera a meu lado oito ou dez cartuchos. Era de regra não deixar que o inimigo se apoderasse de munição. Como o soldado se mostrava nervoso, dei-lhe os cartuchos um a um, para que os guardasse. Feliz inspiração a minha. O resto do grupo levantou-se para bater em retirada. Partiu dos rochedos viva fuzilaria, seguida de urros e exclamações. Pareceu-me que cinco ou seis dos nossos homens se haviam de novo estirado no chão. Estavam estendidos: dois mortos e três feridos. Um deles fora atingido no peito e o sangue corria abundantemente. Outro, de bruços, agitava braços e pernas. O oficial inglês rolava no chão, perto de mim, com o rosto ensanguentado, sem o olho direito. Sim, ali estava uma aventura!

É ponto de honra na fronteira hindu nunca abandonar os feridos. A morte lenta e terríveis mutilações são a sorte dos que caem no campo de batalha nas mãos dos pathans. O ajudante voltou com outro tenente inglês, um *sergeant-major* sikh e dois ou três soldados. Tomamos os feridos e começamos a descer a ladeira, carregando-os, puxando-os. Formávamos assim um grupo de dez ou doze carregando quatro outros, num terreno aberto, para onde nos esperava o capitão da companhia com meia dúzia de homens. Mais abaixo, a cerca de 150 metros, ficava o morro em que deveria estar o grupo de socorro. Mas não víamos sequer vestígios desse grupo. Arrastamos novamente os feridos, sem consideração pelos seus protestos. Não tínhamos retaguarda. Todos carregavam os feridos. Dominava-me a certeza de que coisa pior ainda nos esperava. Mal vencêramos a metade do terreno descoberto, vinte ou trinta nativos furiosos saltaram de entre as casas e se puseram a atirar freneticamente ou a agitar as espadas.

Só muito confusamente pude seguir o que então se passou. Um dos dois sikhs, que me ajudavam a levar um ferido, teve um calcanhar atravessado por bala. Uivava de dor, o turbante rolou no chão e os longos cabelos escuros espalharam-se pelos seus ombros. Dois homens acorreram lá de baixo. O novo tenente e eu agarramos pela gola o sikh ferido e o arrastamos conosco, íamos descendo. Mas, provavelmente, nós o machucávamos tanto fazendo-o chocar-se nas pedras pontiagudas que ele pediu para andar sozinho. Saltando num pé, andando de quatro, conseguiu acompanhar-nos e salvar-se. Olhei à esquerda. O ajudante estava morto. Quatro de seus soldados carregavam-no. Ele era corpulento, e os soldados tinham que aguentar-lhe todo o peso. Nessa altura, meia dúzia de pathans brandindo espadas irromperam por detrás das casas. Os carregadores do pobre ajudante deixaram-no cair e fugiram. O chefe dos pathans precipitou-se sobre o cadáver, atravessando-o três ou quatro vezes com a espada.

Então esqueci tudo, cego pelo desejo de matar esse homem. Levava comigo a longa espada de cavalaria, bem afiada. E conquistara a medalha no campeonato de esgrima das Public Schools. Resolvi vencê-lo num combate pessoal *à l'arme blanche*. O selvagem me viu chegar. Estava apenas a vinte metros dele. Agarrou enorme pedra, que me atirou com a mão esquerda, esperando-me depois, de espada em riste. Outros avançavam, já bem próximos. Mudei de ideia a respeito do duelo e saquei do revólver. Visei-o cuidadosamente, mas sem resultado. Atirei uma segunda e uma terceira vez. Não sei se o atingi ou não, mas o fato é que fugiu e desapareceu atrás de um rochedo. A fuzilaria era contínua. Examinei em torno. Nem um camarada! Ninguém! Estava só entre inimigos! Corri o mais depressa possível. Por toda parte assobiavam as balas. Alcancei o primeiro morrete. Hurra! Vi os sikhs que ocupavam o segundo. Fizeram-me grandes gestos de saudação e alguns minutos depois estava entre eles.

Faltava ainda percorrer quase um quilômetro de contrafortes antes de chegar à planície, e de cada lado outros contrafortes desciam igualmente da montanha. Não tardaram a se cobrir de pathans, que nos perseguiam e tentavam cortar-nos a retirada, atirando de duas direções nos flancos de nossa pequena tropa. Não sei quanto tempo foi necessário para vir até embaixo, mas, ainda que lentamente, marchamos com resolução. Carregávamos dois oficiais e seis sikhs feridos. Era trabalho para cerca de vinte homens. Deixamos no contraforte um oficial e uma dúzia de homens mortos ou gravemente feridos, que iriam ser despedaçados pelo inimigo.

Durante a retirada, armado com o Martini-Henry e as munições de um dos mortos, disparei, com a melhor pontaria possível, trinta ou quarenta tiros contra os pathans que estavam à esquerda, a uma distância de oitenta a cem metros. Todavia, a ansiedade e o cansaço, além da emoção dessas ocasiões, são sempre tão intensos que se torna muito difícil atirar bem. No entanto, tenho a certeza de que não dei tiro algum sem antes fazer pontaria.

Chegamos desordenadamente à raiz do contraforte, mas trazíamos os feridos. A reserva da companhia e o tenente-coronel comandante do batalhão nos esperavam com alguns ordenanças. Os homens das tribos inimigas, que deviam então orçar de duzentos a trezentos, estendiam-se num amplo semicírculo nos flancos da tropa. Vi que os oficiais brancos faziam todo o possível para manter os sikhs em fileira cerrada. Embora essa formação apresentasse um alvo enorme, ainda assim era bem melhor do que se eles se dispersassem. Os pathans estavam disseminados em pequenos grupos e pareciam terrivelmente enfurecidos.

Disse-me o coronel: "Os Buffs não estão a mais de oitocentos metros de distância. Vá dizer que se apressem, senão seremos esmagados."

Estava prestes a seguir, quando uma ideia me passou pela cabeça. Imaginei a companhia trucidada, e eu, oficial, adido ao general de divisão, chegando como único sobrevivente, a toda velocidade, esbaforido, para anunciar o desastre e pedir socorro.

— Preciso de uma ordem por escrito, *sir*. — O coronel pareceu surpreendido, mas tirou da túnica sua caderneta e resolveu escrever.

Enquanto isso, o capitão conseguira fazer ouvir suas ordens em meio ao ruído e à confusão. Forçara a companhia a cessar os tiros desordenados. Ouvi a voz de comando: "Fogo em conjunto! Preparar! Fogo!" Caiu quase uma dúzia de pathans. Outra salva, e eles pareceram hesitar. À terceira salva, começaram a se retirar para o morro. O clarim soou a "Carga". Todos deram hurras. Passara a refrega e, graças a Deus, chegava a primeira fila de Buffs.

Uma vez chegados os Buffs, decidiu-se retomar o contraforte de onde fôramos rechaçados a fim de recuperar nosso prestígio e o corpo do ajudante. Isso durou até cinco horas da tarde.

Por seu turno, a outra companhia do 35º de sikhs, que galgara a montanha à nossa direita, sofrera ainda mais do que nós. Acabaram por voltar, no entanto, abandonando às feras os cadáveres de diversos oficiais e de uns quinze soldados. As sombras da noite haviam descido sobre o vale e todos os destacamentos, naquela manhã imprudentemente dispersados, regressaram ao acampamento sob uma tempestade, no crepúsculo, seguidos de perto pelos inimigos selvagens e triunfantes. Marchei com os Buffs e o 35º de sikhs tão duramente castigado. Já era noite quando atingimos as trincheiras que protegiam agora todo o acampamento. As outras patrulhas todas haviam regressado, depois de refregas pouco satisfatórias, ainda que sem gravidade. Mas onde estava o general? E o estado-maior? E a bateria transportada a mulas?

O perímetro do acampamento estava severamente guardado e descansamos, enquanto em torno de nós pipocavam tiros isolados. Duas horas assim se passaram. Onde estava o general? Sabíamos que levava com ele além da bateria meia companhia de soldados sapadores e mineiros e, ao todo, dez oficiais brancos. De repente, do fundo do vale ressoou um tiro de canhão que parecia vir de uns cinco quilômetros de distância, seguido, a curto intervalo, de outros vinte tiros. Depois, silêncio. Que se estaria passando? Contra que alvo dirigir-se-ia, em plena noite, a artilharia do general? Evidentemente, estava atirando a curta distância; talvez andasse em corpo a corpo com o inimigo. Ou seriam os tiros sinal de alarme? Deveríamos correr em seu auxílio? Não faltavam voluntários. Os oficiais mais antigos confabularam. Como costuma acontecer quando as coisas não andam bem, suprimiram-se as formalidades e eu me vi envolvido na discussão. Ficou resolvido que nenhuma tropa poderia deixar o acampamento naquela noite escura. Enviar tropa de socorro aventurando-se a pé naquela escuridão, entre emboscadas e obstáculos no vale, seria provocar novo desastre; pior ainda, enfraquecer o acampamento seria fatal no caso, aliás, muito possível, de um ataque. O general e a bateria deveriam defender-se, onde quer que estivessem, até o amanhecer. Os canhões atroaram de novo no vale. Portanto continuavam a resistir. Pela primeira vez compreendi a ansiedade, a angústia e as perplexidades da guerra. Aquela aventura já se estava mostrando nem sempre alegre. Estávamos em má situação e poderíamos esperar coisas piores. Resolveu-se que o esquadrão de Lanceiros de Bengala, apoiado por uma coluna de infantaria, sairia às primeiras luzes da aurora para socorrer o general. Já era mais de meia-noite. Adormeci profundamente, vestido e calçado, por algumas horas.

A parte mais rasa do vale, em dia claro, não oferecia perigo. Encontramos o general e sua bateria entrincheirados numa aldeia de barro. Passara mau quarto de hora, levemente ferido na cabeça. Surpreendido pela noite, lançara suas tropas em algumas daquelas casas e ali improvisara uma espécie de fortim. Os mamunds chegaram quase ao mesmo tempo à aldeia e, durante toda a noite, encarniçado combate se travara de casa em casa e nas ruelas daquele labirinto de barro. Os assaltantes conheciam perfeitamente o terreno. Batiam-se em suas próprias casinhas e nos próprios quartos em que viviam. Na escuridão quase completa, não tendo a menor noção dos lugares em que se encontravam, os defensores mal podiam conservar suas posições. Os nativos passavam pelas paredes, escalavam os tetos e atiravam ou feriam os inimigos com suas compridas facas. Era uma batalha numa toca de coelho. Os homens se amontoavam, matavam-se por engano, e o canhão atirava à queima-roupa, como se fosse pistola, num inimigo a dois ou três metros de distância. Quatro dos dez oficiais britânicos foram feridos. Um terço dos sapadores e dos artilheiros estava morto ou ferido e quase todas as mulas morreram ou ficaram gravemente atingidas. As fisionomias desvairadas dos oficiais sobreviventes davam o toque final ao horror dessa cena matinal. Matamos os animais feridos e começamos o café da manhã.

De volta ao acampamento, o general se comunicou pelo heliógrafo, do alto de uma montanha vizinha, com Sir Bindon Blood, em Nawagai. Sir Bindon e nossa brigada principal também haviam sofrido fortes ataques na noite anterior, perdendo centenas de animais e vinte ou trinta homens. Ordenou Sir Bindon que ficássemos no vale do Mamund, levando tudo a ferro e fogo, à guisa de represália. Foi o que fizemos, mas tomando todas as precauções. Começamos por destruir sistematicamente as casas de cada aldeia, obstruindo os poços, fazendo explodir as torres, cortando as grandes árvores de sombra, incendiando as colheitas, inutilizando os reservatórios, semeando a devastação por toda parte. Enquanto se tratava de aldeias da planície, foi muito fácil. Do alto das colinas em que se haviam refugiado, os habitantes contemplavam em silêncio a destruição de seus lares e de seus meios de subsistência. Entretanto, quando tivemos de atacar as aldeias situadas nas encostas, resistiram furiosamente e perdemos em cada investida dois ou três oficiais britânicos e de quinze a vinte soldados indígenas. Quanto a apurar se isso valia a pena, não sei dizer. Sei apenas que, ao fim de uma quinzena, o vale não era mais do que um deserto e a honra fora lavada.

Capítulo 12

A EXPEDIÇÃO DO TIRAH

DEPOIS DA REORGANIZAÇÃO EXIGIDA pelas perdas de 16 de setembro, fui incorporado, para enfrentar a premência das circunstâncias, ao 31º de Infantaria do Punjaub, que só possuía três oficiais brancos além do coronel. Servi regularmente como oficial em tempo de paz e de guerra, no 4º de Hussardos, no 31º de Infantaria do Punjab, no 21º de Lanceiros, na cavalaria ligeira sul-africana, na cavalaria de Oxfordshire, no 2º Granadeiros de Guarda, no Royal Scots Fusiliers e enfim na artilharia de Oxfordshire. As condições eram muito diferentes nesses diversos regimentos da Ásia, da África e da Europa, mas nunca encontrei outras tão extraordinárias como as que me esperavam no 31º de Infantaria do Punjab. Embora oficial de cavalaria, aprendera em Sandhurst exercícios de infantaria e me considerava preparado para todas as operações de detalhe e mesmo para outras mais importantes. Todavia, a grande dificuldade do Punjab era fazer-me compreender. Mal conseguia dizer algumas palavras aos soldados nativos que, em virtude da falta de oficiais brancos, me haviam sido confiados. Devia-me contentar quase exclusivamente com sinais, gestos e linguagem do surdo-mudo. A esse vocabulário acrescentei três palavras: "Maro" (matem!), "Chalo" (avançar) e "Tally-ho!", que é desnecessário traduzir. Em vista das circunstâncias, não podia existir entre o comandante da companhia e seus homens a ligação íntima que os compêndios preconizavam. Entretanto, na medida de nossas possibilidades, saímos com honra em três ou quatro escaramuças, que não posso considerar verdadeiras ações de combate, mas que foram tão instrutivas quanto sedutoras para o punhado de homens que delas participaram. Devo ter feito tudo, provavelmente, por influência moral.

Embora fosse impossível saber o que eles pensavam e sentiam, eu nutria certa estima pelos punjabis. Evidentemente, gostavam de bater-se ao lado de um oficial branco e o acompanhavam atentamente para ver como iam as coisas. Quando o viam sorrir, sorriam também; e por isso me esforçava para manter um perpétuo sorriso. Enquanto isso, mandava relatos de campanha, por telegramas e por carta, ao *Pioneer* e ao *Daily Telegraph*.

Podia agora ter esperança de ficar adido, de modo permanente, ao corpo expedicionário de Malakand, e, durante muito tempo, percorrer aqueles vales. Mas o caráter das operações mudou subitamente. A história do 16 de setembro espalhou-se entre as tribos e os mamunds naturalmente se gabaram de uma grande vitória. Exageraram nossas perdas e declararam, como era natural, que suas operações prosseguiam de acordo com planos previamente estabelecidos. Em nossos jornais dizíamos a mesma coisa, mas eles não liam nossos jornais. O fato é que a fronteira noroeste estava literalmente fervendo, e, em fins de setembro, os afridis, uma das tribos mais poderosas, aderiram à revolta. Os afridis viviam no Tirah, região de imensas montanhas ao norte de Peshawar e a leste do Passo de Khyber. As montanhas do Tirah são mais altas e mais íngremes do que as da vertente de Malakand, e os vales do Tirah apresentam a forma de um "V" em vez de terem o fundo chato. Esse detalhe aumentava as vantagens dessas populações e as dificuldades das tropas regulares. No meio do Tirah encontra-se uma planície lisa como o vale do Mamund, mas muito mais ampla, à qual só se consegue chegar pelas gargantas em forma de "V" que sulcam os flancos das montanhas. É o vale chamado Tirah Maidan, comparável ao centro do labirinto de Hampton Court, com montanhas em vez de sebes.

Do alto de sua sabedoria, o Governo da Índia resolveu enviar uma expedição ao Tirah Maidan. Lá ficavam as reservas de cereais, os rebanhos e as principais casas da tribo afridi. Poder-se-ia destruí-las facilmente e expulsar os habitantes, com mulheres e crianças, para as montanhas onde, no rigor do inverno, dar-se-iam evidentemente muito mal. Para infligir esse castigo, eram necessárias duas divisões inteiras, de três brigadas cada uma, quer dizer, 35 mil homens com importantes forças na base e nos centros de comunicação. Mobilizado tal exército, e depois de concentrado em torno de Peshawar e de Kohat, preparou-se a invasão do Tirah.

Tropa branca nunca atingira o Maidan. A operação era considerada, pois, a investida mais séria realizada na fronteira, desde a guerra do Afeganistão; e o comando foi confiado a um oficial distintíssimo e de grande experiência: Sir William Lockhart. Por seu turno, Sir Bindon Blood devia continuar a manter as tribos em xeque, na vertente de Malakand. Deixamos, assim, de tomar parte na ação à espera de que os oficiais de reserva brancos do Punjab viessem preencher os claros em seu regimento. Só então dirigi minha atenção e meus desejos para o exército expedicionário do Tirah, empregando todos os esforços para obter a desejada designação.

Infelizmente, não conhecia ninguém influente. O coronel Ian Hamilton comandava uma das brigadas, mas caíra do cavalo no passo de Kohat, quebrara uma perna, perdera sua brigada, malograra na campanha e quase tivera um ataque cardíaco. Como estivesse nessa posição incerta, desligado de um regimento e ainda não incorporado a outro, meu coronel, lá de longe, da Índia Meridional, começou a intervir para apressar meu regresso. Malgrado a boa vontade de Sir Bindon Blood, encontrava-me numa situação deveras embaraçosa, e, finalmente, tive que voltar para Bangalore.

Quando cheguei, meus camaradas oficiais mostraram-se extremamente corteses; mas cedo percebi que toda gente pensava que eu tivera licença suficiente e já podia restringir-me agora aos deveres da rotina do regimento. Estava-se em pleno regime de exercícios preparatórios antes das manobras do outono. E assim, menos de duas semanas depois de ter ouvido sibilarem balas de verdade no vale do Mamund, fui constrangido a atirar com cartuchos de pólvora seca, em combates simulados, a 3.200 quilômetros do vale. Era estranho ouvir de todos os lados o crepitar do tiroteio e não ver ninguém abrigar-se ou abaixar a cabeça. À parte esses detalhes, a vida era sempre a mesma. O calor sempre o mesmo, sempre a mesma sede, enquanto marchávamos e bivacávamos dia após dia. Mysore é uma região magnífica, com esplêndidas árvores e numerosos cursos de água. Manobrávamos em torno de uma montanha chamada Nundydroog, onde existem minas de ouro e se veem árvores de folhas rubras.

Não havia motivo para queixa, mas, à medida que as semanas e os meses se passavam, eu lia avidamente nos jornais os relatos da campanha do Tirah. As duas divisões haviam mergulhado nas montanhas e, finalmente, depois de numerosas batalhas e perdas, que nessa época pareciam pesadíssimas, tratavam agora de voltar antes que o inverno ficasse muito rigoroso. Foi o que fizeram com a maior rapidez possível, e justo a tempo.

Os afridis, indignados, e agora triunfantes, corriam ao longo das cristas das montanhas, atirando com mortal pontaria sobre as intermináveis colunas que penosamente desfilavam ao longo do leito do rio, forçadas a vadear, dez ou doze vezes em cada etapa, aquelas águas geladas. Centenas de soldados e milhares de animais pereceram e a retirada da segunda divisão ao longo do vale de Bara foi lamentável. Mais de uma vez, segundo rumores correntes, dir-se-ia uma derrota e não a volta triunfante de uma expedição punitiva. Mas as perdas não eram mais onerosas do que o custo de uma expedição dessas. A manutenção de 35 mil homens perseguidores e agora perseguidos pelos afridis nas gargantas das montanhas, durante cerca de dois meses; com cerca de vinte homens para guardar as comunicações, atingiu quantias importantes quando se tiveram de somar as rupias.

Não derramei lágrimas abundantes sobre as desventuras da expedição do Tirah. Afinal, tinham sido muito egoístas não me deixando participar de seus trabalhos. Mas julgava que, na primavera, seria preciso recomeçar e redobrei de esforços para que me incluíssem entre os participantes. Minha mãe, por sua vez, ajudou como pôde, fazendo quanto estava ao seu alcance, e, a conselho meu, assediando vigorosa e energicamente lorde Wolseley e lorde Roberts. Mas essas fortalezas opuseram obstinada resistência. Eis a resposta de lorde Roberts: "Com o maior prazer ajudaria seu filho, mas é inútil entrar em entendimentos com o general Lockhart porque Sir George White é todo-poderoso, e como ele recusou autorizar Winston a se juntar ao estado-maior do general Blood depois de ter servido sob as ordens desse oficial na expedição de Malakand, estou certo de que não consentirá que seu filho seja enviado com a expedição do Tirah. Eu poderia telegrafar a Sir George White, mas, em vista das circunstâncias, estou certo de que meu pedido será inoportuno."

Enquanto isso, impaciente e ansioso, eu permanecia amarrado à guarnição de Bangalore. Contudo, era possível conseguir uma licença de dez dias no Natal. Dez dias são bem pouco. Era justo o tempo necessário para ir à fronteira e voltar. Mas não era tão ingênuo para me apresentar ao quartel-general da expedição sem ter preparado o terreno. O gatinho militar é um animal encantador enquanto nos mantemos à distância de suas unhas; porém, uma vez excitado ou irritado, é capaz de se tornar extremamente desagradável. E, ainda por cima, quando chega a essa má disposição, é difícil fazê-lo voltar às boas. Decidi, por isso, não ir à fronteira e sim a Calcutá, onde tentaria negociações na própria sede do governo hindu para obter uma situação na força expedicionária. Nessa época, levava-se três dias e meio de estrada de ferro para ir de Bangalore a Calcutá; contando ida e volta, sobravam apenas sessenta horas para concluir favoravelmente minha importante investida. O vice-rei, lorde Elgin, com o qual cheguei a trabalhar mais tarde, na qualidade de subsecretário do Ministério das Colônias, acolhia com a maior cordialidade os jovens oficiais que se apresentassem. Fui principescamente recebido; deram-me tão boa montaria que ganhei a corrida quinzenal da guarnição de Calcutá.

Tudo era ótimo, mas meu projeto não progredia. Antes de chegar, esgotara todos os recursos de que dispunha e pedira conselho às pessoas mais qualificadas a que tinha acesso. Todos estavam de acordo quanto à melhor possibilidade de sucesso: cercar o ajudante-geral, homem dos mais desagradáveis, cujo nome, por felicidade, esqueci. Tudo dependia dele e ninguém podia fazer nada se ele se opusesse. Apresentei-me em sua antecâmara, pedindo audiência. Recusou receber-me. Comecei a compreender que minha solicitação não vingaria. Todos os altos funcionários militares que encontrei nesses dois dias em almoços e jantares olhavam-me, segundo me pareceu, de modo irônico e divertido. Estavam a par de minha pretensão e da maneira pela qual esta fora recebida. Desde o comandante em chefe, Sir George White, até o mais insignificante oficial mostraram-se todos extremamente corteses para comigo, mas essa amabilidade parecia insinuar que certos assuntos eram inabordáveis. Ao fim de minhas sessenta horas, vi-me obrigado a tomar o trem, desanimado, e fazer de volta a longa viagem para Bangalore.

Naquele inverno escrevi meu primeiro livro. Tivera notícia de que meus despachos para o *Daily Telegraph* haviam sido muito bem aceitos e, embora assinadas apenas "Por um Jovem Oficial", o público se mostrara interessado. O *Pioneer* também ficara satisfeito. Tomando como alicerce essa correspondência, resolvi construir um pequeno edifício literário. Fui informado por amigos de que lorde Fincastle também estava escrevendo a história da expedição. Dediquei-me à obra com afinco, para terminá-la antes dele. Não tardou que a coisa se tornasse para mim um verdadeiro prazer e as três ou quatro horas do dia, antes consumidas em jogar cartas ou dormir, passaram a ser horas de um trabalho atento. Acabei o manuscrito pouco depois do Natal, e enviei-o à minha mãe para que ela tratasse da publicação. O editor foi Longmans.

Adquirido o hábito de escrever, atirei-me a obras de imaginação. Pensei num romance. Achava que seria mais fácil e rápido do que escrever narrativas de fatos reais. Escolhi como cenário uma revolta num país imaginário — que tanto podia ser nos Balcãs como na América do Sul — e contei as aventuras de um chefe liberal que derrubava o governo arbitrário apenas para ser logo depois engolido por uma revolução socialista. Os oficiais meus colegas gostaram da história e, à medida que ela se desenvolvia, sugeriam-me toda sorte de peripécias (que aliás eu não aproveitava) para dar maior interesse a um episódio de amor. Mas em compensação havia muitas batalhas e muita política, temperadas com todas as considerações filosóficas de que eu era capaz, e o romance terminava em apoteose: uma poderosa esquadra forçava uma espécie de Dardanelos para sufocar a revolta. Em dois meses o livro estava pronto. Foi publicado na *Macmillan's Magazine*, com o título de *Savrola* e depois reeditado, diversas vezes; rendeu-me um total de setecentas libras, correspondentes a muitos anos de venda. Sempre insisti fortemente com meus amigos para que se abstivessem de lê-lo.

O livro sobre a campanha da fronteira hindu fora também publicado. *The Malakand Field Force* teve imediatamente grande sucesso. Quando recebi, enviados por minha mãe, os primeiros recortes com referência da crítica sobre meu livro, senti grande orgulho com as amabilidades que diziam a meu respeito. O leitor deve se lembrar de que, até aquela ocasião, eu nunca havia sido elogiado. Na escola, os únicos comentários dos professores aos meus trabalhos eram: "medíocre", "malfeito", "muito ruim", "escrito às pressas" e assim por diante. Agora, eram as melhores revistas literárias e os críticos eruditos que escreviam colunas inteiras de exaltação. Na verdade, eu ficaria envergonhado, hoje em dia, de transcrever os termos elogiosos em que meu "estilo" era comentado. O *Pioneer* declarou que o livro revelava uma sabedoria e uma compreensão muito além da idade do autor. Era espantoso. Estava encantado, achando que uma nova carreira se abria esplendidamente diante de mim. O livrinho me rendera em meses quantia superior aos vencimentos de dois anos como oficial subalterno. Resolvi que logo que acabassem as guerras, que pareciam novamente se acender em diversas partes do mundo, e nós ganhássemos o campeonato de polo, libertar-me-ia de toda disciplina e autoridade e passaria a levar na Inglaterra uma vida perfeitamente independente, sem ninguém para me dar ordens e me obrigar a fazer isto ou aquilo.

Recebi, entre outras, uma carta que me deu enorme satisfação, e que reproduzo aqui para mostrar a notável bondade e consideração que os moços sempre mereceram do príncipe de Gales, mais tarde rei Eduardo VII:

Marlborough House, 22 de abril de 1898
Meu caro Winston,
Não posso furtar-me ao prazer de lhe dirigir algumas linhas para felicitá-lo pelo sucesso de seu livro. Li-o com o maior interesse e achei excelentes a descrição e o estilo. Todo mundo o lê, e só tenho ouvido boas referências a respeito do autor. Agora que você tomou gosto pelo serviço de campanha, há de querer continuar, e tem tantas possibilidades quanto Fincastle de receber a Victoria Cross. Mas espero que não lhe siga o exemplo, pois, sinto dizê-lo, ele pretende deixar o exército e ingressar no Parlamento.
Você tem o tempo diante de si, e deve certamente demorar-se mais no exército antes de acrescentar MP ao nome.
Na esperança de que tudo aconteça da melhor forma, subscrevo-me, atenciosamente
A.E.

Não houve mais nenhuma licença para mim até que a equipe de polo do meu regimento, em meados de março, foi ao norte para tomar parte no torneio anual de cavalaria. Tive sorte de conseguir um lugar no time e cheguei a Meerut, o grande acantonamento onde se realizavam habitualmente os campeonatos com a certeza de que éramos o segundo entre os conjuntos que deviam tomar parte no torneio. Fomos batidos pelos campeões, a famosa infantaria ligeira de Durham, o único regimento de infantaria a conseguir a taça de cavalaria. Nunca fora derrotado, nem pelos outros regimentos nem pelas melhores equipes locais. Todas as riquezas de Golconda e de Rajputana, toda a sobranceria de seus marajás e a habilidade de seus melhores jogadores eram forçadas a ceder diante desses invencíveis soldados de infantaria que bateram todos recordes nos anais do polo hindu. Tudo se devia a um homem, o capitão de Lisle, mais tarde distinguido combatente em Gallipoli e depois comandante de Corpo no front ocidental. Foi quem formou e dirigiu o time de polo quatro anos vitorioso na Índia. Caímos diante dele em seu último campeonato indiano.

Meerut ficava 2.200 quilômetros ao norte de Bangalore, mas ainda distava mil quilômetros do front. Nossa licença expirava o mesmo período depois da partida final, e eram necessários exatamente três dias para cobrir o percurso Meerut-Bangalore em estrada de ferro. Para o outro lado, podia-se chegar a Peshawar, no front, em um dia e meio. Eu estava num tal desespero que senti chegado o momento de arriscar.

O coronel Ian Hamilton, afinal restabelecido do acidente, retomara o comando da sua brigada vinda do Tirah. Gozava de ótima reputação no Exército, era amigo íntimo e camarada de armas de Sir George White e mantinha estreitas relações com Sir William Lockhart. Havia muito tempo, eu me correspondia com Ian Hamilton, e ele me ajudara muito. Suas informações não foram encorajadoras. Havia muitas vagas a preencher na Força Expedicionária, mas todas as nomeações se faziam em Calcutá, *através da repartição do ajudante-geral*. Só abriam exceção para os membros do estado-maior de Sir William Lockhart. Eu não o conhecia, e, ao que soubesse, meus pais nunca o tinham encontrado. Como seria possível aproximar-me dele, e, mais ainda, convencê-lo a me indicar para um dos dois ou três postos mais cobiçados pelos jovens oficiais no seu estado-maior, que, aliás, já estava completo? Mas o coronel Ian Hamilton era de opinião que eu tentasse. "Farei o que puder", escreveu-me ele. "O comandante em chefe tem um ajudante de ordens chamado Haldane, que foi meu colega no Gordon Highlanders. Tem muita influência, tem mesmo influência demais, segundo dizem no Exército. Se mostrar boa vontade com você, tudo está arranjado. Tentarei preparar o terreno, que não é favorável, mas também não é hostil, no que lhe diz respeito. Se você viesse aqui, sua energia e sua força de persuasão acabariam talvez por convencê-lo."

Essa carta me chegou às mãos no dia seguinte ao da nossa derrota na semifinal do campeonato. Consultei o indicador dos trens para o norte e para o sul. Não havia materialmente tempo de ir a Peshawar, demorar-me ali algumas horas e voltar a Bangalore. Se eu fosse a Peshawar e não obtivesse nenhum posto no front ultrapassaria em 48 horas meu prazo de licença. Era falta prevista no regulamento, e eu sabia que seria punido. Seria muito fácil, num caso comum, pedir breve prorrogação de licença. Mas como meus planos de ir para o front caíram no conhecimento das autoridades regimentais, não me mandariam o prolongamento da licença e sim ordem de regressar imediatamente ao regimento. Fosse como fosse, resolvi arriscar. Embarquei para Peshawar. Foi com o coração aos saltos que me dirigi, no ar frio da manhã, ao quartel-general de Sir William Lockhart e dei meu nome ao ajudante de ordens. Não custou a aparecer o temível Haldane, que me recebeu sem grande cordialidade, mas com certo interesse e visivelmente sem opinião formada a meu respeito. Não me recordo do que lhe disse nem como lhe apresentei o meu caso, mas o fato é que, mais uma vez, atingi o alvo, porque, depois de ter passeado comigo durante cerca de meia hora, por uma área de cascalho, o capitão Haldane me declarou: "Pois bem, vou falar a seu respeito com o comandante em chefe. Veremos o que ele decidirá." Em seguida, partiu imediatamente, enquanto eu continuava a andar de um lado para outro no mesmo caminho que tínhamos percorrido juntos. Demorou-se pouco. "Sir William resolveu", anunciou ele ao voltar, "nomeá-lo oficial suplementar, em seu estado-maior pessoal. O senhor assumirá imediatamente suas funções. Vamos avisar o governo da Índia e seu regimento."

Assim mudou bruscamente minha sorte. Em vez de oficial faltoso, vi-me subitamente promovido: minha túnica ia ter agora tarjas vermelhas. O ajudante-geral publicou minha nomeação no boletim. Mandaram-me de Bangalore meus empregados e os cavalos. Fiquei sendo oficial de ordens suplementar do comandante do exército. Ao interesse e ao prazer de ouvir diariamente a palestra desse homem fino e encantador, que conhecia a fronteira palmo a palmo e por quarenta anos vinha tomando parte em todas as guerras, unia-se a oportunidade de visitar todos os recantos do seu exército, sendo sempre acolhido com sorrisos de simpatia.

Durante a primeira quinzena, conduzi-me e fui tratado de acordo com a minha pouca idade e o meu posto. Mantinha silêncio às refeições, ou então me limitava a arriscar uma pergunta muito prudente. Mas em breve um incidente veio modificar minha situação no estado-maior de Sir William Lockhart. O capitão Haldane costumava levar-me a passeio, diariamente, em sua companhia, e não tardamos a ficar bons amigos. Contou-me uma série de coisas sobre o general, o estado-maior, o Exército e as operações. Tudo aquilo visto de dentro, vinha-me provar que nem o público nem eu tínhamos a menor ideia do que se passava. Um dia, o capitão confiou-me que um correspondente despachado de volta à Inglaterra tinha escrito na *Fortnightly Review* um artigo em que criticava severamente — e, na opinião do meu amigo, injustamente — o comando da expedição do Tirah. O general e o seu estado-maior ficaram profundamente ressentidos com aquele ataque impiedoso. O chefe do estado-maior, general Nicholson (que mais tarde iria comandar o exército britânico e já naquele tempo era muito conhecido pela alcunha de Old Nick), redigira uma resposta magistral, ou pelo menos esmagadora, que fora enviada à Inglaterra pelo último correio.

Era minha vez de prestar serviço dando um bom conselho àquele pessoal que me tratara tão bem. Disse ao capitão que seria considerado pouco digno, talvez mesmo incorreto, um oficial superior do estado-maior de um exército em operações polemizar com um correspondente despedido sobre a marcha da campanha; eu tinha certeza de que que o governo ficaria surpreso e o Ministério da Guerra, furioso; que o estado-maior devia deixar sua defesa aos seus superiores ou aos políticos; e que, por melhores que fossem os argumentos, o simples fato de expô-los seria tido como sinal de fraqueza.

O capitão Haldane ficou inquieto, e voltamos rapidamente ao quartel-general. Durante toda aquela noite, houve confabulações entre o comandante em chefe e os oficiais do estado-maior. No dia seguinte vieram perguntar-me como seria possível segurar o malfadado artigo de resposta já enviado. Pedir ao Ministério da Guerra que interviesse junto ao editor da *Fortnightly Review* e o proibisse de publicar quando recebesse? Atenderia ele a um pedido desses? Respondi que o editor era presumivelmente um gentleman e, se recebesse um telegrama do autor do artigo pedindo que não publicasse, havia de concordar na hora, mesmo decepcionado. Mandou-se, pois, o telegrama e, pouco depois, chegou a resposta inteiramente tranquilizadora.

Daí em diante começaram a admitir-me nos círculos confidenciais do estado-maior e fui tratado como se já fosse um senhor. Estava, assim, numa situação das mais favoráveis para o início da campanha da primavera e começava a pensar que assistiria a coisas muito sérias. O comandante em chefe parecia satisfeito comigo, e eu me achava perfeitamente entrosado no clima. Infelizmente para mim, a sorte viera muito tarde. As operações, cujo começo eu esperava a cada momento numa escala ainda mais ampla que as precedentes, foram pouco a pouco esmorecendo, degeneraram em demoradas negociações com os nativos e terminaram finalmente por uma paz durável, cuja sabedoria não me escapava como político em estado potencial, mas que nada tinha a ver com as razões que me levaram a Peshawar.

Assim a lontra constrói suas barragens e, quando se apronta para pescar, vem a enchente que lhe leva o trabalho, o pescado e as esperanças, obrigando-a a recomeçar tudo.

Capítulo 13

DIFICULDADE COM KITCHENER

Mal haviam terminado os combates na fronteira noroeste da Índia, houve boatos sobre uma nova campanha no Sudão. Seria pensamento do governo de lorde Salisbury avançar até Khartum, aniquilar a dominação dervixe e libertar aquelas imensas regiões de sua tirania destruidora. Esse plano foi abertamente mencionado. A primeira fase das operações começou mesmo durante a desmobilização do exército expedicionário do Tirah; e Sir Herbert Kitchener, com um exército inglês e egípcio de quase 20 mil homens, já atingira a confluência do Nilo com o Atbara e destruíra, num terrível combate, o exército de Mahmud, lugar-tenente do califa, mandado ao seu encontro. Viria depois a fase final do longo drama do Sudão, a marcha de trezentos quilômetros para o sul em direção à capital dervixe, e a batalha decisiva contra as forças reunidas do inimigo.

Eu desejava ardentemente tomar parte nessa luta. Comecei, porém, a encontrar fortes resistências, como até então não conhecera. Nos meus primeiros tempos de exército, quando queria juntar-me a forças em operações, quase todos mostravam simpatias pelos meus planos e me estimulavam. Mas agora já não era assim.

Descobri que havia muita gente mal-informada e de má vontade à qual não agradavam minhas atividades. Adotaram uma atitude pouco favorável, até mesmo hostil, em relação a mim. Diziam, por exemplo: "Que diabo será esse rapaz? Como se arranjou para tomar parte em todas essas campanhas? Por que, sendo oficial, escreve ao mesmo tempo artigos para os jornais? Como se admite que um oficial subalterno critique ou elogie os seus superiores? Por que o tratam os generais com tanta atenção? Como se arranja para conseguir todas essas licenças? Há tantos outros que trabalham e nunca puderam escapar da rotina cotidiana! Já é demais, afinal! Ele é moço e talvez melhore com o tempo, mas, no momento, o segundo-tenente Churchill precisa é de um longo período de disciplina e rotina."

Outros iam mais longe e chegaram a tornar-se ofensivos. As expressões "cavador de medalhas" e "carreirista" começaram a circular nos altos e baixos círculos militares com uma frequência que certamente causará surpresa ao leitor. É triste lembrar esses aspectos pouco amáveis da natureza humana, que, por curiosa coincidência, sempre surgiram atrás de meus passos mais inocentes, e às vezes mesmo se atravessaram em meu caminho.

Logo às primeiras tentativas para tomar parte na campanha do Sudão, esbarrei com a desaprovação e a hostilidade do *sirdar* [comandante] do exército egípcio, Sir Herbert Kitchener. Meu pedido, embora tivesse o apoio do ministro da Guerra, foi rejeitado, ao passo que eram admitidos muitos outros oficiais da minha patente e do meu regimento. Do fundo da minha guarnição de Bangalore era-me absolutamente impossível vencer esses obstáculos. Como tinha direito a uma licença, depois da expedição do Tirah, decidi dirigir-me imediatamente ao próprio centro do Império Britânico e tratar do assunto em Londres.

Ao chegar à capital, mobilizei todos os recursos a meu alcance. Minha mãe dedicou toda a sua influência à realização dos meus desejos. Inúmeros foram os almoços e jantares a que ela convidou os figurões da época durante dois meses dessas laboriosas negociações. Mas tudo em vão! O obstáculo à minha partida para o Egito era, ao mesmo tempo, muito poderoso e muito distante dela. Minha mãe chegou a escrever a Sir Herbert Kitchener, com quem se dava muito bem, pedindo por mim. Ele lhe respondeu, com a maior polidez, que já possuía no seu exército mais oficiais do que necessitava para aquela campanha, e recebera uma infinidade de pedidos para pessoas aparentemente mais qualificadas; mas, se de futuro se apresentasse ocasião, ele teria o maior prazer etc. etc.

Estávamos em fins de junho. O avanço geral do exército devia ter lugar nos primeiros dias de agosto. Não era mais uma questão de semanas, e sim de dias.

Um acontecimento inteiramente fora de minhas cogitações verificou-se nesse momento. Lorde Salisbury, o primeiro-ministro, cujas relações políticas com meu pai tinham por vezes beirado o trágico, leu por acaso *The Malakand Field Force*. Ao que parece, agradou-se do meu livro. Um belo dia, espontaneamente, veio-lhe a ideia de conhecer o autor. Certa manhã, no início de julho, recebi, pois, uma carta do seu secretário particular, Sir Schomberg M'Donnell, na qual era informado de que o primeiro-ministro lera meu livro com grande prazer e gostaria de discutir comigo certos pontos da obra. Poderia visitá-lo um dia desses, no Ministério das Relações Exteriores? A quarta-feira seguinte, às quatro horas da tarde, seria ótimo para ele, caso eu estivesse livre. O leitor há de calcular que eu respondi como quem responde à pergunta como "Pato sabe nadar?" ou algo assim.

O Grande Homem, o senhor do mundo britânico, o líder incontestável do Partido Conservador, primeiro-ministro e ministro do Exterior pela terceira vez, no apogeu de sua carreira, recebeu-me à hora marcada e eu entrei pela primeira vez na vasta sala que dá para o pátio do Horse Guards; nesta mesma sala onde tantas vezes eu haveria de me encontrar mais tarde para discutir importantes questões de paz e guerra.

A figura do velho e prudente estadista impunha respeito. Lorde Salisbury, apesar de toda a resistência que opunha às ideias modernas — ou talvez exatamente por causa disso — desempenhou um grande papel na coordenação das forças crescentes do Império Britânico e de sua preparação para o momento das provações, que pouca gente previa e ninguém podia avaliar. Lembro-me muito bem da cortesia à moda antiga com que me acolheu à entrada e do gesto cativante que teve ao conduzir-me a um pequeno sofá no meio da ampla sala.

"Seu livro", disse-me ele, "me interessou grandemente. Li-o com muito prazer e, devo dizer, com admiração, tanto pelo assunto como pelo estilo. Os debates nas duas Casas do Parlamento sobre a política da fronteira hindu foram cheios de azedume e houve sérios mal-entendidos, que os tornaram ainda mais confusos. De minha parte, pude fazer uma ideia muito mais precisa do gênero de combates que se travaram nesses vales da fronteira pela leitura do seu livro do que por todos os documentos que fui obrigado a examinar por dever de ofício."

Pensei que o limite seria uns vinte minutos, e não tencionando demorar-me mais, fiz menção de sair quando passou esse tempo. Mas lorde Salisbury me reteve por mais de meia hora. Afinal, reconduziu-me pelo largo tapete até a porta, onde se despediu de mim com estas palavras: "O senhor permitirá que eu observe o quanto se parece com seu pai, com quem vivi tantos momentos decisivos da minha carreira política. Se algum dia eu lhe puder ser útil, não tenha dúvida em procurar-me."

De volta para casa, meditei longamente sobre estas últimas palavras. Eu não pretendia deixar o velho lorde em situação constrangedora, mas, por outro lado, achava que pouco lhe custaria conseguir o que naquele momento constituía minha ambição máxima. Uma palavra do primeiro-ministro, seu maior defensor, bastaria para fazer Sir Herbert Kitchener desistir da oposição verdadeiramente desproporcional que movia aos meus modestos desejos. Mais tarde, chegada a minha vez de dispor das coisas em grande escala, quando me apareciam jovens a implorar que lhes fosse permitido entrar em combate e a dura rotina administrativa apresentava seus impedimentos, eu liquidava as objeções exclamando: "Ora, eles não querem outra coisa senão escorar as balas. Deixai-os ir!" Depois de muitos dias de reflexão, decidi recorrer a Sir Schomberg M'Donnell, com quem eu travara relações nos círculos da sociedade que frequentava desde a infância. Estávamos na terceira semana de julho. Parecia não haver outro meio de me juntar ao exército de Atbara antes que começasse a investida sobre Khartum. Procurei, pois, Sir M'Donnell em casa, e encontrei-o quando se preparava para o jantar. Expus rapidamente o assunto. O primeiro-ministro consentiria em mandar um telegrama a Sir Herbert Kitchener? O ministro da Guerra me recomendara, meu regimento concedera licença, o 21º de Lanceiros estava pronto a aceitar-me, não havia nenhum obstáculo. Seria pedir muito? Poderia ele sondar a esse respeito os sentimentos de lorde Salisbury? "Estou certo de que ele fará o possível", foi a resposta. "Tem a maior boa vontade consigo, mas não poderá ir além de um determinado ponto. É provável que se limite a fazer a pergunta de modo a indicar a resposta que desejaria receber. O senhor não deve insistir se a resposta não for favorável." Retruquei que ficaria imensamente grato se ele consentisse em fazer alguma coisa por mim. "Vou procurá-lo imediatamente", concluiu o amável Sir M'Donnell, fiel confidente e assistente de lorde Salisbury em todo o seu longo governo. Anos mais tarde, já em idade avançada, esse homem insistiu em ser mandado às trincheiras da Grande Guerra, onde pouco depois foi morto por um estilhaço de granada. Deixando o jantar, saiu à procura do chefe. Antes que a noite caísse, era expedido um telegrama a Sir Herbert Kitchener dizendo que lorde Salisbury, obviamente sem querer contrariar suas preferências quanto à nomeação de oficiais, ficaria pessoalmente satisfeito se fosse acolhida minha solicitação no sentido de participar das próximas operações, sem que isso viesse prejudicar os serviços públicos. A resposta veio logo: Sir Herbert Kitchener já tinha todos os oficiais de que necessitava e, mesmo no caso de vagas ocorrerem, antes do jovem oficial em questão estavam muitos outros aos quais cumpria dar preferência.

Fui naturalmente informado dessa resposta pouco gentil. Se me faltasse perseverança, sem dúvida nunca teria tomado parte nos emocionantes episódios da batalha de Omdurman. Mas, nesse meio-tempo, aconteceu alguma coisa, que fez reviver as minhas esperanças.

Sir Francis Jeune, uma das glórias do nosso foro, era grande amigo de minha família. Sua esposa, agora Lady St. Helier reunia em casa muitos oficiais e via frequentemente Sir Evelyn Wood, o ajudante-geral. Contou-me ela que Sir Evelyn Wood havia declarado em sua presença, num jantar, que Sir Herbert Kitchener se excedia um pouco na escolha e designação de oficiais recomendados pelo Ministério da Guerra, e que ele, por sua vez, não estava absolutamente disposto a ver o ministério tratado desse modo pelo comandante do que era uma parcela insignificante do exército britânico. O exército egípcio sem dúvida era uma esfera onde a vontade do *sirdar* devia ser autônoma, mas o contingente britânico (uma divisão de infantaria, uma brigada de artilharia e um regimento de cavalaria inglês, o 21º de Lanceiros) constituía uma parte da Força Expedicionária cuja composição competia exclusivamente ao Ministério da Guerra. Disse-me ela que Sir Evelyn Wood falara longamente sobre o assunto. Perguntei-lhe então se ela havia dito a ele que o primeiro-ministro telegrafara pessoalmente em meu favor. "Não", respondeu. "Pois diga e vamos ver se ele defende suas atribuições."

Dois dias depois recebi do Ministério da Guerra uma nota lacônica notificando-me que fora "agregado como tenente extranumerário ao 21º de Lanceiros, para a campanha do Sudão". "Apresente-se imediatamente", dizia a nota, "ao quartel do regimento em Abissiyeh, no Cairo. Fica entendido que as despesas da viagem correrão por sua conta e que, no caso de ser morto ou ferido no decorrer das operações ou por qualquer outro motivo, nenhuma responsabilidade caberá à tesouraria do Exército Britânico."

Oliver Borthwick, filho do proprietário do *Morning Post*, muito influente na orientação desse jornal, fora contemporâneo meu e era um dos meus grandes amigos. Consciente da força da máxima napoleônica de que "a guerra deve sustentar a guerra", consegui naquela mesma noite, por intermédio de Oliver, contratar a remessa de uma série de cartas para o *Morning Post*, a quinze libras por coluna. O presidente da Sociedade de Pesquisas Psíquicas arrancou-me, depois do jantar, a promessa bastante extemporânea de me "comunicar" com ele caso alguma desgraça me acontecesse. Tomei o trem das onze horas para Marselha na manhã seguinte. Minha mãe abanou-me corajosamente, e seis dias depois cheguei ao Cairo.

Reinava grande efervescência nos aquartelamentos de Abissiyeh. Dois esquadrões do 21º de Lanceiros já começavam a subir o Nilo. Os outros dois deviam partir no dia seguinte. Sete oficiais suplementares de outros regimentos de cavalaria haviam sido agregados ao 21º para completar o contingente de campanha. Esses oficiais foram distribuídos no comando de pelotões nos diversos esquadrões. Haviam me reservado um pelotão em um dos principais esquadrões. Mas, em vista dos atrasos e da incerteza de minha chegada, esse comando fora transferido a outro oficial, o segundo-tenente Robert Grenfell, que partira cheio de entusiasmo. Na base, todos pensavam que iríamos chegar tarde demais para a batalha. Os dois primeiros esquadrões talvez chegassem a tempo, mas nem isso era certo. "Imaginem como tenho sorte", escreveu Grenfell à família, "estou à frente do pelotão que devia ser comandado por Winston, e somos os primeiros a partir." A sorte está sempre em atividade em nossa vida e nem sempre podemos notar com precisão o efeito do seu trabalho. Nesse caso, o pelotão foi quase totalmente esfacelado durante a carga desse regimento na batalha de 2 de setembro e seu jovem e destemido comandante morreu. Foi o primeiro dessa nobre linhagem dos Grenfell a derramar seu sangue nas guerras do Império. Dois de seus irmãos mais novos pereceram na Grande Guerra, um deles depois de ter conquistado a Victoria Cross.

O avanço do regimento, 2.200 quilômetros rumo ao coração da África, efetuou-se com a rapidez, a facilidade e a pontualidade que naquele tempo caracterizavam todas as operações de Kitchener. Fomos transportados por via férrea a Assiut; daí, por barcos de roda a vapor, até Assuan. Puxamos os cavalos em torno da catarata de Philae, novamente tomamos o vapor em Shellal; continuamos a viajar quatro dias até o Wadi Halfa e daí vencemos 650 quilômetros através do deserto pela maravilhosa estrada de ferro militar cuja construção selara o destino do poderio dervixe. Exatamente duas semanas depois de ter saído do Cairo, chegamos ao acampamento e base ferroviária do exército, no ponto em que o Atbara deságua no Nilo.

A viagem foi esplêndida. Os excelentes preparativos feitos para assegurar nosso conforto, a alegre companhia, a novidade e o pitoresco do panorama, a excitação e despreocupada jovialidade com que todos esperavam a batalha inevitável, e o papel que ali desempenharia o único regimento de cavalaria inglês daquele exército, tudo se juntava para tornar das mais agradáveis essa aventura. Mas um incessante temor me atormentava e perseguia. Não ouvira no Cairo nem uma palavra contando como Sir Herbert Kitchener recebera minha designação pelo Ministério da Guerra.

Imaginava os telegramas de protesto que ele devia ter enviado e que talvez abalassem a opinião dos que estavam a meu favor. Exagerando, como sempre faz a imaginação, parecia-me ver o ajudante-geral, em Whitehall, seriamente perturbado pelas críticas severas e talvez mesmo pela obstinada resistência do onipotente comandante em chefe. Esperava a todo momento receber contraordem. Além do mais, encontrava-me agora sob o próprio comando do *sirdar*. Nada mais fácil do que pronunciar estas palavras: "Mande-o de volta à base e que venha com a remonta, depois da batalha" ou qualquer outra decisão igualmente detestável. Cada vez que o trem parava numa estação, cada vez que o vapor se aproximava de um ancoradouro, eu examinava a multidão e, quando descobria no meio dela a insígnia de um oficial de estado-maior, concluía imediatamente que minha aventura chegara ao fim. Suponho que um criminoso fugitivo deve passar pelas mesmas emoções em cada estação onde para o trem. Graças a Deus, ainda não existia a radiotelegrafia naquele tempo, pois, do contrário, eu não teria um momento de descanso. Os próprios fios extensíssimos da telegrafia de então já bastavam para me envolver em angústias indizíveis. Mas, pelo menos, havia intervalos de quatro a cinco dias durante os quais prosseguíamos calmamente nosso caminho no grande rio, sem nada que nos ligasse à trepidação do mundo.

À medida que as etapas da viagem se sucediam sem catástrofes, a esperança crescia em meu peito. E, quando atingimos Wadi Halfa, quase recuperara a confiança. Evidentemente, às vésperas de sua mais séria e decisiva batalha, tendo a responsabilidade da concentração e avanço do seu exército, cujos menores detalhes ele resolvia pessoalmente, o *sirdar* tinha mais que fazer do que atrapalhar a vida de um pobre oficial subalterno. Talvez nem lhe sobrasse tempo para discutir com o Ministério da Guerra por telegramas cifrados. Quem sabe se até esquecera o assunto. Melhor ainda, talvez nem lhe tivessem dito nada. E quando na véspera de 14 de agosto atravessamos o Nilo em ferryboat para atingir a margem esquerda, antes de começar a marcha de trezentos quilômetros rumo à capital dervixe, senti-me no direito de pensar, como Agag, que "o gosto da morte havia passado".

Não haviam sido vãos os meus esforços. Sir Herbert Kitchener, segundo vim a saber mais tarde, contentara-se em dar de ombros ao saber de minha nomeação pelo Ministério da Guerra, passando a outros assuntos que, afinal, eram muito mais importantes.

Capítulo 14

A VÉSPERA DE OMDURMAN

Nunca mais veremos algo como a batalha de Omdurman. Foi o derradeiro elo da longa série de combates espetaculares cujo esplendor e majestade tanto concorreram para cercar a guerra de uma auréola de glória. Tudo era visível a olho nu. Os exércitos avançavam e manobravam na superfície lisa das desérticas planícies que o Nilo, ora cor de aço, ora cor de bronze, atravessava em grandes curvas caprichosas. A cavalaria carregava a galope em boa ordem e a infantaria, armada de lanças, a esperava disposta em linhas ou em massas para resistir. Das colinas rochosas, que aqui e ali flanqueavam o imenso rio, toda a cena se desenrolava em seus mínimos detalhes, curiosamente misturada, confundida e, às vezes, até interceptada pelos imaginários lençóis d'água da miragem.

As formas concretas apresentavam-se nitidamente cinzeladas; depois, de repente, fundiam-se na bruma da irrealidade e da ilusão. Enormes massas d'água cintilante, ali onde pensávamos não existir senão deserto, chegavam subitamente à altura dos joelhos e mesmo da cintura das tropas que avançavam. Baterias de artilharia e longas colunas de cavalaria emergiam de um vago mundo de cristal movediço para ressurgir na dura areia ocre e tomar posição entre rochedos eriçados, rubros e escuros, de sombras violáceas. Por cima de tudo isso, a cúpula do céu azul-turquesa, variando até o mais gritante azul, atravessada por um sol flamejante, pesava, esmagadora, sobre as nucas e os ombros da tropa em marcha.

Ao atingir a margem esquerda do Nilo na confluência do Atbara, na noite de 15 de agosto, o 21º de Lanceiros chegou, depois de nove dias de marcha, ao ponto de concentração avançado, exatamente ao norte da catarata de Shabluka. Esse lugar apresenta um caráter muito especial. Através dos 6.400 quilômetros de curso do Nilo, das nascentes ao Mediterrâneo, a natureza lançou uma alta muralha de rochedos. Em vez de fazer um desvio de quinze quilômetros para contorná-lo, o rio preferiu atacá-la de frente e furou ou descobriu uma passagem precisamente no centro da massa do obstáculo. A posição de Shabluka é formidável, portanto. Era impossível a uma força de certa importância remontar a catarata em barcos, mesmo em embarcações a vapor, sem antes contornar, do lado do deserto, toda a linha da cumeada. Uma operação desse gênero teria sido ocasião única para ao exército dervixe postado atrás das colinas de Shabluka e pronto a visar ao flanco de qualquer exército obrigado a fazer esse indispensável movimento de contorno. Compreende-se assim com que alívio Sir Herbert Kitchener soube pela cavalaria, pelas vanguardas e pelos espiões que aquela forte posição não estava defendida pelo inimigo.

Contudo, observaram-se todas as precauções de guerra necessárias para a perigosa travessia do deserto em torno da cadeia de montanhas. Todas as forças montadas fizeram um largo movimento circular. Para nós, que estávamos apenas no flanco interno, a distância a percorrer era, talvez, de quarenta quilômetros, da borda do Nilo ao norte de Shabluka, onde fizéramos provisão de água pela manhã, até nosso bivaque da noite em outro ponto do rio, do lado de Omdurman, ao sul da barreira rochosa. Aqueles dentre nós que, como minha tropa, constituíam a vanguarda, na expectativa de encontrar inimigos atrás de cada moita, quando se arrastavam através das sebes, avançavam de ouvido alerta e de olhos vigilantes, esperando a cada momento os primeiros tiros. Mas, além de alguns cavaleiros, nenhum sinal ou som hostil veio perturbar ou mesmo animar nossa marcha. E quando a vasta planície avermelhou-se à luz do poente, seguimos calmamente nossas sombras até as águas do rio. Enquanto isso, as canhoneiras de fundo chato e os vapores de roda, rebocando fileiras intermináveis de veleiros que transportavam nossos víveres e munições, venceram sem dificuldade a catarata, e, a 43 quilômetros todas as nossas forças, chegadas pelo deserto ou pelo rio, estavam concentradas ao sul dos montes de Shabluka, apenas a cinco etapas, em campo aberto, da cidade que tínhamos ordem de atacar.

A 45 quilômetros, o exército se pôs a caminho para o avanço final. Marchamos em ordem de combate e por etapas de doze a quinze quilômetros apenas, a fim de poupar nossas forças tendo em vista a colisão esperada para cada momento. Não levamos carregamento além do que tínhamos no corpo e na montaria. Toda noite, o Nilo e os navios abasteciam-nos de água e comida. O calor africano, nesse período do ano, é espantoso. Apesar das roupas espessas, o pano sobre a nuca e os capacetes de cortiça de abas largas, sentíamos o sol pesar sobre nós e atravessar-nos com seus raios ardentes. O cantil de lona que pendia da sela, cuja evaporação produzia um agradável frescor, já muito antes do meio-dia estava completamente seco.

Como era delicioso, ao anoitecer, com a infantaria tendo chegado e organizado o bivaque, a cortina de cavalaria desfeita e nós seguindo enfileirados até a beira do Nilo, no crepúsculo de ouro e púrpura, para beber, beber e beber nas suas correntes e abundantes águas.

É claro que toda a cavalaria britânica estava certa de que não haveria batalha. Tolice! Os dervixes existiam realmente ou seriam apenas um mito criado pelo *sirdar* e seu séquito anglo-egípcio? Os bem-informados garantiam que havia, indubitavelmente, muitos dervixes reunidos em Omdurman, mas que haviam decidido evitar o combate e já estavam em retirada por milhares de quilômetros nos caminhos do longínquo Kordofan. "Vamos continuar a marchar desse jeito para o equador, durante meses e meses." Pouco importa, a ocupação era agradável, a vida excelente, a saúde boa, o exército sedutor, a comida suficiente e, pelo menos ao amanhecer e ao anoitecer, água à vontade.

Atravessávamos a cada momento novas regiões e, talvez, qualquer dia víssemos algo novo. Mas, durante um jantar, na noite de 31 de agosto, na barraca dos oficiais ingleses de um batalhão sudanês, aonde eu fora convidado, ouvi opiniões completamente diferentes. "Eles estão lá", diziam aqueles homens que, há dez anos, lutavam contra os dervixes. "Eles darão combate para defender a capital do seu império. Não são dos que fogem. Vamos encontrá-los reunidos diante da cidade." E a cidade agora não estava a mais de trinta quilômetros.

Nossa marcha de 1º de setembro começou, como as outras, em perfeita ordem. Mas, por cerca das nove horas, nossas patrulhas começaram a distinguir algo insólito. A notícia correu pela tropa até os esquadrões: haviam sido vistas manchas brancas e sombras fugidias na brilhante miragem que velava o horizonte ao sul. O esquadrão de que eu fazia parte fora nesse dia empregado exclusivamente para apoiar a cobertura avançada; marchávamos lentamente, refreando nossa crescente agitação. Por volta das 10h30, chegamos ao alto de um largo montículo de areia e vimos diante de nós, a 1,5 quilômetro, se tanto, todas as nossas patrulhas avançadas estacando em extensa linha e observando alguma coisa que aparentemente parecia atravessar-se no seu caminho.

Logo recebemos ordem de fazer alto também, e pouco depois um de nossos oficiais, enviado em reconhecimento; voltou com a notícia decisiva. "Inimigo à vista", exclamou radiante. "Onde?", perguntamos. "Ali, não veem? Olhem aquela grande mancha escura. São eles! Não levantaram acampamento." E continuou seu caminho. Bem notáramos a mancha sombria no horizonte, mas parecera antes uma grande moita de espinhos. Do ponto em que estávamos parados, não se poderia distinguir com exatidão, mesmo com o uso do melhor binóculo. Chegou então o *sergeant-major* do regimento, de volta dos postos avançados.

"Quantos são?", perguntamos.

"Um bom exército, excelente exército", respondeu.

Depois, veio ordem de mandar um tenente, cujo cavalo não estivesse muito cansado, ao coronel, que estava na vanguarda.

"Sr. Churchill", disse o comandante do esquadrão. E parti a galope.

Antes de chegar até onde estava o coronel Martin, na linha avançada, junto a umas dunas, havia uma depressão para atravessar, seguida de outra elevação de terreno.

"Bom dia", disse ele. "O inimigo começou o avanço. Vem rapidamente. Quero que verifique pessoalmente a situação e parta o mais depressa possível, sem arrebentar o cavalo, para informar o *sirdar*. Ele está com a infantaria."

Assim eu ia encontrar Kitchener. Ficaria surpreendido ao me ver? Ou indignado? Diria: "Que diabo veio o senhor fazer aqui? Creio ter dito que não viesse." Iria me receber com indiferença desdenhosa? Iria contentar-se em ouvir minha parte sem se dar ao trabalho de perguntar meu nome? Seja como for, não poderia encontrar melhor razão de serviço para abordar esse grande homem do que esta; anunciar-lhe que um exército hostil avançava contra ele. A ideia do encontro me interessou e me animou quase tanto quanto a da batalha, e as possibilidades na retaguarda não me pareciam menos atraentes e eram, de certo modo, até mais formidáveis do que a presença do inimigo à nossa frente.

Depois de ter conscienciosamente observado o inimigo e ouvido tudo o que me cabia relatar ao *sirdar*, voltei a galope para vencer os dez quilômetros de deserto que separavam a cavalaria avançada do grosso do exército. O calor estava horrível, e como tinha quase certeza de que iríamos combater a cavalo a tarde inteira, tomei com minha montada o cuidado que me permitia a urgência da missão. Em consequência, precisei de quase quarenta minutos para chegar à vista da massa da infantaria.

Parei um momento para dar alento ao cavalo e contemplar a cena do alto de uma colina rochosa de onde se podia ter uma vista geral. O espetáculo era realmente magnífico. O exército anglo-egípcio avançava em linha de combate. Cinco sólidas brigadas, cada uma composta de três ou quatro batalhões de infantaria, marchavam em colunas abertas escalonadas ao longo do Nilo. Por detrás dessas enormes massas de homens seguiam as longas fileiras da artilharia; mais longe ainda, vinham as intermináveis caravanas de camelos com suprimentos. Sobre o rio, em frente à brigada principal, movia-se o conjunto das embarcações a vela completamente carregadas, rebocadas por vinte barcos a vapor; e desse conjunto emergiam brilhando sinistramente ao sol, sete ou oito grandes canhoneiras brancas, prontas para a ação. No flanco do deserto, em direção ao inimigo, uma dúzia de esquadrões de cavalaria egípcia, a grande distância uns dos outros, apoiava a linha de vanguarda, enquanto, muito mais atrás, quase no horizonte, desenhavam-se as longas colunas cinzentas e cor de chocolate do comboio de camelos, como complemento desse imenso panorama.

Refeito o cavalo, pois não queria chegar com a montaria estrompada, dirigi-me para o centro da massa de infantaria. Não tardei em notar, à frente, uma grande cavalgada seguida pela radiosa bandeira vermelha. Aproximando-me, vi o pavilhão do Reino

Unido ao lado da bandeira egípcia. Kitchener avançava sozinho a cavalo, a uma dezena de metros do estado-maior. Seus dois porta-bandeiras vinham imediatamente atrás dele, e os principais oficiais do estado-maior do exército anglo-egípcio formavam o séquito, exatamente como eu vira nas gravuras.

Aproximei-me em ângulo, descrevi um semicírculo, coloquei meu cavalo ao lado e um pouco atrás do *sirdar* e fiz continência. Era a primeira vez que me aproximava desse homem notável, já tão conhecido, cuja fisionomia deveria mais tarde e, sem dúvida por diversas gerações, tornar-se familiar ao mundo inteiro. Ele voltou para mim o rosto sério. Seus bigodes espessos, a curiosa expressão de seus olhos inquietos, as maçãs do rosto e o queixo crestados e quase rubros, causavam profunda impressão.

"Senhor, venho do 21º de Lanceiros com um relatório."

Mandou que eu continuasse. Descrevi então a situação nos termos que estudara durante a corrida para me exprimir com a maior clareza e brevidade possível. O inimigo estava à vista, aparentemente numeroso; suas forças principais encontravam-se a cerca de onze quilômetros, quase em linha reta entre nossa posição atual e a cidade de Omdurman. Até as onze horas permanecera estacionário, mas então pusera-se em movimento e, quando parti, havia quarenta minutos, ainda avançava rapidamente.

Ouviu o relato em completo silêncio; nossos cavalos escavavam a areia enquanto seguíamos lado a lado. Depois de certa pausa, perguntou: "Você disse que o exército dervixe está avançando. Na sua opinião, de quanto tempo disponho?" Minha resposta foi instantânea: "Tem pelo menos uma hora e, provavelmente uma hora e meia, senhor, mesmo que eles mantenham a velocidade." Kitchener sacudiu a cabeça de um modo que não indicava se aceitava ou não meu cálculo, e depois, com uma ligeira inclinação, indicou-me a despedida. Fiz continência, retive o cavalo e deixei passar o séquito.

Pus-me então a calcular ansiosamente as velocidades e distâncias para ver se minha resposta precipitada era razoável. Notei que não me enganara muito. Tomando seis quilômetros por hora como a velocidade máxima com a qual os dervixes poderiam percorrer os onze quilômetros que os separavam de nós, hora e meia não era exagerado.

Essa meditação foi interrompida por uma voz amiga: "Venha almoçar conosco." Era um oficial de Sir Reginald Wingate, diretor de Informações do Exército. Apresentou-me ao seu chefe, que me acolheu cordialmente. Inútil dizer que uma boa refeição, um amigo e a possibilidade de obter informações de primeira mão sobre os acontecimentos em perspectiva eram-me muito agradáveis. Nesse ínterim, vi a infantaria formar em linha aberta, fazendo arco contra o Nilo; rapidamente eram cortadas as moitas de espinhos para fazer uma cerca de proteção. De repente, bem à nossa frente, levantaram um muro de latas de biscoitos recoberto por grande tela de encerado branco, sobre a qual se colocaram garrafas de amável aparência, bem como grandes pratos de excelente carne de conserva e picles variados. Espetáculo tão reconfortante, aparecendo como por encanto no deserto, exatamente antes da batalha, encheu meu coração de um reconhecimento muito mais profundo do que o que ordinariamente se experimenta ao recitar a ação de graças.

Todos apearam e os ordenanças levaram os cavalos. Durante a refeição, perdi Kitchener de vista. Parecia ter-se afastado do seu estado-maior. Talvez fizesse a refeição diante de uma pilha particular de latas de biscoitos, ou nem fizesse refeição alguma: isso eu não sabia e pouco me importava. Concentrei toda a minha atenção na carne e nas bebidas frescas. Toda gente estava de bom humor, todos entusiasmados. Era como um almoço antes do derby. Lembro-me de estar ao lado do representante do Estado-Maior Alemão, barão Von Tiedemann. "Hoje é 1º de setembro", disse ele, "o *nosso* grande dia e agora também o *vosso* grande dia: Sedan e Sudão." Ele próprio achou muita graça nisso e ficou repetindo várias vezes o trocadilho aos convidados, alguns dos quais o interpretaram como sarcasmo.

"Vamos ter mesmo uma batalha?", perguntei ao general Wingate. "Evidentemente", respondeu. "Quando? Amanhã?" "Não, agora mesmo, dentro de uma ou duas horas." Era um momento estupendo, e eu, pobre tenente, ali estava, manejando os talheres energicamente, na atmosfera de contagiosa alegria de todas aquelas personalidades militares.

Enquanto isso, podiam-se ver as linhas de infantaria rapidamente dispostas em ordem de combate, e as barreiras de espinhos crescendo diante delas de minuto a minuto. Mais adiante, era a planície de areia, que se elevava em leve declive desde o rio até uma elevação em forma de crescente, atrás do qual se encontravam os primeiros postos de cavalaria, e, sem dúvida, as forças inimigas sempre em marcha. Uma hora depois, toda essa arena regurgitaria de dervixes em plena carga, cobrindo-se de mortos, enquanto as linhas da infantaria, por detrás do disfarce de sarças, abririam fogo cerrado e todos os canhões troariam. Naturalmente seríamos vencedores. Naturalmente eles seriam esmagados. Todavia, esses mesmos dervixes, malgrado toda a precisão de nossas armas modernas, mais de uma vez, como em Abu Klea e em Tamai, haviam rompido o quadrado britânico e por diversas vezes destroçaram as linhas de frente das tropas egípcias. Reconstituía, na imaginação, diversas variantes desta batalha que parecia tão iminente e tão próxima. Nesse momento, como para proclamar a inauguração do combate — *Bang! Bang! Bang!* —, rompeu o troar da bateria que atirava de uma ilha contra o túmulo do Mahdi, em Omdurman.

Mas não deveria haver batalha no dia 1º de setembro. Mal voltara ao meu esquadrão, na linha de frente, o exército dervixe estacou e, depois de uma saraivada de *feu de joie*, parecia organizar-se para passar a noite. Vigiamo-lo toda a tarde e toda a noite: nossas patrulhas tiveram algumas escaramuças com as deles. Só quando a noite caiu completamente voltamos para o Nilo e recebemos ordem de abrigar nossos homens e cavalos atrás da *zeriba* (a cerca de espinhos) sob a ribanceira da margem do rio.

Nessa posição segura, mas pouco interessante, soubemos de fonte certa que o inimigo ia atacar durante a noite. As penas mais severas ameaçavam aquele que, fosse qual fosse a circunstância, mesmo para salvar a vida, detonasse a pistola ou a carabina no interior do perímetro da barreira de espinhos. Se os dervixes rompessem a linha e penetrassem no acampamento, nos defenderíamos a pé, combatendo de lança ou espada. Consolamo-nos que o primeiro batalhão de granadeiros e o batalhão da brigada de carabineiros ocupavam a linha da cerca, a cem metros dali, logo acima de nós. Entregando a sorte nas mãos dessas tropas excelentes, tratamos de preparar o jantar.

Sobreveio então feliz incidente. Passeando com um de meus camaradas na ribanceira, ouvi alguém chamar de uma das canhoneiras que estavam a cinco ou dez metros da margem. A embarcação era comandada por um tenente chamado Beatty, que durante muito tempo servira na flotilha do Nilo e estava destinado à glória nos mares. Os oficiais da canhoneira, imaculados em seus uniformes brancos, achavam-se ansiosos por saber o que a cavalaria tinha visto. Não nos fizemos de rogados para informá-los. Mantivemos animada palestra à distância, enquanto o sol descia no ocidente. Os oficiais de marinha ficaram satisfeitíssimos ao saber da ordem que proibia o uso de armas de fogo no interior da cerca e fizeram lúgubres piadas à nossa custa. Entre outros, ofereceram-nos hospitalidade a bordo da canhoneira, em caso de desgraça. Recusamos dignamente o convite e exprimimos nossa confiança na decisão de só nos servirmos de lanças e espadas de cavalaria, a pé, nas dunas de areia, na noite escura, contra um enxame de dervixes. Depois dessa caçoada, sobreveio o feliz incidente.

"E para beber, que é que vocês têm? Aqui a bordo há tudo o que se pode desejar. Conseguem apanhar?", e quase ao mesmo tempo bojuda garrafa de champanhe foi projetada da canhoneira para a margem. Caiu nas águas do Nilo, que, felizmente, por desígnio da Providência, não eram ali profundas e corriam sobre fundo lodoso. Meti-me n'água até os joelhos, agarrei a preciosa garrafa, que triunfalmente levamos para a barraca dos oficiais.

Essa guerra era cheia de imprevistos e incidentes palpitantes. Não era como a Grande Guerra. Ninguém pensava em ser morto. Aqui e ali, em cada regimento ou cada batalhão, meia dúzia, vinte, na pior hipótese, trinta ou quarenta homens teriam de pagar tributo à guerra: mas, para a massa dos que combatiam nas pequeninas campanhas do Império Britânico, nessa época descuidosa e desaparecida, a guerra não era mais do que um esporte e um jogo atraente. A maioria dentre nós iria tomar parte noutra guerra em que o acaso desempenhava outro papel, onde a morte era regra geral, os ferimentos graves eram considerados uma felicidade, onde brigadas inteiras eram ceifadas pela onda de aço da artilharia e da metralha, e onde os sobreviventes de um furacão sabiam que, na certa, deveriam sucumbir no furacão seguinte.

Tudo depende da escala de acontecimentos. Para nós, jovens que dormimos nessa noite a cinco quilômetros de 60 mil dervixes fanáticos e bem-armados, esperando a cada instante o seu violento ataque e seguros de combater, o mais tardar quando o dia amanhecesse, deve haver alguma benevolência que nos escuse de termos então pensado que enfrentávamos uma verdadeira guerra.

Capítulo 15

AS SENSAÇÕES DE UMA CARGA DE CAVALARIA

Muito antes da madrugada já estávamos de pé. Mais ou menos às cinco horas, o 21º de Lanceiros a cavalo entrou em forma do lado de fora da cerca de espinhos. O comandante do meu esquadrão, major Finn, prometera, dias antes, não me esquecer quando se apresentasse oportunidade. Temia que a missão de que me encarregara junto a lorde Kitchener, no dia anterior, lhe parecesse suficiente; mas ele me chamou novamente e encarregou-me de avançar com uma patrulha para um reconhecimento na colina entre o pico rochoso do *djebel* [morro] Surgham e o rio. Outras patrulhas do nosso esquadrão e da cavalaria egípcia foram também enviadas às pressas, na obscuridade. Tomei seis homens e um cabo. Galopamos pela planície e começamos a subir a misteriosa encosta, a caminho da colina e do desconhecido. Nada se compara à alvorada. O quarto de hora que precede o levantar do pano sobre uma situação que se ignora é dos momentos de emoção mais intensos de uma guerra. A colina estaria ou não ocupada pelo inimigo? Iríamos, naquela escuridão, cair entre milhares de selvagens ferozes? Cada passo podia ser mortal; e, no entanto, não tínhamos tempo suficiente para precauções. O regimento nos seguia e o dia ia apontar. Já estava quase claro quando escalamos o alto da encosta. No cimo, que encontraríamos? Recomendo momentos como esse aos amantes de emoções.

Estamos agora quase no alto da colina. Ordeno a um dos homens que nos siga a cem metros para que, em face de qualquer acontecimento, possa relatar o que se tenha passado. Nenhum ruído além do que fazem nossos cavalos. Chegamos ao cimo. Fazemos alto. De minuto a minuto o horizonte se amplia. Podemos ver a duzentos metros. Agora já conseguimos distinguir a cerca de quatrocentos. Tudo calmo. Nem um sopro de vida, salvo nossa própria respiração, entre montículos rochosos e a areia da duna. Nada de emboscada nem de ocupação numerosa. A planície longínqua está deserta em derredor. Podemos agora ver a mais de oitocentos metros.

Recuaram, então! Exatamente como dizíamos! Fugiram todos para Kordofan: não haverá combate! Um momento. A aurora avança rapidamente, levantando um após outro os véus que dissimulavam o panorama. Que cintilação será essa no horizonte? A claridade aumenta. Que manchas de sombra são essas sob a luz da manhã? *São eles!* Essas enormes manchas sombrias são milhares de homens, a cintilação é das armas à luz do sol nascente. Já é dia. Desmonto, escrevo na caderneta de campanha: "Exército dervixe ainda em posição a 2.500m ao sudoeste do *djebel* Surgham" e mando a mensagem, pelo cabo, ao comandante em chefe, marcando-a com *XXX*, que no livro de exercícios significa "urgentíssimo", e para nós "a toda!".

Uma estupenda alvorada começa atrás de nós; mas estamos muito ocupados em admirar outra coisa. A claridade já é suficiente para usar binóculos. As massas sombrias mudam de tom, tornam-se mais claras na planície. Então parecem esbranquiçadas, enquanto a planície é parda. Diante de nós se estende um vasto exército, por uns oito quilômetros. Enche o horizonte até tapá-lo completamente à nossa direita, no local em que se eleva a silhueta recortada do *djebel* Surgham. Momento digno de ser vivido. Montamos novamente; súbito, novas impressões nos vêm aos olhos e ao espírito. As massas não estão estacionadas; avançam, e avançam depressa. É uma maré montante. Que ruído será esse que nos chega aos ouvidos em ondas crescentes? Aclamam Deus, seu Profeta e o santo Califa. Julgam que sairão vitoriosos. Vamos ver! Contudo, devo admitir que retivemos nossos cavalos e hesitamos um instante sobre a colina antes de começar a descer a outra vertente.

Mas já é pleno dia, e o sol oblíquo vem cobrir a cena. Aquilo é um enxame de homens marchando enfileirados, com suas armas cintilantes sobre as quais flutuam milhares de ricos estandartes. Vemos com nossos olhos o espetáculo que os cruzados contemplaram. É preciso ver de mais perto. Galopo em direção às dunas onde ontem o 21º de Lanceiros fez alto. Ali estamos apenas a quatrocentos metros daquela multidão. Paramos novamente e dou ordem de atirar a quatro de meus homens. O inimigo se lança qual um mar enfurecido. Ouve-se o crepitar da fuzilaria diante de nós e à nossa esquerda. Jatos de poeira levantam-se entre as dunas. Não é lugar para um cristão! Voltamos ao pico e, quase no mesmo instante, chega o cabo num cavalo estafado, diretamente da barraca de Kitchener, com uma ordem assinada pelo chefe do seu estado-maior: "Fique enquanto puder e informe o movimento da massa do inimigo." Que se pode desejar de melhor? Aí está uma oportunidade! A cavalo, de manhã, à distância de um tiro de fuzil do exército inimigo que avança, no melhor posto de observação e em ligação direta com o quartel-general!

Ficamos então sobre o *djebel* durante cerca de meia hora mais, e assisti, o mais perto possível, a uma cena que pouca gente terá presenciado. Todos os contingentes, exceto um, permaneceram um momento fora de nossa visão, por trás do *djebel* Surgham. Uma divisão de 6 mil homens, pelo menos, avançava diretamente para a colina. Já começava a escalar as primeiras encostas. De onde estávamos, do alto de nossos cavalos, podíamos ver os dois lados. Nosso exército, disposto e concentrado junto ao rio. As canhoneiras esperando. Todas as baterias prontas para abrir fogo. Enquanto isso, do outro lado, a imensa aglomeração colorida galgava em boa ordem para a crista da colina. Estava a cerca de 2.300 metros de nossas baterias, porém nós a duzentos metros, apenas, dos alvos vivos que se aproximavam. Chamei esses dervixes os "bandeiras brancas". Faziam-me pensar nos exércitos das tapeçarias de Bayeux, em virtude dos estandartes brancos e amarelos que levavam erguidos sobre as cabeças. O centro das forças dervixes, ao longe, na planície, chegara agora ao alcance do canhão, e baterias inglesas e egípcias abriram fogo. Meus olhos estavam presos, contudo, à cena muito mais próxima, os "bandeiras brancas" estacaram para reorganizar as fileiras, e entraram em forma numa larga e compacta barreira humana na crista. O canhoneio dirigiu-se sobre eles. Duas ou três baterias e todas as canhoneiras, trinta peças pelo menos, abriram fogo intenso. Os obuses silvaram em nossa direção, explodindo às dezenas sobre as cabeças e o grosso dos "bandeiras brancas". Estávamos tão perto, petrificados em nossos cavalos, que quase participamos do perigo que eles corriam. Vi o sopro devastador da morte abater-se em cheio sobre a muralha de homens. Os estandartes caíram às dúzias e homens, às centenas. Largas brechas e montes de corpos se formaram em suas filas. Víamos quando saltavam e viravam cambalhotas com a explosão dos estilhaços. Mas nenhum voltou as costas. Fila após fila, continuavam a avançar para nossas linhas, abrindo intensa fuzilaria, que os cercava de fumaça.

Até então, ninguém notara nossa presença; mas vi cavaleiros baggaras, em fila de dois e três, atravessarem a planície a galope à esquerda do nosso posto de observação, a caminho do *djebel*. Uma dessas patrulhas de três homens chegou ao alcance de um tiro de revólver. Eram sombrias silhuetas embuçadas, como monges a cavalo, terríveis e sinistros brutos armados de longas lanças. Atirei, e desapareceram. Não via por que deixarmos de nos manter nessa colina durante o assalto. Pensava em deslizar sorrateiramente até o Nilo e observar assim toda ação até o final, fora do alcance do inimigo. Mas, nesse momento, chegou uma ordem categórica do major Finn, que eu esquecera durante minha correspondência com o comandante em chefe, dizendo: "Volte imediatamente para a cerca, porque a infantaria vai abrir fogo." Na realidade, teríamos ficado muito melhor sobre a nossa colina, pois chegamos às linhas da infantaria precisamente no momento em que a fuzilaria começou.

Neste relato de impressões pessoais não tenho a intenção de apresentar uma descrição da batalha de Omdurman. Ela foi descrita tantas vezes, e com tão precisos detalhes militares, que os interessados nesses assuntos conhecem perfeitamente tudo o que ali se passou. Contento-me, portanto, em resumir as fases da batalha na medida necessária à exposição de minhas próprias sensações.

Todo o exército do califa, cerca de 60 mil homens, avançou em ordem de batalha do acampamento em que passara a noite, subiu a encosta que escondia os dois exércitos um do outro, para depois descer no anfiteatro em suave declive até a arena onde, com as costas no Nilo, os 20 mil homens do exército de Kitchener o esperavam em ombro a ombro. O antigo e o moderno iam se defrontar. As armas, o método e o fanatismo da Idade Média iam entrar, por extraordinário anacronismo, em colisão com a organização e as invenções do século XIX. O resultado não foi surpreendente. À medida que os descendentes dos sarracenos desciam pelas suaves rampas que conduziam ao rio e ao inimigo, eram recebidos pela fuzilaria das duas e meia divisões de infantaria perfeitamente instruídas, dispostas em duas fileiras cerradas e sustentadas pelo fogo de pelo menos setenta canhões na margem do rio e nas canhoneiras, todos atirando com grande precisão. Sob a saraivada de aço o ataque esfacelou-se e estacou, deixando no terreno 6 ou 7 mil homens, a setecentos metros, pelo menos, da linha anglo-egípcia. O exército dervixe possuía, no entanto, cerca de 20 mil fuzis de marcas diversas, desde os mais antigos até os mais modernos; e quando os soldados armados de lança não puderam continuar seu avanço, esses fuzileiros deitaram-se em terra e abriram um tiroteio desordenado, sem precisão, mas formidável, contra a linha escura da cerca protetora. Só então começaram a infligir baixas, e durante o momento em que durou essa fuzilaria caíram quase duzentos homens das tropas inglesas e egípcias.

Vendo o ataque rechaçado com grandes perdas para o inimigo, e percebendo que estava mais perto de Omdurman do que as forças dervixes, Kitchener dispôs imediatamente suas cinco brigadas em formação escalonada e, com o flanco esquerdo apoiado no rio, avançou rumo sul para a cidade, com a intenção de cortar o que ele considerava "restos do exército dervixe" de sua capital, de seu reabastecimento em água e víveres, expulsando-os para os vastos desertos que por todos os lados circundavam a cidade. Mas os dervixes estavam longe de ser vencidos. Toda a sua ala esquerda, tendo ficado fora do alcance do tiro, não chegara a entrar em fogo. A reserva do califa, cerca de 15 mil homens, achava-se ainda intacta. Essa multidão avançava agora com uma coragem a toda prova, para atacar as forças inglesas e egípcias que não se encontravam mais dispostas em formação de combate e marchavam livremente pelo deserto. Esse segundo choque foi muito mais crítico do que o primeiro. As cargas dos dervixes chegaram a cem ou duzentos metros das tropas, e a brigada sudanesa, que formava a retaguarda, atacada por dois lados ao mesmo tempo, só escapou à destruição graças à habilidade e firmeza do seu comandante, general Hector Macdonald. Apesar de tudo, a disciplina e as máquinas modernas triunfaram sobre a coragem desesperada, e, depois de terrível carnificina que deixou certamente mais de 20 mil vítimas amontoadas no solo, toda a massa de dervixes dissolveu-se em fragmentos e parcelas, dissipando-se nas fantásticas miragens do deserto.

A cavalaria egípcia e o corpo de cameleiros tinham protegido o flanco direito da cerca quando ela foi atacada, e o 21º de Lanceiros era o único corpo de cavalaria no flanco esquerdo mais próximo de Omdurman. Imediatamente depois de ter sido repelido o primeiro ataque, recebemos ordem de abandonar a cerca, de informarmo-nos sobre as tropas inimigas, que ainda se mantinham entre Kitchener e a cidade, e, se possível, repelir essas forças a fim de abrir caminho ao exército que avançava. Naturalmente, um oficial comum sabe muito pouco do que se está passando em todo o campo de batalha. Esperamos perto de nossos cavalos, durante o primeiro ataque, junto à margem do rio, protegidos por suas altas ribanceiras das balas que passavam sibilando sobre nossas cabeças. Logo que o fogo começou a diminuir de intensidade e se generalizou o rumor de que o ataque fora repelido, chegou a galope, acompanhado de seu estado-maior, um general, que nos deu ordens de montarmos novamente para avançar. Em dois minutos, os quatro esquadrões estavam a cavalo e trotavam em direção ao sul. Subimos novamente as rampas do *djebel* Surgham, que haviam desempenhado papel saliente no princípio da ação, e do alto avistamos toda a planície de Omdurman, com sua vasta cidade de barro, seus minaretes e cúpulas que se estendiam diante de nós a dez ou doze quilômetros de distância. Depois de fazer alto várias vezes, avançamos em colunas de pelotões. São quatro pelotões num esquadrão e quatro esquadrões num regimento. Esses pelotões iam agora em fila, um atrás do outro. Eu comandava o segundo pelotão da retaguarda, que se compunha de vinte a 25 lanceiros.

Todo mundo esperava uma carga, ideia fixa de todos nós desde que saíramos do Cairo. Evidentemente, haveria uma carga! Nessa época, antes da guerra dos bôeres, a carga era quase tudo o que sabia fazer a cavalaria inglesa. Era nitidamente para um ataque decisivo. Mas contra quem, em que terreno, em que direção, com que objetivos se desenvolveria a carga? Em nossas fileiras, todos ignoravam. Continuávamos a trotar sobre a areia dura, num estado de excitação mal contida, tentando perscrutar a planície, deformada pela miragem. Nesse momento notei a trezentos metros de nosso flanco, e paralelamente à linha em que avançávamos, uma extensa fileira de pontos azuis e pretos que mantinham entre si intervalos de dois ou três metros. Pareceram-me cerca de 150. Logo verifiquei que eram homens, inimigos agachados ao solo. Quase ao mesmo instante o clarim soou "a galope", e toda a longa coluna de cavalaria começou a avançar aceleradamente em direção às silhuetas. Estávamos em plena atmosfera de batalha. Reinava completo silêncio. De cada um dos pontos azuis e pretos saía uma nuvem de fumo branco. Uma fuzilaria rompeu a estranha quietude. Oferecíamos tamanho alvo, a tão curta distância, que o tiro era fácil; ao longo da coluna cavalos empinaram e homens caíram.

A intenção do nosso coronel fora, sem dúvida, contornar o flanco do corpo de dervixes que localizara, e que, dissimulados por um acidente de terreno atrás dos fuzileiros, estavam ainda invisíveis, e depois atacá-los de uma posição mais favorável. Mas, uma vez aberto o fogo e as perdas começando a aumentar, ele julgou pouco prudente prolongar essa procissão pela planície descoberta. O clarim soou: "Rodar à direita, em linha", e os dezesseis pelotões defrontaram os atiradores azuis e pretos. Logo a seguir, o regimento partiu a galope e o 21º de Lanceiros atirou-se à sua primeira carga de guerra.

Pretendo descrever com a maior exatidão o que me aconteceu, o que vi e o que senti. Tantas vezes rememorei essas impressões que ainda hoje as conservo tão claras e vivas como há 25 anos. O pelotão que eu comandava, ao rodarmos à direita entrando em linha, passou a ser o segundo à direita do regimento. Eu montava um cavalo árabe de polo, tordilho firme e ágil. Antes de girar à direita e partir a galope, todos os oficiais levavam na mão a espada. Por causa do meu ombro, já decidira havia muito que, se nos envolvêssemos em combate corpo a corpo, me serviria da pistola e não da espada. Comprara em Londres uma Mauser automática do último modelo. Cuidadosamente me exercitara no manejo dessa arma durante a marcha e na viagem rio acima; com essa arma iria combater. Mas precisava antes reembainhar a espada, o que não foi fácil, a galope. Depois, precisava ainda tirar a pistola do estojo de madeira e pô-la em estado de funcionar. Essas duas operações me tomaram certo tempo, durante o qual, à parte alguns olhares à minha esquerda para verificar o efeito da fuzilaria, não pude ver a cena geral.

Diante de mim notei, porém, à distância de metade de um campo de polo, as silhuetas aglomeradas atirando freneticamente, envolvidas numa nuvem de fumaça branca. A direita e à esquerda, meus vizinhos comandantes de pelotão formavam ainda uma excelente linha. Logo depois vinha a extensa fileira móvel das lanças abaixadas para a carga. Íamos num galope rápido, mas regular. O tropel dos cavalos e as detonações não nos deixavam ouvir o sibilar das balas. Depois de espiar à direita, à esquerda e para o meu pelotão, voltei novamente o olhar para o inimigo. A cena se transformara subitamente. Os pontos azuis e pretos continuavam a atirar. Por trás deles aparecia uma espécie de depressão, como uma estrada intransitável, regurgitante de homens que se erguiam do solo onde estavam dissimulados. Flamejantes bandeiras flutuaram como por milagre, e eu vi, saindo do nada, emires a cavalo em volta e no seio da massa de inimigos. Os dervixes, reunidos em dez ou doze fileiras nos pontos mais compactos, formavam enorme aglomeração cinzenta, faiscante de aço, que enchia o leito dessecado de um rio. No mesmo instante, observei também que a nossa direita ia de encontro à esquerda do inimigo, que a minha tropa ia ferir com precisão a ala contrária e que a tropa à minha direita investia contra o vácuo. Meu companheiro de direita, Wormald, do 7º de Hussardos, compreendeu a situação e, ao mesmo tempo, aceleramos o galope, dando à carga a forma de uma lua crescente. Não havia tempo para ter medo ou pensar em nada além das ações necessárias que acabo de descrever. Elas ocupavam inteiramente nosso espírito e nossos sentidos.

Aproximava-se a colisão. Percebi imediatamente diante de mim, a menos de dez metros, dois homens azuis deitados no meu caminho, à distância de uns dois metros um do outro. Passei no meio dos dois. Atiraram ao mesmo tempo e atravessei a fumaça, consciente de não ter sido atingido. O soldado que vinha atrás de mim foi morto no mesmo lugar e no mesmo momento, não sei se pelos mesmos tiros. Sofreei o cavalo sentindo que lhe faltava terreno sob os pés. O brioso animal saltou como um gato, cerca de um metro e meio adiante, no leito seco do arroio, e eu me vi instantaneamente cercado por um grupo que me pareceu constar de uns doze homens. Não estavam a tal ponto próximos que eu tivesse de entrar realmente em corpo a corpo com eles, como fez à minha esquerda o pelotão de Grenfell, que foi obrigado a parar e sofreu pesadas perdas. Nós conseguimos abrir passagem entre o inimigo, tal como às vezes se vê a polícia montada forçar caminho na multidão. Em menos tempo do que posso contar, meu cavalo galgou a outra margem do arroio, e eu pude olhar em torno de mim.

Estava de novo sobre a areia firme do deserto, e minha montaria ia a trote. Parecia-me que os dervixes, espalhados, corriam de um lado para outro em todas as direções. Na minha frente um homem atirou-se ao chão. O leitor deve estar lembrado de que como oficial de cavalaria eu aprendera que, quando a cavalaria consegue romper uma massa de infantaria, esta última fica à sua mercê. Minha primeira impressão foi de que esse homem se deixara tomar de terror. Mas, ao mesmo tempo, vi o brilho de sua espada curva, enquanto ele se preparava para golpear os tornozelos do meu cavalo. Mal pude desviar o animal, e desfechei dois tiros de revólver a três metros de distância. Refiz-me na sela, e logo a seguir avistei um outro homem com a espada erguida. Atirei. Estávamos tão juntos um do outro que meu revólver o tocou. Homem e espada desapareceram debaixo de mim, atrás de mim. À minha esquerda, a dez metros, vi um cavaleiro árabe metido numa túnica de cor espalhafatosa, com um capacete de aço e penduricalhos de malhas. Atirei, e ele virou para o lado. Pus o cavalo a passo e novamente olhei em torno de mim.

Em certo sentido, uma carga de cavalaria assemelha-se muito à vida de nossos dias. Quando se está intacto, firme na sela, bem-montado e bem-armado, é fácil livrar-se do adversário. Mas, se se perde um estribo, a rédea é cortada, a arma cai, se o cavalo ou o cavaleiro são feridos, os inimigos se precipitam de todos os lados. Foi esse o destino de mais de um dos meus camaradas do pelotão à esquerda. Tendo que estacar diante da massa dos dervixes, assaltados por todo lado, atacados a lança e a espada, o inimigo em fúria obrigou-os a desmontar e os destroçou. Mas naquele momento eu não via nem compreendia coisa alguma. Continuava otimista. Pensava que nos mantínhamos senhores da situação, calcando o inimigo aos pés de nossos cavalos, dispersando-o, massacrando-o. Sofrenei o cavalo e olhei em redor. Havia à minha esquerda um grupo de quarenta ou cinquenta dervixes que se juntavam, apertando-se uns contra os outros para se protegerem. Pareciam loucos de raiva, batiam com os pés, sacudiam as lanças para baixo e para cima. Toda a cena parecia oscilar. Tive a impressão — muito vaga para que pudesse defini-la — de que havia lanceiros misturados aqui e ali àquela multidão movediça. Os poucos indivíduos na minha vizinhança imediata não tentaram molestar-me. Mas onde estava o meu pelotão? Onde estavam os outros pelotões do esquadrão? A cem metros, eu não podia distinguir um único oficial, um único soldado. Reparei novamente na massa de dervixes. Vi dois ou três atiradores que se ajoelhavam e apontavam em minha direção. Então, pela primeira vez naquela manhã, experimentei uma brusca sensação de medo. Senti-me inteiramente só. Acreditei que os atiradores iam me atingir e os outros me devorariam como lobos. Que idiota eu fora em me arriscar assim no meio dos inimigos! Firmei-me na sela, esporeei o cavalo para lançá-lo a galope e, velozmente, me afastei da confusão. Duzentos ou trezentos metros mais adiante, tornei a encontrar meu pelotão, que já tinha feito meia-volta e se refizera parcialmente.

Pouco adiante, os três pelotões do esquadrão também se recompunham. Súbito, um dervixe surgiu entre meus homens. Donde teria saído? Talvez saltasse de algum buraco ou moita. Todos se precipitaram sobre o homem, lança em riste; mas ele se esquivou, correndo de um lado para outro, estabelecendo momentânea mas grande confusão. Várias vezes ferido, avançou cambaleante sobre mim, de arma levantada. Alvejei-o à distância de menos de um metro. Caiu na areia para não mais levantar. Como é fácil matar um homem! Mas não sobrava tempo para pensar nessas coisas. Percebendo que esvaziara minha Mauser, introduzi de novo um pente de dez cartuchos, antes de refletir em qualquer outro assunto.

Ainda estava sob a impressão de que infligíramos pesadas perdas ao inimigo, e que, de nosso lado, havíamos sofrido pouco. No meu pelotão faltavam apenas três ou quatro homens. Seis homens e nove ou dez cavalos foram feridos por lançaços ou golpes de espada. Esperávamos receber imediatamente nova ordem para carregar. Estávamos todos a postos, embora extenuados. Muitos soldados pediam autorização para atirar fora as lanças e servir-se da espada. Perguntei ao meu segundo-sargento se se divertira muito. Respondeu: "Não posso dizer que me diverti, senhor, mas creio que na próxima vez já estarei acostumado." E ouvindo essa resposta, toda a tropa achou muita graça.

Nesse momento, porém, vindo da direção em que estava o inimigo, apareceu uma sequência de figuras em lamentável estado. Cavalos perdendo sangue a jorros, debatendo-se sobre três patas, homens cambaleantes, outros com feridas medonhas, pedaços de lanças enfiadas nos corpos, rostos e braços talhados, os intestinos de fora, homens arquejantes, chorando, urrando, desfalecendo e morrendo. Nosso primeiro dever era socorrê-los. E enquanto isso, nossos chefes tiveram tempo de recobrar o sangue-frio. Lembraram-se então, pela primeira vez, de que possuíamos carabinas. A maior confusão reinava ainda, mas as trombetas soaram, as ordens foram dadas, e partimos a galope contra o flanco do inimigo. Chegados a uma posição de onde podíamos enfiar o curso d'água, dois esquadrões foram desmontados e, em poucos minutos, começava a fuzilaria a trezentos metros, obrigando os dervixes a baterem em retirada. Éramos, portanto, senhores do campo de batalha. Vinte minutos depois de entrar em linha para iniciar a carga, fazíamos alto e comíamos alguma coisa no próprio leito seco do arroio que tanto ameaçara nossa vitória. Ali se podia ter a noção exata do pequeno valor da *arme blanche*, tantas vezes louvada. Os dervixes haviam levado seus feridos, e os cadáveres de trinta ou quarenta inimigos eram tudo o que se podia ver sobre o solo. Entre eles, jaziam mais de vinte lanceiros, tão despedaçados e mutilados, que mal se podiam reconhecer. Ao todo, dos 310 praças e oficiais que compunham o regimento, nossas baixas, no espaço de dois ou três minutos, eram de cinco oficiais e 65 praças mortos e feridos, e mais de 120 cavalos, cerca de um quarto do efetivo.

Tais foram minhas aventuras nesse célebre episódio. É muito raro encontrarem-se cavalaria e infantaria, quando ainda intactas, no corpo a corpo de uma verdadeira carga. Ou a infantaria mantém o sangue-frio e abate os cavaleiros a tiro, ou a confusão se espalha nas fileiras e os homens são massacrados ou trespassados enquanto batem em retirada. Mas os 2 ou 3 mil dervixes que enfrentaram o 21º de Lanceiros no leito do rio, perto de Omdurman, absolutamente não estavam intimidados pela batalha e não tinham medo algum da cavalaria. O fogo que fizeram não era suficiente para fazer cessar a carga, mas evidentemente já haviam combatido mais de uma vez contra cavaleiros em suas guerras com a Abissínia. Estavam familiarizados com as provações da carga, gênero de combate que conheciam perfeitamente. Além disso, a luta era com armas iguais, pois os ingleses combateram de espada e lança, como nos bons tempos de outrora.

Uma canhoneira branca, tendo visto nosso avanço, apressara-se em subir o rio, na esperança de nos socorrer. Beatty, seu comandante, seguira ansiosamente todos os incidentes do combate. Muitos anos se passaram antes que eu tivesse ocasião de encontrar esse oficial e saber que ele fora testemunha da carga. Quando travamos conhecimento, era eu ministro da Marinha e ele o almirante mais moço da Royal Navy.

"Que lhe pareceu aquilo?", perguntei-lhe. "Qual foi a sua impressão?"

"Pareceu-me um pudim de passas: um punhado de passas de uva escuras numa grande quantidade de massa branca", respondeu o almirante Beatty.

Com essa descrição expressiva e o seu tanto doméstica, termino o relato dessa aventura.

Capítulo 16

DEIXO O EXÉRCITO

A DERROTA E DESTRUIÇÃO DO EXÉRCITO DERVIXE foram tão completas que o econômico Kitchener pôde dispensar imediatamente os custosos serviços de um regimento de cavalaria inglês. Três dias depois da batalha, o 21º de Lanceiros tomou o caminho do norte para voltar para casa. Obtive autorização para regressar pelo Nilo nos grandes veleiros que conduziam os Granadeiros da Guarda.

No Cairo, encontrei Dick Molyneux, um dos camaradas dos Blues, que, como eu, fora agregado ao 21º de Lanceiros. Molyneux fora seriamente ferido abaixo do pulso direito por um golpe de espada que lhe cortara o músculo, obrigando-o a largar o revólver. No mesmo instante, o cavalo que ele montava caíra, e Molyneux só se salvou da morte certa pelo heroísmo de um de seus homens. Estava agora a caminho da Inglaterra, sob a guarda de uma enfermeira. Decidi fazer-lhe companhia. Enquanto conversávamos, o médico entrou para fazer curativo. Era uma ferida horrível e o doutor desejava que ela se fechasse o mais rápido possível. Em voz baixa, confabulou com a enfermeira, que mostrou o braço; depois retiraram-se ambos para um canto e o doutor começou a cortar um pedaço de pele da enfermeira que queria enxertar no ferimento de Molyneux. A pobre enfermeira empalideceu como se fosse desmaiar e o médico, um irlandês enorme, virando-se para mim, disse: "Nesse caso, preciso tirar do senhor." Não havia meios de escapar; e, quando arregaçava a manga, ele acrescentou: "O senhor já ouviu falar de um homem esfolado vivo? Pois vai ver agora o que sentiu esse homem." Cortou então na parte interna do meu braço um pedaço de pele do tamanho de uma moeda. Minhas sensações, enquanto ele afiava lentamente o bisturi, justificavam plenamente a advertência que acabava de fazer. Contudo, consegui me conter até que ele extraísse um belo pedaço de pele com tênue vestígio de carne; depois, enxertou cuidadosamente na ferida do meu amigo. Ali ficou esse pedaço de pele, até o dia de hoje, e sempre lhe fez grande bem. Quanto a mim, guardei a cicatriz como recordação.

Meu pai e minha mãe viveram sempre no centro da sociedade londrina e, se bem que em escala modesta, sempre haviam partilhado das coisas agradáveis deste mundo. Mas nunca foram ricos e nunca chegaram a pôr dinheiro de lado. Ao contrário, as dívidas e encargos se haviam acumulado sem cessar durante a intensa vida pública e privada de lorde Randolph.

A expedição de meu pai à África do Sul, em 1891, permitira-lhe no entanto comprar ações em fortes sociedades de mineração de ouro. Comprara, entre outras, 5 mil ações das minas do Rand pelo valor ao par. No último ano de sua existência, essas ações subiram diariamente no mercado e, por ocasião de sua morte, valiam vinte vezes o preço pelo qual foram adquiridas. Depois subiram novamente cinquenta ou sessenta vezes de valor, e, se tivesse vivido um ano mais, meu pai teria diante de si uma bela fortuna. Nessa época, em que os impostos eram insignificantes e o poder aquisitivo do dinheiro pelo menos cinquenta por cento maior do que hoje, ter-se-ia podido considerar rico mesmo com um quarto de milhão de libras esterlinas. Mas morreu precisamente no momento em que sua nova fortuna quase igualava suas antigas dívidas. Vendidas as ações, depois de tudo assentado com minha mãe, a esta só restaram os bens hereditários garantidos pelo seu contrato de casamento, aliás suficientes para viver confortavelmente sem se privar de nada.

Eu desejava muito não viver à custa de minha mãe e, durante os momentos de tranquilidade que a excitação e o ritmo das campanhas permitiam, bem como entre dois campeonatos de polo, refleti seriamente na situação financeira que a vida militar me poderia oferecer. O soldo de quinhentas libras por ano não bastava para as despesas de polo e de minha manutenção nos Hussardos. Via com desespero o déficit agravar-se cada ano; embora modesto, não deixava de ser um déficit. Convenci-me, então, que a única profissão para a qual estava preparado era precisamente aquela que jamais me daria dinheiro suficiente para me impedir de contrair dívidas e, menos ainda, para poder dispensar a pensão que minha mãe me dava, tornando-me, como era de meu desejo, completamente independente.

Dispor dos anos mais preciosos da nossa educação para acabar numa posição que rendia por dia catorze xelins com os quais se precisava manter dois cavalos e pagar uniformes caríssimos, evidenciava-se, à luz de uma reflexão mais acurada, coisa de muito pouco senso. Continuar assim na vida militar durante alguns anos mais só faria criar-me e também à minha família dificuldades cada vez maiores. Por outro lado, os dois livros que escrevera e minha correspondência de guerra para o *Daily Telegraph* já me haviam rendido cinco vezes mais do que o salário pago pela rainha por três anos de trabalho assíduo e às vezes perigoso. Sua Majestade era de tal modo controlada pelo Parlamento que não podia sequer pagar um salário que me permitisse viver. Resolvi, portanto, com grande pesar, deixar quanto antes o Exército. A série de cartas que escrevera para o *Morning Post*, a propósito da batalha de Omdurman, embora não assinadas, renderam-me cerca de trezentas libras. Morando com minha mãe, minhas despesas seriam muito reduzidas e eu esperava ganhar com meu novo livro sobre a campanha do Sudão, que decidira chamar *The River War*, o suficiente para garantir as despesas miúdas pelo menos por dois anos. Além disso, estava em entendimento com o *Pioneer* para mandar correspondências semanais de Londres, à razão de três libras cada uma. Nessa matéria realizei depois alguns progressos; já então aquele dinheiro equivalia quase aos meus vencimentos como tenente.

Fiz meus planos para o ano de 1899: logo de saída, voltar à Índia e ganhar o campeonato de polo, recambiar meu arquivo e deixar o Exército; livrar minha mãe da obrigação de me fornecer uma pensão; escrever meu novo livro e enviar cartas para o *Pioneer*; finalmente ficar à espreita de uma oportunidade para entrar no Parlamento. Esses projetos, como se há de ver, foram em grande parte postos em execução. Realmente, a partir desse ano até o de 1919, no qual herdei inopinadamente uma bela fortuna deixada por minha bisavó, Frances Anne, marquesa de Londonderry, morta havia muito tempo, sempre provi com meu próprio trabalho todas as minhas despesas, sem nunca faltar o necessário, fosse para a saúde, fosse para o prazer. Muito me orgulho disso, aliás, e recomendo a meu filho, como a todos os meus descendentes, que sigam este exemplo.

Decidi voltar à Índia em fins de novembro para me preparar para o campeonato de polo em fevereiro. Enquanto não embarcava, todos me festejavam na Inglaterra. Minhas cartas ao *Morning Post* haviam sido lidas com grande atenção. Todos queriam detalhes sobre a batalha de Omdurman, principalmente sobre a carga de cavalaria. Vim a ser, por diversas vezes, à mesa nos clubes ou em Newmarket, que então frequentava, centro de um círculo de atentos ouvintes muito mais idosos do que eu. E havia também muitas moças igualmente interessadas nesses relatos; assim se passavam, agradavelmente, dias e semanas.

Nessa época, encontrei o grupo dos novos M.P. conservadores com os quais, mais tarde, iria manter tão íntimas relações. O sr. Ian Malcolm convidou-me para um almoço em companhia de lorde Hugh Cecil, lorde Percy (irmão mais velho do último duque de Northumberland) e lorde Balcarres (hoje lorde Crawford). Eram os políticos em ascensão no Partido Conservador. Muitos parlamentos se haveriam ainda de formar sem receber semelhante contribuição à força e à qualidade da assembleia. Todos estavam interessados em estar comigo por terem ouvido falar de minhas aventuras — e também um pouco pelo prestígio póstumo de meu pai. Naturalmente, havia de minha parte alguma curiosidade e — por que não dizer? — um pouco de mágoa diante desses rapazes dois ou três anos mais velhos do que eu, todos nascidos entre baixelas de prata, todos com um curso cheio de distinções em Oxford ou Cambridge, e todos influentes no Partido Tory. Senti-me logo como a panela de barro entre as de ferro.

Os dons intelectuais de lorde Hugh Cecil nunca foram tão brilhantes quanto no início de sua carreira. Tendo passado seus primeiros vinte anos na casa de um primeiro-ministro e líder de partido, crescera na intimidade das grandes questões de Estado discutidas do ponto de vista dos responsáveis pela orientação dos negócios públicos. A franqueza e a liberdade com que os membros da família Cecil, homens e mulheres, se falavam uns aos outros eram verdadeiramente notáveis. Estimulavam-se as divergências de opinião; eram frequentes as réplicas e discussões entre pai, filho, tio e sobrinho, irmão e irmã, moço e velho, como se fossem todos iguais. Lorde Hugh mantivera certa vez a Câmara dos Comuns num silêncio sepulcral, durante mais de uma hora, enquanto discorria sobre as diferenças entre os erastianos e os membros da

Alta Igreja. Era um cultor apaixonado da retórica e da dialética. E mesmo em conversa ocasional era uma delícia ouvi-lo.

Lorde Percy, jovem romântico e pensativo, de grande encanto pessoal e apurada cultura acadêmica, ganhara dois anos antes, em Oxford, o prêmio Newdigate, conferido ao melhor poema do ano. Viajara longamente nos planaltos da Ásia Central e no Cáucaso, banqueteando com príncipes bárbaros, jejuando com sacerdotes fanáticos. O Oriente exerce sobre a mesma fascinação que sobre Disraeli. Ele bem poderia ter saído das páginas de *Tancred* ou de *Coningsby*.

Começou-se a conversar sobre se os povos tinham direito a *autogoverno* próprio ou a *bom* governo; quais são os direitos inerentes à pessoa humana, e em que se baseiam? Daí passamos a discutir a escravidão. Surpreendeu-me que os meus companheiros não hesitassem em defender o aspecto menos popular de todos esses problemas. Mas o que realmente me surpreendeu e mesmo envergonhou foi a dificuldade que eu sentia em manifestar o meu claro e correto ponto de vista em relação aos seus argumentos falazes mas muito mais engenhosos. Conheciam tão melhor do que eu o assunto em debate que me senti derrotado com as minhas vastas generalizações sobre liberdade, igualdade e fraternidade. Entrincheirei-me no slogan: "Não deve haver escravidão sob a bandeira britânica."

A escravidão, retrucavam eles, podia ser certa ou errada; a bandeira britânica era, sem dúvida, um venerável pedaço de pano: mas qual a relação moral entre as duas coisas? Eu encontrava tanta dificuldade em descobrir o fundamento das afirmações que tão confiantemente fazia quanto em discutir com pessoas que considerassem o sol como produto da nossa imaginação. Por isso, embora parecesse ter toda a vantagem do meu lado, senti-me logo como alguém que fosse caminhando por St. James's Street ou Piccadilly e, sem mais aquela, montasse uma barricada, e inflamasse uma turba para defender liberdade, justiça e democracia. Entretanto, lorde Hugh acabou por dizer-me que eu não devia levar aquelas discussões muito a sério; que os sentimentos, mesmo os piores, precisavam ser demonstrados; e que ele e seus amigos não eram na realidade tão a favor da escravidão quanto se poderia pensar à primeira vista. De modo que, afinal de contas, parecia que não tinham feito outra coisa senão troçar comigo e obrigar-me a galopar por um terreno que sabiam cheio de armadilhas e perigos.

Depois desse encontro compenetrei-me de que devia entrar para Oxford logo que voltasse da Índia, depois do torneio de polo. Achei que a vida e o pensamento de Oxford me seriam ao mesmo tempo úteis e agradáveis, e comecei a me informar sobre condições de admissão. Parece que havia exames, mesmo para gente já da minha idade, e que essas formalidades eram indispensáveis. Não via por que eu não podia entrar, pagar as mensalidades, ouvir as aulas, debater os assuntos com os professores e ler os livros que recomendassem. Mas pareceu que isso era impossível. Tinha que passar por exames, não só de latim mas até de grego. Não me passava pela cabeça engalfinhar-me com verbos irregulares gregos depois de haver comandado tropas regulares britânicas; assim, depois de muito ponderar, tive com tristeza de abandonar o plano.

No começo de novembro, fui ao bureau central do Partido Conservador, em Saint Stephen's Chambers, para me informar sobre a possibilidade de achar um distrito eleitoral. Um de meus parentes afastados, Fitzroy-Stewart, ocupava havia muitos anos um posto honorífico nesse bureau. Apresentou-me ao manager do partido, que era então o sr. Middleton, "Skipper", como o chamavam. O sr. Middleton era muito apreciado porque o partido conseguira a vitória nas eleições gerais de 1895.

Quando os partidos perdem eleições em consequência de má direção, de uma política temerária ou por simples displicência, o organizador do partido é sempre despachado. É justo, então, que esses funcionários tenham todas as honras da vitória. "Skipper" foi cordial e amável. O partido conseguiria certamente uma vaga e, dentro em breve, esperava levar-me ao Parlamento. Depois, tocou delicadamente na questão financeira. Poderia eu pagar minhas despesas? Quanto poderia dar por ano ao meu distrito? Respondi-lhe que não queria outra coisa senão tomar parte na luta eleitoral, mas não podia custear nada além das minhas próprias despesas. Pareceu-me desapontado e fez notar que os melhores e mais firmes distritos eleitorais gostavam de receber as mais fortes contribuições dos seus membros. Citou-me casos em que certos candidatos pagavam até mil libras por ano em subscrições e obras de caridade para ter a honra de ocupar uma cadeira no Parlamento. Os distritos mais arriscados, no entanto, não podiam ser tão exigentes, e os de "vaga esperança" eram muito baratos. Mesmo assim, disse ele, faria o possível, pois meu caso era excepcional, não só por causa de meu pai, como pela minha participação nas guerras do Império, que seriam muito populares entre os operários tories.

Ao sair, parei ainda um instante para conversar com Fitzroy-Stewart. Meus olhos pousaram num grande livro sobre a mesa na capa do qual havia uma inscrição: "Precisamos de oradores." Olhei aquilo com espanto. Imagine-se, queriam oradores, e aquele livrão destinava-se a receber as inscrições! E eu que sempre desejara pronunciar um discurso e nunca fora convidado a fazê-lo, mesmo quando pedira! Infelizmente, não se faziam discursos em Sandhurst nem no 4º de Hussardos. "Que significa isso?", perguntei. "Há mesmo muitas reuniões com *falta* de oradores?" "Sim", respondeu ele, "e 'Skipper' me recomendou que não o deixasse ir embora sem obter alguma promessa sua. Posso inscrevê-lo?" Fiquei muito inquieto. Por um lado, era meu grande desejo lançar-me naquela aventura, mas por outro vinham-me fortes apreensões. Todavia, no *steeplechase* da vida, devem-se saltar as barreiras quando elas se apresentam. Recuperando o sangue-frio e afetando uma indiferença que não correspondia aos meus sentimentos, respondi que, se as condições me conviessem e se realmente me quisessem ouvir, talvez pudesse aceder ao pedido. Ele abriu o livro.

Descobri então que centenas de reuniões, festas e quermesses ao ar livre pediam oradores. Examinei todas as possibilidades com os olhos de um garoto diante de uma vitrina de confeitaria. Finalmente, escolhemos Bath para teatro do meu primeiro discurso oficial, convencionando-se que, dentro de dez dias, eu falaria numa reunião da Liga Primrose, no parque do sr. H.D. Skrine, situado numa das colinas que dominam a velha cidade. Saí do Bureau Central em estado de mal contido entusiasmo.

Durante alguns dias, temi que a reunião não se realizasse. Talvez o sr. Skrine ou outros poderosos personagens da localidade não me quisessem, ou já tivessem encontrado alguém de sua preferência. Tudo, porém, correu muito bem. Recebi um convite formal, e a reunião foi anunciada no *Morning Post*. Oliver Borthwick escreveu-me então dizendo que o jornal enviaria um repórter para anotar todo o discurso, que seria publicado com destaque. A notícia veio avivar meu entusiasmo e meus receios. Passei várias horas preparando o discurso e decorando-o tão bem que quase poderia repeti-lo de trás para diante dormindo.

Decidi, para defender o governo de Sua Majestade, adotar uma atitude agressiva e até mesmo violenta. Sentia-me muito satisfeito com uma frase que encontrara, na qual eu declarava: "A Inglaterra teria muito mais a ganhar com a maré montante da democracia tory do que com o cano de esgoto seco do radicalismo!" Esse achado e muitos outros do mesmo gênero enchiam-me de contentamento. Além do mais, uma vez embalado, tudo vinha por si, e eu já encontrara matéria suficiente para fazer vários discursos. Entretanto, tendo perguntado quanto tempo iria falar, responderam-me que um quarto de hora bastaria. Restringi-me então, rigorosamente, para não ir além de 25 minutos. E depois de numerosos ensaios diante do relógio, achei que poderia desenrolar todo o discurso em vinte minutos, incluindo as interrupções. Sobretudo é preciso não se apressar nem se perturbar. Também não se deve explorar com excessiva facilidade as fraquezas do auditório. E agora, que podiam fazer os ouvintes? Pediram um discurso; teriam de suportá-lo.

O grande dia chegou. Tomei o trem em Paddington. Aí encontrei o repórter do *Morning Post*, um cavalheiro afável, de sobrecasaca cinzenta. Viajamos juntos, e estando nós sozinhos no compartimento ensaiei sobre ele algumas das minhas melhores frases, como se elas decorressem naturalmente da conversa. Tomamos um fiacre para ir juntos às colinas de Bath. O sr. Skrine esperava-me com a família e todos me receberam amavelmente.

No parque, a festa estava no auge. Havia toda sorte de atrações, jogos, corridas etc. O dia estava bonito e todos pareciam divertir-se. Informei-me então, com certa ansiedade, sobre a reunião. Tudo em ordem. Às cinco horas soaria um sino, e aquela alegre massa iria reunir-se diante de uma tenda, na qual fora armado um estrado. O presidente do núcleo distrital do partido me apresentaria e, além do Voto de Graças, era eu o único orador. Realmente, quando o sino bateu, dirigimo-nos para a tenda e subimos no estrado, que consistia de quatro pranchas sobre pequenos tonéis. Não havia cadeira nem mesa. Mas, desde que as centenas de pessoas deixaram suas pueris diversões para se aglomerarem em torno da tenda — aliás, segundo me pareceu, bastante contra a vontade — o presidente levantou-se e me apresentou.

Em Sandhurst, e no Exército, em geral, são muito raros os cumprimentos e desconhecidas as lisonjas. Quando se ganha a Victoria Cross, o Grand National Steeplechase ou o campeonato de boxe dos pesos-pesados do Exército, só se pode esperar dos camaradas uma advertência contra o perigo de a sorte nos virar a cabeça. Na política, segundo então compreendi, era tudo muito diferente. Aqui, enchiam-me de vento. Ouvi falar de meu pai, que fora tão abjetamente tratado, em termos elogiosos, chegando-se a denominá-lo um dos maiores líderes jamais encontrados pelo Partido Conservador. Quanto às minhas aventuras em Cuba, na fronteira indiana e no Nilo, eu só podia desejar que nunca as palavras do orador chegassem aos ouvidos do regimento. Ao aludir o orador à "minha bravura com a espada e o meu brilho com a pena", temi que o auditório gritasse "Céus, chega!" ou algo nesse gênero; por isso, muito me surpreendeu e tranquilizou ver que engoliam tudo como palavras do Evangelho.

Chegou minha vez. Inteiriçando-me e lançando mão de toda a minha força de vontade, impingi meu discurso. À medida que se desenrolavam as frases e as passagens que tão bem conhecia, tive a impressão de que a coisa ia naturalmente. O auditório, cada vez mais numeroso, parecia maravilhado. Aclamava todos os bons pedaços em que eu fazia uma pausa proposital para que ele pudesse aclamar, e até outros que eu não previra. No final, tive uma demorada e ruidosa aclamação. Com que então eu era capaz de pronunciar um discurso? E não era tão difícil assim.

O repórter voltou comigo. Ficara junto a mim e anotara meu discurso palavra por palavra. Felicitou-me calorosamente. No dia seguinte, o *Morning Post* consagrou-me uma coluna, contendo até algumas palavras lisonjeiras sobre o advento de uma nova figura no cenário político. Começava a sentir-me plenamente satisfeito comigo e com o mundo em geral. Nesse estado de espírito embarquei para a Índia.

Outros assuntos mais sérios deviam ocupar nossa atenção. Todos os oficiais do regimento contribuíram para a excursão do nosso time de polo a Meerut. Trinta pôneis foram embarcados para uma viagem de 2.200 quilômetros aos cuidados de um *sergeant-major*.

Além dos respectivos *syces*, eram acompanhados por alguns sargentos da maior confiança, inclusive um veterinário, todos sob as ordens do *sergeant-major*. O trem fazia cerca de 350 quilômetros por dia, e todas as tardes os cavalos deviam ser retirados dos vagões para descanso e exercício. Assim chegaram ao ponto de destino tão lépidos quanto haviam partido. Viajamos separadamente, mas chegamos ao mesmo tempo.

Durante uma quinzena treinamos em Jodhpore antes de seguir para Meerut. Ali fomos hóspedes do famoso Sir Pertab Singh, que era o governador da província, na minoridade de seu sobrinho marajá. Tratou-nos regiamente na sua ampla e fresca residência construída de pedra. Toda tarde ele e seus filhos — dois dos quais, Hurji e Dokul Singh, eram jogadores de polo dos melhores de toda a Índia — juntamente com outros nobres da região faziam conosco disputadas partidas. O velho Pertab, que amava o polo e a guerra acima de tudo no mundo, costumava fazer parar o jogo a fim de apontar nossos erros ou defeitos de combinação, e gritava: "Rápido, rápido, têm que voar." Quando a partida se animava, espessas nuvens de poeira vermelha erguiam-se do solo, e, espalhadas pelo vento, causavam às vezes perigosas complicações. Vultos de turbante emergiam em pleno galope dos turbilhões de pó e a bola desaparecia como por encanto. Era difícil acompanhá-la durante todo o jogo, pois se tratava de jogar também contra as tais nuvens. Os *rajputs* já estavam habituados, e o mesmo acabou por se dar conosco.

Na noite que precedeu a nossa ida para Meerut aconteceu-me sério contratempo. Ao entrar para jantar, escorreguei nos degraus de pedra e desloquei o ombro. Foi fácil reajustá-lo, mas os músculos permaneciam tensos. Na manhã seguinte, eu perdera praticamente o uso do braço direito. Sabia pelas experiências anteriores que devia levar pelo menos três semanas sem poder jogar polo. O torneio ia começar dentro de quatro dias: imagine o leitor meu desapontamento! Meu braço se refizera progressivamente, chegando eu a ser o número um do time, com satisfação geral. E agora ali estava estropiado. Felizmente trazíamos reservas. Quando meus companheiros vieram levantar-me, preveni-os logo de que não deviam contar comigo.

Durante todo o dia discutiram gravemente minha comunicação. Afinal, o capitão do time transmitiu-me a resolução: eu teria de jogar de qualquer modo. Mesmo que não conseguisse tocar na bola e apenas pudesse segurar o taco, meu conhecimento do jogo e da combinação do nosso time, diziam eles, bastaria para assegurar-nos as melhores possibilidades de vitória. Depois de me certificar de que a decisão não fora inspirada por pena e sim pela confiança nas minhas qualidades, aquiesci, prometendo fazer o possível. Nesse tempo existia a regra do offside, e o nº 1 ficava em permanente duelo com o beque contrário, virando e torcendo o cavalo, sempre com o fim de pôr o adversário em impedimento. Se o nº 1 conseguisse manter ocupado o beque, embaraçando-o a cada momento, poderia servir melhor a ala, ficando, ao mesmo tempo, em posição favorável para atingir a bola. O capitão Hargress Lloyd, que mais tarde tomou parte em jogos internacionais contra os Estados Unidos, era o beque e o melhor jogador do 4º Regimento de Dragões, o melhor time que enfrentaríamos.

De braço amarrado e segurando o stick com dor e dificuldade, joguei as duas primeiras partidas do torneio. Fomos bem-sucedidos em ambas; embora eu jogasse pouco, meus companheiros pareceram satisfeitos. Nosso nº 2, Albert Savory, era excelente arrematador; eu me limitava a abrir caminho para ele. O polo é o rei dos jogos porque combina ao prazer de atirar a bola, que constitui a base de tantos divertimentos, todos os prazeres da equitação, acrescentando ainda a harmonia do trabalho de conjunto, que é a essência do futebol ou do beisebol.

Chegou o grande dia. Como prevíramos, ficamos para a final com o 4º de Dragões. Desde o primeiro momento, a partida foi árdua e movimentada. Marcamos um ponto, eles marcaram dois, e a partida se equilibrou por algum tempo. Eu não deixava o beque graças a minha excelente montaria, mantinha-o sempre marcado. De repente, em meio a uma confusão diante da meta inimiga, vi a bola correr em direção a mim. Veio ter a meu lado. Bastava-me erguer o stick e empurrá-la de leve. Foi o que fiz, empatando a partida. À parte o estropiado nº 1, nós tínhamos realmente um bom time: o capitão, que jogava como nº 3, dificilmente seria superado em toda a Índia; o beque, Barnes, meu companheiro em Cuba, era uma rocha, e combinava admiravelmente com Savory. Por três anos aquela partida fora a nossa preocupação dominante, e para ela concentráramos todos os nossos recursos. Veio-me outra sorte inesperada conseguindo eu a bola em boa situação perto da meta do adversário. Dessa vez ela vinha veloz, mas, com um golpe certeiro, marquei nosso terceiro tento. Pouco depois os adversários reagiram e empataram novamente. Três a três!

Aqui devo explicar que no polo indiano daqueles tempos, para evitar empates, havia o ponto subsidiário se a bola fosse fora mas muito perto. Se houvesse empate, os gols subsidiários desempatavam. Desgraçadamente, o outro time tinha mais gols subsidiários. Se não fizéssemos outro ponto, perdíamos. Estávamos todos extenuados. Afinal, aquilo não parecia jogo, mas questão de vida ou de morte. Crises muito mais graves têm causado menos emoção. Do último *chukka* da partida, só me recordo que galopávamos de um lado para outro como loucos, em desesperados ataques e contra-ataques. Coube-me ainda marcar o quarto ponto, que podia nos dar a vitória. Agora era acabar o jogo! Meu único pensamento era o de Wellington em Waterloo: "Oxalá chegue a noite... ou chegue Blücher." Um desespero. Veio então o mais abençoado ruído que já ouvi: o apito que pôs termo ao jogo e nos permitiu dizer, ao apearmos exaustos dos nossos cavalos: "Ganhamos o torneio inter-regimental de 1899!"

O triunfo foi celebrado com prolongadas manifestações de júbilo, festanças noturnas e uma intensa satisfação íntima. Não censurem a alegria e os divertimentos desses jovens soldados: poucos dos folgazões haviam de chegar à idade madura. Aquele time nunca mais haveria de jogar. Um ano depois, Albert Savory era morto no Transvaal, e Barnes, gravemente ferido em Natal; eu me transformaria num político sedentário cada vez mais estropiado do ombro. Aquela oportunidade era decisiva para nós; nunca mais um regimento de cavalaria do Sul da Índia levantou o campeonato.

Fui objeto, por ocasião de minha partida, de uma comovente e rara homenagem dos meus companheiros de regimento, que beberam a minha saúde no nosso último jantar. Bons tempos! Bons amigos! Foi uma grande escola para mim, escola de disciplina e de camaradagem: talvez tão útil quanto a ciência ensinada nas universidades. Ainda assim, seria preferível possuir ambas as coisas.

Durante esse período, não cessara de trabalhar no meu livro *The River War*. A obra começava a ficar extensa. Começando por uma simples crônica da campanha de Omdurman, quase se transformara na história da ruína e libertação do Sudão. Li numerosas obras, tudo o que se publicara sobre o assunto, e já projetava a publicação de dois grossos volumes. Eu adotara uma combinação dos estilos de Macaulay e de Gibbon: as bruscas antíteses do primeiro e as torneadas frases do segundo, acrescentando, de quando em vez, por minha conta, alguns trechos de meu próprio estilo. Comecei a compreender que escrever, sobretudo em estilo de narrativa, não era só questão de frases, mas também de parágrafos. Cheguei à conclusão de que o parágrafo era tão importante quanto a frase.

Macaulay foi mestre consagrado na arte do parágrafo. Assim como uma frase deve conter uma ideia, o parágrafo deve abranger o episódio, e assim como as frases devem alinhar-se em harmoniosa sequência, também os parágrafos devem se encadear uns aos outros como vagões de estrada de ferro, por seus engates automáticos. A questão dos capítulos também me atraiu a atenção. Cada capítulo deve formar um todo. Todos os capítulos devem ter igual valor, e mais ou menos o mesmo tamanho. Certos capítulos se definem naturalmente, de modo evidente. Mas a dificuldade começa com um número de incidentes heterogêneos, em que nenhum pode ser omitido; então tem de ser tecido conjuntamente de modo a formar um tema integral. É preciso, enfim, cuidar da proporção e homogeneidade do conjunto, e estabelecer do princípio ao fim uma ordem muito estrita. Eu já sabia que a cronologia é a chave de toda narração, e já compreendera que "bom senso é a base de escrever bem". Prevenia-me contra o perigo de começar minha história, como fazem alguns autores, "quatro mil anos antes do Dilúvio" e tinha sempre presente uma das melhores citações francesas: "*L'art d'être ennuyeux c'est de tout dire.*" (A arte de ser entediante consiste em tudo dizer.)

    Foi muito divertido escrever um livro. Eu vivia com ele; tornou-se um companheiro. Ergueu uma impalpável esfera de cristal de interesses e ideias em torno de mim. De certo modo, sentia-me um peixinho dourado num aquário, só que, no caso, fora o peixe que fizera seu próprio aquário. Por toda a parte me acompanhava; nunca se partiu durante as mudanças, e nem por um momento fiquei sem essa agradável ocupação. Ora precisava polir o vidro, ora a estrutura tinha aumentado ou diminuíra, ou tinha que reforçar-lhe as paredes. Na minha vida, tenho observado uma grande semelhança entre coisas de natureza inteiramente diversa. Escrever um livro não difere muito de construir uma casa, organizar um plano de batalha ou pintar um quadro. A técnica é diferente, os materiais também diferem, mas o princípio é o mesmo. É preciso lançar os alicerces, juntar os fatos, e as premissas devem resistir ao peso das conclusões. Podem-se então acrescentar ornamentos e detalhes. O conjunto, ao terminar, é apenas a apresentação bem-sucedida de um tema. Nas batalhas, porém, o outro participante intervém a todo instante perturbando as coisas, e os melhores generais são os que chegam aos resultados do plano sem se tornarem escravos dele.

Durante a travessia, ao voltar da Índia, fiz amizade com um dos jornalistas mais brilhantes que até hoje conheci.

O sr. G.W. Steevens era a "estrela" do novo jornal de um certo sr. Harmsworth, chamado *Daily Mail*, que acabava de aparecer e obrigara o *Daily Telegraph* a dar mais um passo na direção da respeitabilidade vitoriana. Harmsworth apoiava-se muito em Steevens naqueles críticos primeiros dias e, inclinado à boa vontade para comigo, recomendou-lhe que me promovesse, coisa que ele fez à sua maneira luminescente. "Infla os que sobem" foi, nesse tempo, o lema da recente imprensa Harmsworth e, nesse conceito, fui escolhido para seus favores. Mas estou me adiantando na narrativa.

Trabalhava eu no *saloon* do *Indiaman* e chegara a um trecho palpitante do meu relato. A coluna do Nilo em marchas forçadas acabara justamente de atingir Abud-Hamed, e estava prestes a desencadear o assalto. Pintei o quadro com o meu estilo mais solene: "A aurora despontava, e a névoa que do rio subia, dispersada pelo sol nascente, revelava os contornos da cidade dervixe e o semicírculo das colinas rochosas em torno. Neste severo anfiteatro ia-se desenrolar um dos pequenos dramas da guerra." "Ha-ha-ha", riu Steevens, que olhava por cima do meu ombro. "Então acabe você esse trecho", disse eu, levantando-me para ceder-lhe o lugar. Fui para o convés. Estava curioso por saber como ele se sairia e esperava uma valiosa colaboração. Mas, quando voltei, tudo o que li na minha bela folha de papel foi "Pop-pop! Pop-pop! Pop!

Pop!", tudo escrito com sua letra fina e miúda, e mais abaixo, em maiúsculas: "BANG!!" Desagradou-me a leviandade; mas Steevens possuía muitos outros estilos além do estilo fácil, vivo e brilhante que o caracterizava no *Daily Mail*. Por essa época apareceu um artigo sobre o futuro do Império Britânico intitulado "O Novo Gibbon". Era de confundir com as melhores páginas do historiador da Roma antiga. Fiquei estupefato quando Steevens me confessou ser o autor daquele artigo.

Mais tarde, meu amigo teve a bondade de ler as provas do livro e suas críticas foram preciosas. "Acho que de um modo geral a obra é excelente, sólida, bem-composta e bem-escrita, cheia de páginas das mais instrutivas e descritivas. Eu me permitiria uma única crítica: suas reflexões filosóficas, embora quase sempre muito bem expressas, muito finas e às vezes verdadeiras, são terrivelmente excessivas; em seu lugar, eu daria cabo do filósofo em janeiro de 1898 e talvez só o deixasse reaparecer quase no fim da obra. Ele só poderá cacetear os leitores. Os que desejam reflexões desse gênero são geralmente capazes de fazê-las por si mesmo sem auxílio de ninguém." Sua vivacidade, sua alegria e seu espírito humorístico tornavam-no um companheiro encantador; nossa camaradagem converteu-se em amizade durante o verão de 1899, que foi para ele o último verão: morreu de febre tifoide em Ladysmith, em fevereiro do ano seguinte.

Parei quinze dias no Cairo, a fim de recolher materiais necessários ao meu livro e assegurar a colaboração de vários atores importantes no drama do Sudão. Conheci Girouard, o jovem engenheiro canadense que construíra a estrada de ferro no deserto; Slatin Pasha, o oficialzinho austríaco que passara dez anos prisioneiro do califa e cujo livro *Fire and Sword in the Sudan* constitui obra clássica em sua esfera; Sir Reginald Wingate, chefe do serviço de informações das forças anglo-egípcias, ao qual ficara devendo tão boa refeição; Garstin, chefe do serviço egípcio de irrigação; e mais vários estadistas e personalidades do Egito.

Toda essa gente desempenhara um papel nas medidas de administração e de defesa que em menos de vinte anos arrancaram o Egito do estado de anarquia, de bancarrota e torpor em que se encontrava para trazê-lo a uma triunfante prosperidade. Eu já conhecia o chefe deles, lorde Cromer. Convidou-me a visitá-lo e pediu-me que lesse os capítulos já terminados do meu livro sobre a libertação do Sudão e a morte de Gordon. Mandei-lhe um vasto rolo de manuscritos e fiquei encantado e surpreso ao recebê-lo, alguns dias depois, cheio de riscos a lápis azul, cujo vigor me recordou o tratamento dispensado aos meus deveres de latim em Harrow. Vi que lorde Cromer se dera ao trabalho de lê-lo todo, e respeitosamente me inclinei diante de seus comentários críticos, que atingiram exatamente o alvo e às vezes chegavam a ser mordentes. Por exemplo: a propósito da nomeação do general Gordon para o cargo de secretário de lorde Ripon, eu escrevera: "O fulgurante astro se tornara satélite de uma vela de sebo." Lorde Cromer assim comentou essa frase: "Astro fulgurante parece-me elogio descabido, e vela de sebo não dá absolutamente ideia exata da posição de lorde Ripon como vice-rei. Lorde Ripon pode não se importar, mas os amigos poderão zangar-se e a maioria dos leitores zombará de você." Respondi-lhe que ia sacrificar aquela joia que até então tanto considerava, aceitando também com a maior humildade todas as outras correções que ele fizera. Isso desarmou e amansou lorde Cromer, que continuou a manifestar amistoso interesse pelo meu trabalho. Escreveu-me o seguinte: "Sei que minhas observações foram muito severas, e você dá prova de bom senso ao compreender o sentimento inteiramente cordial que me induziu a fazê-las. Fiz por você o que diversas vezes pedi a outros que fizessem por mim. É preferível que críticos amistosos indiquem pontos fracos antes da publicação da obra do que surgirem críticas hostis quando já é tarde para modificações. Espero — e acredito mesmo — que seu livro venha a ter muito sucesso. Uma das raras coisas que ainda me interessam nesta vida é ver os jovens se lançarem e vencerem."

No decorrer desses quinze dias, avistei-me frequentemente com lorde Cromer, tirando o maior proveito possível de seus conhecimentos e de sua experiência. Ele possuía no mais alto grau a calma e a impassibilidade que se costumava atribuir aos grandes administradores britânicos no Oriente. A seu respeito, veio-me à memória uma citação francesa: *"On ne règne sur les âmes que par le calme"* (Só pela calma se governam as almas). Nunca tinha pressa. Nunca desejava um efeito ou sensação. Mantinha-se tranquilamente sentado e deixava que os outros viessem a ele. Acompanhava atentamente os acontecimentos até que sua sequência lhe permitisse intervir sem choque, decisivamente. Tanto esperava uma semana como um ano. E chegara até a esperar quatro ou cinco para obter um determinado fim. Naquela época, já governava o Egito havia dezesseis anos. Recusara títulos pomposos, permanecia simplesmente agente britânico. Sua posição não era muito definida: podia não ser nada, mas na realidade era tudo. Sua palavra fazia lei. Trabalhava por intermédio de um punhado de ativos lugares-tenentes, quase todos jovens e, como o chefe, habituados a agir sem alarde. Cromer controlava com minúcia e paciência todos os departamentos da administração e todos os aspectos da política do Egito. Haviam-se sucedido governos ingleses e egípcios. Ele vira o Sudão perdido e reconquistado. Mantivera bem apertados os cordões da bolsa e um firme controle sobre todo o movimento político egípcio. Era grato vê-lo assim no meio do trabalho realizado, personificando o poder supremo sem pompa e sem força aparente. Eu me sentia altamente honrado pela consideração com que me tratava. Não há hoje em dia gente como ele, embora tenhamos grande necessidade.

Capítulo 17

OLDHAM

Na primavera de 1898, vim a saber que havia outro Winston Churchill que também escrevia livros. Publicava romances, por sinal muito bons, e alcançara grande voga nos Estados Unidos. Muitas vezes recebi cumprimentos pelo meu talento de romancista. A princípio julguei-os provocados por uma apreciação exagerada dos méritos de *Savrola*. Mas, pouco a pouco, percebi que havia outro Winston Churchill, felizmente domiciliado no outro lado do oceano. Resolvi então escrever a esse duplo de além-mar uma carta que, juntamente com a resposta, talvez constitua uma curiosidade literária:

Londres, 7 de junho de 1899.
O sr. Winston Churchill apresenta seus cumprimentos ao sr. Winston Churchill e toma a liberdade de chamar sua atenção para um assunto que interessa a ambos. Soube pelos jornais que o sr. Winston Churchill tenciona publicar dentro em breve novo romance, Richard Carvel, *que terá certamente grande sucesso na Inglaterra e na América. Ora, o sr. Winston Churchill também é autor de um romance atualmente publicado em folhetim na*

Macmillan's Magazine, *com o qual espera obter algum sucesso na Inglaterra e na América. Tenciona também publicar, a 1º de outubro próximo, uma crônica militar sobre a guerra do Sudão; e não duvida que o sr. Winston Churchill se aperceberá por esta carta, se não por outros meios, do grande inconveniente de ver suas obras confundidas com as do sr. Winston Churchill. O sr. Winston Churchill, por seu lado, não deseja mais do que ele essa confusão. Assim, de futuro, para evitar na medida do possível enganos desse gênero, o sr. Winston Churchill resolveu assinar todos os artigos, novelas ou outras obras que venha a escrever com o nome "Winston Spencer Churchill" e não "Winston Churchill" como até agora. Espera que essa solução agradará ao sr. Winston Churchill. E a fim de evitar as confusões decorrentes dessa extraordinária coincidência, toma a liberdade de sugerir que o sr. Winston Churchill e o sr. Winston Churchill façam ambos incluir uma pequena observação no começo de cada uma de suas respectivas obras, explicando ao público quais são as obras do sr. Winston Churchill e quais as do sr. Winston Churchill. O texto dessa nota poderá constituir tema de novo entendimento, se o sr. Winston Churchill aceitar a proposta do sr. Winston Churchill. Ele aproveita a oportunidade para felicitar o sr. Winston Churchill pelo seu estilo e pelo sucesso de suas obras, artigos e livros, que sempre acompanhou com admiração, e espera que o sr. Winston Churchill tenha experimentado igual prazer com a possível leitura de suas obras.*

Windsor, Vermont, 21 de junho de 1899.
O sr. Winston Churchill manifesta seu reconhecimento ao sr. Winston Churchill por ter abordado um assunto que inquietava muito ao sr. Winston Churchill. O sr. Winston Churchill manifesta igualmente seu apreço pela cortesia do sr. Winston Churchill ao adotar o nome de "Winston Spencer Churchill" para assinar

seus livros, artigos etc. O sr. Winston Churchill se apressa em acrescentar que teria evidentemente adotado outro nome se além desse dispusesse de mais algum. As obras do sr. Winston Spencer Churchill (de ora em diante assim denominado) despertaram a atenção do sr. Winston Churchill desde a publicação do primeiro relato deste no Century. *E então não pareceu ao sr. Winston Churchill que as obras do sr. Winston Churchill perturbassem de qualquer modo a publicação de suas próprias tentativas no domínio do romance.*

A proposta do sr. Winston Churchill para acrescentar em seus livros uma nota sobre as respectivas obras do sr. Winston Spencer Churchill e do sr. Winston Churchill, nota cujo texto seria aprovado por ambos, é muitíssimo aceitável pelo sr. Winston Churchill. Se o sr. Winston Spencer Churchill lhe der o prazer de redigir essa nota, não resta dúvida de que o sr. Winston Churchill subscreverá todos os seus termos.

A propósito, o sr. Winston Churchill tenciona consultar seus amigos e seus editores sobre a conveniência de inserir a expressão "o americano" em seguida ao nome do autor na capa de seus livros. Se isso lhes parecer indicado, solicitará dos editores essa modificação nas futuras edições.

O sr. Winston Churchill toma a liberdade de enviar ao sr. Winston Churchill um exemplar dos seis romances que publicou. Ele professa a maior admiração pelas obras do sr. Winston Churchill e terá grande prazer em ler Savrola.

Tudo se resolveu amigavelmente e, pouco a pouco, o público se habituou à ideia de que haviam aparecido ao mesmo tempo duas pessoas diferentes com o mesmo nome, e que para o futuro proveriam copiosamente seus apetites literários e, quando necessário, suas necessidades políticas. Quando, tempos depois, desembarquei em Boston, o sr. Winston Churchill foi a primeira pessoa a me receber. Convidou-me a um alegre banquete de homens e fizemo-nos mutuamente discursos elogiosos. Contudo, persistiu certa confusão. Toda a minha correspondência foi enviada para o endereço dele e eu recebi a conta do jantar. Desnecessário dizer que ambos esses erros foram rapidamente retificados.

Certo dia, fui convidado a visitar a Câmara dos Comuns por um sr. Robert Ascroft, membro conservador do distrito de Oldham, que me levou para o salão de fumar e me comunicou um importante projeto. Oldham é uma circunscrição eleitoral que elege dois membros. Nesse tempo, as duas vagas eram ocupadas por conservadores. A posição de Ascroft era sólida, sendo ele o membro mais antigo, pois não só era apoiado por eleitores do Partido Conservador, como também gozava da confiança do sindicato dos operários dos cotonifícios de Oldham. Seu colega adoecera havia bastante tempo, e o sr. Ascroft procurava alguém que o acompanhasse na política. Julgou que eu lhe conviria e fez a respeito certas observações de muito bom senso: "Os moços", disse ele, "costumam não ter tanto dinheiro quanto os velhos." Eu nada sabia que me permitisse refutar essa penosa verdade. Ele parecia pensar que todos os obstáculos poderiam ser vencidos. Concordei então em falar o mais breve possível, sob seus auspícios, num comício em Oldham.

    Passaram-se semanas e a data do comício já fora marcada quando, com grande pesar, soube pelos jornais da morte súbita do sr. Ascroft. Pareceu-me estranho que esse homem tão ocupado, tão ativo, parecendo gozar perfeita saúde, desaparecesse tão depressa, enquanto seu colega, cuja saúde tanto o inquietava, continuava a viver. Os operários de Oldham estimavam muito Robert Ascroft. Os trabalhadores abriram uma subscrição que rendeu, em pequenas somas, mais de 2 mil libras, destinadas a erguer uma estátua ao

"Amigo dos Trabalhadores", como o chamavam. Estipularam — e considerei característico desses ativistas de Lancashire — que o dinheiro não devia ser empregado em coisa alguma útil: nada de leito de hospital, doações a bibliotecas, nada de repuxos; apenas uma estátua, pois, segundo diziam, não desejavam presentear-se a si mesmos.

Todavia era necessário preencher a vaga e pensaram imediatamente em mim. Dizia-se que eu fora escolhido pelo honrado parlamentar extinto. Meu nome já estava nos cartazes que anunciavam o comício. Para completar, havia ainda a fama de meu pai. Sem rogar nem solicitar a ninguém, nem comparecer diante de qualquer comitê, recebi um convite oficial para apresentar minha candidatura à vaga de Ascroft. No bureau central do Partido Conservador, "Skipper" pareceu inteiramente satisfeito com as decisões locais, mas era de opinião que se aproveitasse a eleição complementar para vagar as duas cadeiras ao mesmo tempo. Achava que o governo não estava em boa situação para conquistar Lancashire em eleição complementar e não queria que, dentro de alguns meses, houvesse uma segunda vaga em Oldham. Lorde Salisbury podia dar-se ao luxo de não ligar importância à perda de duas cadeiras. Seria preferível perdê-las e não pensar em Oldham até as eleições gerais, quando as duas poderiam ser conquistadas a um só tempo. Compreendi perfeitamente a significação dessa atitude. Mas, naquela época, qualquer luta política em quaisquer condições me parecia preferível à perspectiva de não ter nenhuma. Desfraldei, pois, meu estandarte e avancei pronto para a refrega.

E assim mergulhei numa eleição complementar com toda a publicidade que acompanha os acontecimentos desse gênero. Tomei parte, até hoje, em catorze campanhas eleitorais de um mês cada uma; é triste pensar, quando se considera a brevidade de nossa vida, que catorze meses de vida foram perdidos nessa barulheira cansativa. As eleições complementares, de que tive cinco amostras, são ainda piores do que as eleições gerais, porque todos os maníacos e excêntricos do país, com seus asseclas, e todas as organizações parasitárias se apegam ao infeliz candidato. Se ele defende o governo, todas as desgraças do mundo, tudo o que falta à sociedade humana, lhe é atirado em rosto; e o intimam, em altos brados, a dizer o que pretende fazer para remediar a situação.

Nesse caso, o governo dos unionistas começava a perder popularidade. Os liberais já estavam longe do poder por tempo suficiente para que os eleitores desejassem uma mudança. A democracia não favorece a continuidade, e, salvo em ocasiões muito graves, os ingleses não se deixam privar do prazer de derrubar os ministérios da Coroa, quaisquer que sejam, e de derrubar sua política, seja qual for. Além disso, os conservadores tentavam fazer passar na Câmara dos Comuns uma lei de auxílio ao clero para melhorar a condição do clero pobre da Igreja anglicana. Os não conformistas, inclusive os wesleyanos, que tinham grande influência em Lancashire, não poderiam sentir grande entusiasmo por esse projeto. Os radicais, impudentes em seus remoques, chegaram a apelidar essa benévola medida "lei de desemprego do clero". Inútil dizer que até o momento de minha chegada a Oldham aquela controvérsia me era inteiramente indiferente. Minha educação e minhas experiências militares não me haviam dado a menor ideia das paixões que uma questão dessas poderia suscitar. Tratei de indagar do que se tratava. A maioria dos meus adeptos parecia estar de acordo com os radicais ao considerar grave erro tal lei. Quando me explicaram os prováveis resultados da medida, percebi a solução. Era natural que o clero tivesse com que viver honradamente, pois, do contrário, como poderia manter sua posição? Mas por que não tratar todos os seus membros do mesmo modo, como no Exército, todos em bloco, e repartir igualmente entre todos o dinheiro que sobrasse? Era justo, lógico, respeitoso e conciliante. O que me surpreendia é que ninguém tivesse pensado nisso antes de mim.

Quando expus o plano aos membros do meu comitê, pareceram não acreditar que aquilo resolvesse o problema, chegando a dizer que a solução não prestava. Se todos pensavam assim, devia ser verdade. Por isso, abandonei a tentativa e pus-me a procurar outros meios de conseguir as boas graças do que era quase o maior distrito eleitoral de toda Grã-Bretanha.

Nesse momento, juntou-se a mim um novo companheiro na luta. Sua indicação devia ser o golpe de mestre do Bureau Central. Era nada menos que o sr. James Mawdsley, um socialista, muito respeitável secretário da Associação dos Operários Tecelões. Mawdsley era o mais puro espécime de candidato operário tory que jamais encontrei. Proclamava audaciosamente sua admiração pela democracia tory e até mesmo pelo socialismo tory. Afirmava que os dois partidos eram hipócritas, mas que o Partido Liberal era o pior dos dois. De sua parte, orgulhava-se de se candidatar junto com um "rebento" da antiga aristocracia inglesa para defender a causa dos trabalhadores, que o conheciam tão bem e havia tanto tempo confiavam nele. A situação me agradou muito; durante alguns dias tudo parecia ótimo. A coligação "O Herdeiro e o Socialista" afigurava-se-me uma nova e estupenda orientação política. Infelizmente, os desagradáveis Radicais vieram desfazer essa excelente impressão. Foram coadjuvados por vários personagens enfadonhos dos meios sindicalistas. Acusavam de traição o pobre sr. Mawdsley. Foram muito rudes para com o Partido Conservador. Chegaram a faltar com respeito a lorde Salisbury, afirmando que ele não era progressista e estava em desacordo com o moderno sentimento democrático.

De nosso lado, refutamos naturalmente todas essas calúnias. À última hora, no entanto, todos os liberais e sindicalistas radicais se separaram e votaram pelos seus respectivos partidos, enquanto nós ficávamos com os nossos próprios adeptos um tanto quanto perturbados pela aparição de um socialista nos tablados de seus comícios.

Entrementes, nossos dois adversários, os candidatos liberais, mostraram ser homens de altas qualidades e de apreciável valor. O mais velho, o sr. Emmott, procedia de uma família que durante gerações fizera rodar milhares de fusos e teares em Oldham. Rico, experiente, em plena maturidade, ambientado na vida da cidade e possuindo requisitos que o levaram a um posto oficial e à chefia do partido popular de oposição ao governo, era adversário difícil de vencer. O segundo, o sr. Runciman, jovem amável, competente, impecável e riquíssimo, era também um candidato de grande mérito. Meu pobre amigo sindicalista e eu teríamos grande dificuldade em conseguir juntos quinhentas libras. No entanto, éramos acusados de representar os interesses dominantes da sociedade, enquanto nossos adversários, que evidentemente encarnavam um quarto de milhão, se apresentavam como generosos campeões da causa dos pobres e dos necessitados. Estranha inversão!

A luta foi longa e difícil. Defendi as virtudes do governo, o sistema social vigente, a Igreja tradicional e a unidade do Império. "Nunca", declarei, "nunca houve tanta gente na Inglaterra e nunca essa gente teve tanto que comer." Referi-me à vitalidade e à força da Inglaterra, à libertação do Sudão e à necessidade de não importarmos mercadorias estrangeiras produzidas pelo trabalho de galés. O sr. Mawdsley reforçava os meus argumentos. Nossos adversários deploravam a miséria das massas trabalhadoras, o horror dos cortiços, o contraste chocante entre ricos e pobres, e sobretudo a iniquidade da lei de auxílio ao clero. A luta teria sido absolutamente desigual se não fosse o dom extraordinário dos operários de Lancashire para balancear os prós e os contras daqueles que lhes pedem votos. Graças a esses dons, eles aplicam corretivos às evidentes desigualdades do jogo. Eu me consumia em arengas da manhã à noite e o sr. Mawdsley continuava a repetir obstinadamente o seu slogan, segundo o qual os liberais eram indubitavelmente mais hipócritas do que os tories.

Oldham, distrito eleitoral puramente operário, era nessa época uma comunidade bastante rica. Além de fabricar tecidos de algodão para a Índia, a China e o Japão, produzia nas grandes fábricas de Asa Lees as máquinas que mais tarde iriam permitir à Índia, à China e ao Japão fabricarem seus próprios tecidos de algodão. Não havia na cidade hotel em que se pudesse dormir, e mesmo poucas residências abastadas; mas, em compensação, havia milhares de confortáveis casas de operários, onde, por mais de meio século, lenta mas seguramente, as coisas haviam melhorado. Os habitantes de Oldham subiam a escada da prosperidade com xales de lã na cabeça de suas filhas, tamancos e filhos descalços. Vi-os cair durante a depressão econômica, mas a um nível bem superior àquele que, no passado, consideravam como prosperidade. Naquele tempo dizia-se: "Do tamanco ao tamanco em quatro gerações." A primeira geração ganhava dinheiro; a segunda aumentava o patrimônio; a terceira dilapidava-o; e a quarta voltava à usina. Vi-os inquietarem-se quanto a um imposto sobre meias de seda, pois mantinham um trem de vida desconhecido nos dias de minha mocidade, e, no entanto, sempre comprimidos no funil cada vez mais estreito dos negócios em queda e da perda de sua supremacia. Ninguém pode entrar em contato estreito com a população operária de Lancashire sem lhe desejar todo o bem possível.

A meio caminho da luta eleitoral, meus principais adeptos rogaram-me que abandonasse a lei do auxílio ao clero. Dado que ignorava as necessidades que a provocaram, e estava fora das paixões que ela despertou, foi grande a tentação de abandoná-la. E cedi à tentação. Por entre aclamações entusiásticas dos meus correligionários, anunciei que se ela voltasse à baila não votaria por essa medida. Grave erro! É completamente inútil defender um governo ou um partido quando não se defende os piores temas pelos quais são atacados. No momento em que fiz minha declaração, haviam-se travado a propósito dessa lei os mais violentos debates. Em Westminster censurou-se vivamente o governo porque seus próprios candidatos não podiam defender sua causa perante os eleitores de Lancashire. Em Oldham, o partido adversário, estimulado pela minha declaração, redobrou seus ataques contra a malfadada lei. A experiência deve servir de lição. Sem vaidade, creio que era um candidato bastante satisfatório. O verdadeiro entusiasmo estava do nosso lado e me enchia de alegria ver essas massas operárias, sem nenhuma vantagem material, afirmarem ardentemente seu orgulho pelo nosso Império e seu amor pelas antigas tradições do reino. Entretanto, quando foram apurados os votos, verificamos nossa completa derrota. Em 23 mil votos — então a maior votação distrital da Inglaterra — perdi por 1.300 votos, e o sr. Mawdsley ficou trinta abaixo de mim.

Então explodiram as recriminações, que se sucedem sempre a qualquer derrota. Todo mundo atirou a culpa sobre mim. Tenho notado que é sempre assim, talvez por se pensar que sou, mais do que ninguém, capaz de suportá-la. Os altos tories e o Carlton Club declararam: "Isso há de ensinar-lhe no que dá se apresentar com um socialista! Um homem de princípios nunca faria uma coisa dessas!"

O sr. Balfour, então líder da Câmara dos Comuns, ao saber que me declarara contra a sua lei de auxílio ao clero, emitiu no lobby o que devo admitir foi uma justa reflexão: "Considerava-o um jovem promissor, mas parece que é um jovem prometedor." Os jornais do partido publicaram artigos deplorando a imprudência de confiar a luta em importantes circunscrições eleitorais operárias a candidatos moços inexperientes, e toda gente tratou de esquecer esse desagradável episódio.

Voltei a Londres num estado mais ou menos semelhante ao de uma garrafa de champanhe ou mesmo de água mineral que se deixou meio vazia e desarrolhada a noite inteira. Em casa de minha mãe ninguém me visitou.

Porém, o sr. Balfour, sempre leal e compreensivo, escreveu-me do próprio punho uma carta que acabo de exumar de minha papelada mais antiga.

10 de julho de 1899.

Lamentei muito ouvir do seu insucesso em Oldham, pois tinha grande esperança em vê-lo entrar rapidamente para a Câmara, onde seu pai e eu, em outros tempos, sustentamos lado a lado mais de uma batalha. Entretanto, espero que não se deixará desencorajar pelo que acaba de suceder.

Por muitos motivos o momento é pouco propício a uma luta eleitoral complementar. Nas eleições complementares, a oposição pode se entrincheirar no terreno das críticas e não é obrigada a apresentar um programa rival, o que é sempre favorável aos adversários e representa dupla vantagem quando o programa rival teria de incluir um assunto tão ingrato como é a Home Rule. Além do mais, neste momento, as críticas da oposição encontram ouvidos predispostos. O projeto da compensação desagrada aos patrões, o projeto da vacina desagrada aos médicos, o público não gosta do clero e por isso o projeto de auxílio ao clero é impopular; por sua vez, o clero está ressentido por você ter repudiado esse projeto, os orangemen *resmungam e não se deixam amansar nem mesmo pela promessa de voto nas propostas de Liverpool. Naturalmente, os beneficiados por nossas medidas nos são gratos, enquanto os que se consideram lesados passam a nos odiar. Eis aí, realmente, condições pouco propícias para uma luta eleitoral com êxito no Lancashire.*

Não se aflija, tudo há de se arranjar. E estou certo de que um pequeno insucesso não terá efeito permanente sobre sua carreira política.

* * *

No fim desse mês de julho, tive uma longa palestra com o sr. Joseph Chamberlain. Embora o tivesse encontrado diversas vezes em casa de meu pai e ele me recebesse sempre com a maior amabilidade, era de fato a primeira vez que eu tratava com ele de modo pessoal. Éramos ambos convidados de minha velha amiga Lady Jeune, que possuía uma agradável residência à margem do Tâmisa. À tarde, saímos para um passeio de barco. Ao contrário do sr. Asquith, que fora das horas de trabalho só falava em assuntos "de serviço" quando não tinha outro remédio, o sr. Chamberlain estava sempre pronto a discutir assuntos políticos. Era muito aberto e, ao mesmo tempo, estranhamente simples e direto. Sua conversação, por si mesma, era uma aula de política. Conhecia todos os detalhes, todos os truques do ofício, e tinha perfeito conhecimento das forças motrizes que agiam nos dois grandes partidos, onde fora campeão das mais agressivas reivindicações. No passeio de barco e depois, no jantar, a conversação foi mais entre nós dois. A África do Sul voltava a ser o assunto do dia. As negociações com o presidente Kruger, a propósito da delicada questão da suserania, começavam pouco a pouco a despertar a atenção de toda a Inglaterra e mesmo do mundo inteiro. O leitor pode estar certo de que eu era partidário de uma linha das mais firmes. Lembro-me de ter ouvido o sr. Chamberlain dizer naquele passeio: "Que adianta dar o toque de carga se ninguém nos acompanha!" Pouco depois, do barco vimos na beira do rio um velho sentado ereto numa cadeira no gramado. "Olhem ali", disse Lady Jeune, "é Labouchère."

"Um embrulho de trapos", foi o único comentário do sr. Chamberlain, que virou o rosto ao seu mais venenoso adversário político. Surpreendeu-me a expressão de desdém e antipatia, logo desfeita, mas intensa, em seu rosto. Compreendi então, naquele momento, quanto eram profundos os ódios que o meu ilustre, agradável e vivaz companheiro provocara e sentira durante sua querela com o Partido Liberal e com o sr. Gladstone.

O resto do tempo passei mergulhado em *The River War*. Todo o trabalho principal estava terminado e só restava a agradável tarefa de rever as provas. Liberto da disciplina militar, podia agora escrever sem receio tudo o que pensava de lorde Kitchener. E não me privei desse prazer. Escandalizara-me sua profanação do túmulo de Mádi e o modo bárbaro como levara a cabeça dele como troféu numa lata de querosene. Houvera acalorado debate no Parlamento acerca desse incidente, e do alto da galeria vi-me simpatizando com os ataques que John Morley e o sr. C.P. Scott, o austero editor do *Manchester Guardian*, haviam lançado contra o general. A cabeça de Mádi era apenas uma dessas coisas insignificantes que podem gerar sentimentos absolutamente desproporcionados. Todos os liberais se indignaram com um ato que lhes parecia digno de hunos ou de vândalos. Os tories, ao contrário, pareciam considerá-lo uma boa tirada. Em consequência, eu estava em desacordo com meu partido.

Projetava com meu editor publicar, em meados de outubro — e já contava os dias que faltavam para os dois grossos volumes da minha *magnum opus* (atualizada) à qual consagrara todo um ano de vida, serem arremessados a um público cheio de expectativa.

Mas, quando os meados de outubro chegaram, todos nós tínhamos outras coisas em que pensar.

Capítulo 18

NA CIDADE DO CABO

JÁ SE DISSE QUE AS GRANDES COMPLICAÇÕES frequentemente derivam de pequenos incidentes, mas nunca de pequenas causas. Os antecedentes imediatos da guerra sul-africana foram acompanhados em toda a Inglaterra e no mundo inteiro com a maior atenção. A longa história das relações anglo-bôeres desde Majuba Hill, e os mais extensos relatos dos mal-entendidos que precederam esse episódio agourento, eram conhecidos do público.

Na Câmara dos Comuns, a oposição se mantinha em atitude de grande vigilância e debatia asperamente cada passo das negociações e das discussões de 1899. À medida que passavam os meses de verão e de outono, cada vez mais se aprofundava o abismo que dividia a política inglesa entre os que consideravam necessária e inevitável a guerra com as repúblicas bôeres e os que estavam resolvidos a impedi-la por qualquer meio, com trabalho de argumento, paciência e previsão.

Foram penosos esses meses de verão. A atmosfera pouco a pouco carregada de eletricidade tornava-se pesada de presságios de tempestade. Depois da incursão de Jameson, três anos antes, o Transvaal se armara solidamente. Uma polícia excelentemente equipada mantinha os estrangeiros em estrita submissão, e engenheiros alemães desenhavam os planos de um forte, que dominaria Johannesburg e manteria a cidade ao alcance de sua artilharia. Canhões, munição e fuzis chegavam da Holanda e da Alemanha em quantidade para equipar as populações das duas repúblicas bôeres, mas armar um número ainda maior de holandeses disseminados por toda a colônia do Cabo. Ameaçado por uma revolta, tanto quanto por uma guerra, o governo britânico reforçava pouco a pouco suas guarnições em Natal e no Cabo. Durante esse tempo, notificações e telegramas cada vez mais alarmantes se sucediam numa sombria sequência entre Downing Street e Pretória.

Subitamente, em começos de outubro, os homens audaciosos que dirigiam a política do Transvaal resolveram pôr fim àquele estado de coisas. Foi enviado de Pretória, no dia 8, um ultimato que exigia a retirada das forças britânicas das proximidades da fronteira republicana e a cessação das medidas de reforço. A nota marcava um prazo de três dias. A partir daquele momento a guerra era certa.

Nem uma hora depois de recebido o ultimato bôer, Oliver Borthwick procurou-me para oferecer o lugar de principal correspondente de guerra do *Morning Post*, com um ordenado de 250 libras por mês; todas as despesas pagas durante quatro meses no mínimo e inteira liberdade de movimentos e de opinião. Tais eram as condições, muito mais vantajosas, creio eu, do que as que até então haviam sido oferecidas a qualquer correspondente de guerra da imprensa inglesa, e certamente muito tentadoras para um rapaz de 24 anos que não tinha outra coisa a fazer senão ganhar a vida. Reservei imediatamente uma cabina e no primeiro navio, o *Dunottar Castle*, que deveria partir no dia 11.

Passei minhas últimas horas na Inglaterra em preparativos de viagem numa atmosfera de alegre expectativa. Londres fervilhava de sentimentos patrióticos e violentas controvérsias partidárias. Rapidamente sucediam-se as notícias, anunciando que os bôeres haviam tomado a ofensiva e suas forças avançavam ao mesmo tempo sobre a colônia do Cabo e sobre Natal; que o general Sir Redvers Buller fora designado comandante em chefe inglês; que os reservistas estavam convocados e que nosso único corpo de exército seria imediatamente enviado a Table Bay.

Ocorreu-me estar com o sr. Chamberlain antes de minha partida. Apesar de muito ocupado, marcou-me um encontro no Ministério das Colônias; como não pude comparecer a tempo, mandou pedir que o procurasse em sua casa em Prince's Gardens, na manhã seguinte. Fui ver aquele homem extraordinário, num dos mais críticos momentos de sua carreira política. Como de costume, fumava um charuto e imediatamente ofereceu-me outro. Conversamos durante dez minutos sobre a situação e eu lhe expliquei o que tencionava fazer.

"Preciso ir ao Ministério das Colônias. Faça-me companhia e conversaremos pelo caminho", disse ele.

Leva-se quinze minutos, de fiacre, de Prince's Gardens a Whitehall. Por nada desse mundo eu desejaria encurtar o trajeto. O sr. Chamberlain era dos mais otimistas com referência ao provável curso da guerra.

"Talvez Buller chegue tarde", continuou. "Seria mais prudente ter partido antes. Agora, se os bôeres invadirem Natal, Sir George White e seus 16 mil homens liquidarão o assunto."

"E Mafeking?", perguntei.

"Talvez seja cercado. Mas se não podem resistir durante algumas semanas, que se pode esperar." E acrescentou: "É claro que me baseio nas opiniões do Ministério da Guerra, onde todos têm a maior confiança. Só posso me guiar pelo que eles dizem."

O Ministério da Guerra era naquele tempo um produto de duas gerações de parcimônia constantemente imposta pela

Câmara dos Comuns, nunca atenuadas por nenhuma solicitação fundamentada. Fazia uma ideia tão confusa da situação e das exigências do momento que, ao pedido da Austrália no sentido de lhe ser permitido enviar um contingente de tropas, a resposta foi: "Tropa desmontada preferível." No entanto, só o seu próprio Serviço de Informações, que ocupava um edifício à parte, preparara dois volumes sobre as repúblicas bôeres, volumes mais tarde apresentados no Parlamento, contendo informações detalhadas e exatas. Sir John Ardagh, que dirigia o Serviço, declarou a lorde Lansdowne, ministro da Guerra, que seriam necessários 200 mil homens. Suas opiniões foram levadas em consideração e os dois volumes foram enviados a Buller. Mas este devolveu-os uma hora depois, com uma nota dizendo que "sabia tudo sobre a África do Sul". O sr. George Wyndham, subsecretário da Guerra, num jantar comigo numa daquelas noites, pareceu-me ser o único a avaliar devidamente as dificuldades e a amplitude da empresa. Disse-me que os bôeres estavam perfeitamente preparados e agiam de acordo com um plano completo. Possuíam grande quantidade de material bélico, inclusive um novo modelo de Maxim pesada, com balas de 25mm. (Mais tarde a conhecemos muito bem sob o nome de *Pompom*.) Era de opinião que a abertura da campanha talvez reservasse surpresas desagradáveis, que as forças inglesas seriam atacadas parceladamente, que poderiam ver-se cercadas em alguns pontos por um inimigo dotado de maior mobilidade e que, assim cercadas, seriam esfaceladas por essas famosas Maxims 25. Devo confessar que, no ímpeto de minha mocidade, fiquei muito satisfeito ao saber que nessa guerra o poder não estaria exclusivamente de um lado, e por conseguinte ela não seria apenas exibição de força. Achei muito corajoso da parte dos bôeres atacarem o Império Britânico inteiro e alegrava-me o fato de eles não estarem indefesos e de terem imposto a si mesmos essa situação, pelos preparativos que fizeram.

Sirva-nos isso de lição! Nunca, absolutamente nunca se deve julgar que uma guerra será simples e fácil e que aqueles que se atrevem a arrostar suas ondas poderão prever as tempestades que vão enfrentar. O homem de Estado que cede à febre da guerra deve compreender que, uma vez dado o sinal de partida, ele não é mais senhor da política e sim escravo de acontecimentos imprevisíveis e impossíveis de controlar.

Os ministérios da guerra retrógrados, os comandantes fracos, incompetentes ou arrogantes, os aliados incertos, os neutros hostis, o pernicioso acaso, as terríveis surpresas, os erros fatais são fatores que têm todos uma cadeira nas reuniões do Gabinete no dia seguinte ao de uma declaração de guerra. Lembrem-se sempre, por mais certos que estejam de uma vitória fácil, de que jamais haveria guerra se o adversário não acreditasse também em suas próprias possibilidades de triunfo.

Um dos mais velhos amigos de meu pai, Billy Gerard, conseguira poucos anos antes (tal como eu fizera com Sir Bindon Blood) arrancar de Sir Redvers Buller a promessa de que, se algum dia recebesse o comando de um exército em guerra, o levaria em seu estado-maior. Lorde Gerard era homem de idade avançada, riquíssimo, muito relacionado na sociedade londrina e um dos grandes proprietários de cavalos de corrida. Sua iminente partida para o front deu lugar a um banquete que lhe foi oferecido por Sir Ernest Cassel no Hotel Carlton. Eu figurava entre os convidados. O príncipe de Gales e cerca de quarenta homens da geração governante formavam uma imponente e alegre companhia. As funções de Gerard consistiriam em velar pelo conforto pessoal do comandante em chefe e para isso, durante esse jantar, entregaram--lhe não sei quantas caixas do mais velho conhaque e da melhor champanhe que as adegas de Londres podiam apresentar. Os doadores estipularam que Billy Gerard deveria fazer-me participar dessas liberalidades toda vez que se apresentasse ocasião. Todos se encontravam nesse estado de alegria e cordialidade que frequentemente sucede às declarações de guerra. Um dos convivas, que também estava de partida para o front, costumava abusar do álcool. Esse hábito já se tornara proverbial. Quando ele se levantou para ir embora, lorde Marcus Beresford disse-lhe com grande seriedade: "Até a vista, meu caro. Pense bem em V.C.!" Ao que o nosso amigo, profundamente emocionado, respondeu: "Farei o possível para merecê-la." "Ah! Você se engana", retrucou lorde Marcus. "Não me refiro à Victoria Cross, mas ao *Vieux Cognac*."

É preciso acrescentar que essas caixas de conhaque e de champanhe, que eu deveria aproveitar, seriam uma das muitas decepções daquela guerra. Para ter a certeza de que a carga chegaria intacta ao quartel-general, lorde Gerard tivera o cuidado de colar etiquetas com as palavras: "Óleo de rícino." Dois meses depois, em Natal, como não chegassem as caixas, enviou um telegrama urgente à base de Durban, reclamando o óleo de rícino. Em resposta informaram-lhe que o carregamento desse remédio a ele endereçado já fora por engano repassado aos hospitais, mas, por sorte, a base dispunha agora de ampla provisão de óleo de rícino, do qual expediram com urgência uma caixa ao comandante.

Mais de uma experiência nossa na África do Sul ia ser desse gênero.

O *Dunottar Castle* deixou Southampton no dia 11 de outubro, dia em que expirava o prazo do ultimato bôer. Além do correspondente do *Morning Post*, o navio transportava Sir Redvers Buller e todo o estado-maior do quartel-general de nosso exército organizado. Buller era uma personalidade essencialmente inglesa. Homem grosseiro, de poucas palavras e obscuro em tudo o que dizia. Não pertencia à espécie de criaturas que conseguem explicar as coisas; e nunca tentava explicá-las. Nas discussões sérias, contentava-se em resmungar. Na palestra comum, afastava-se resolutamente de tudo que se relacionasse com assuntos sérios. Mostrara-se valente oficial na juventude; vinte anos antes, ocupara em Whitehall importantes postos administrativos de natureza sedentária. Como suas opiniões possuíam tintas de liberalismo, era considerado um militar de bom senso. Havia muito seu nome era familiar ao público. Dadas todas essas qualidades, não era de admirar que merecesse a maior confiança. "A confiança que eu deposito no soldado inglês", disse lorde Salisbury no Guildhall, em 9 de novembro de 1899, "só pode ser comparada à que deposito em Sir Redvers Buller". Não há dúvida de que era homem de grande valor. Avançou pesadamente, cada vez mais inábil, de desastre em desastre, sem perder o respeito de seu país nem a confiança das tropas, cujo abastecimento, como o seu próprio, era das suas mais graves preocupações. Independente, sabendo impor-se, homem de sociedade e de negócio, produziu nos ingleses, naquelas circunstâncias, o mesmo efeito que o general Joffre produziria mais tarde sobre a nação francesa.

Enquanto as questões de paz e de guerra pareciam ainda em suspenso, e antes que fosse disparado o tiro irremediável, navegávamos num mar agitado. Não havia naturalmente radiotelegrafia nessa época; por conseguinte, o comandante em chefe, o estado-maior e o correspondente do *Morning Post* estavam inteiramente sem contato com o resto do mundo. Esperávamos, entretanto, receber notícias na Madeira, onde devíamos chegar no quarto dia de viagem. Mas ali fomos simplesmente informados de que as negociações estavam encerradas e dos dois lados as tropas avançavam. Nessa incerteza, fizemo-nos de novo ao mar, desta vez rumo ao desconhecido.

Devíamos agora passar cerca de quinze dias em completa ignorância do drama que ocupava nossos pensamentos. Foram dias de tempo encoberto e mar calmo, durante os quais o vapor fendia as ondas com serena indiferença, nem sequer chegando a aumentar sua velocidade acima da média comercial de costume. Um aumento de velocidade teria sido medida sem precedentes. Fazia uns cinquenta anos a Inglaterra não guerreava contra um povo de raça branca; e estava inteiramente fora de suas cogitações que o tempo fosse importante numa questão dessa natureza. Reinava a bordo do pacífico vapor a mais absoluta tranquilidade. Os esportes e jogos ocupavam igualmente os passageiros civis e militares. Buller passeava o dia todo pelo convés, com uma calma de esfinge. No estado-maior acreditava-se que a coisa acabaria logo que a tropa desembarcasse. Iam a bordo alguns dos nossos melhores oficiais, que não concebiam que "tropas irregulares de amadores" como os bôeres pudessem obter algum resultado contra soldados profissionais disciplinados. Se os bôeres invadissem Natal, teriam que enfrentar o general Penn Symonds, alojado com toda uma brigada de infantaria, um regimento de cavalaria e duas baterias de artilharia, em Dundee, no extremo norte de Natal. O estado-maior receava que o choque abatesse de tal maneira os bôeres que estes nem sequer tentassem outro encontro com tropas regulares. Tudo isso era muito desanimador, e não nos surpreendíamos que Sir Redvers Buller aparecesse tão frequentemente com aquele aspecto sombrio.

Doze dias se passaram assim em conjecturas, em paz e em silêncio. Eu formulara uma infinidade de hipóteses, que iam desde a tomada da Cidade do Cabo por Kruger até a captura de Pretória por Sir George White ou mesmo pelo general Penn Symonds. Nenhuma, aliás, me parecia possível. Entretanto, dentro de dois dias no máximo, saberíamos tudo o que se passara naquela monótona quinzena. O entreato terminaria. Novamente se ergueria o pano sobre o cenário do mundo. Que veríamos nós? Eu achava que para o general Buller devia ser muito duro suportar aquela incerteza. Que não daria ele para saber o que se passava? Como era ridículo da parte do governo não enviar uma torpedeira para apanhá-lo a oito quilômetros da costa e pô-lo a par de tudo, a fim de que ele pudesse adaptar seu espírito aos problemas e refletir friamente, com calma, sobre os primeiros passos que devia dar.

Repentinamente, houve uma agitação a bordo. Havia um vapor à vista, vindo em linha reta da terra, daquela terra de onde esperávamos notícias. Aproximava-se rapidamente. Creio que teria passado a um quilômetro e meio de nós se alguns dos mais jovens a bordo não começassem a inquietar-se: "Decerto há de trazer notícias! Se pudéssemos detê-lo! Deve haver jornais do Cabo a bordo. É absurdo deixá-lo passar sem saber das novidades!"

Esses murmúrios chegaram aos ouvidos dos mais velhos. Houve uma solene confabulação. Chegou-se à conclusão de que seria insólito deter um navio em alto-mar. Talvez dirigissem reclamações ao governo ou até mesmo pedissem uma indenização, como quando se dá sinal de alarma sem motivo suficiente. Resolveu-se tomar uma meia medida ousada que consistia em pedir notícias por meio de sinais. O navio modificou imediatamente sua rota e passou bem junto a nós, à distância de cem metros, no máximo. Era um vaporzinho que parecia não conduzir mais de vinte pessoas a bordo. Os passageiros reuniram-se todos para nos olhar, e nós — como deve imaginar o leitor — retribuímos a delicadeza. Quando a distância era menor, ergueram um quadro-negro onde lemos:

BÔERES BATIDOS
TRÊS BATALHAS
PENN SYMONDS MORTO

E o vapor desapareceu, deixando-nos a meditar sobre a mensagem.

O estado-maior estava francamente consternado. Então, haviam chegado a lutar! Houvera batalhas de verdade! E um general inglês fora morto! Era impossível que ainda restasse força aos bôeres. A luta devia ter sido muito séria. Depois de três batalhas, era impossível que o inimigo ainda pensasse em combater. Todos estavam sombrios. Só Buller permanecia impenetrável, uma verdadeira fortaleza, em pleno ambiente de inquietação. Lera a mensagem com auxílio de binóculo, e não fizera um gesto. Ao fim de alguns minutos, um oficial do estado-maior se atreveu a dirigir-lhe a palavra: "Parece que tudo acabou, general."

Provocado, o grande homem respondeu: "Ouso dizer que ainda sobra gente bastante para nos dar um combate fora de Pretória."

Seu instinto militar não o enganava. Sobraria mais do que o bastante.

Essa declaração impressionante nos reergueu o moral. Em poucos instantes, passando de boca em boca, ela percorreu todo o navio. Todos os olhares se animaram, todos os corações se sentiram livres de um grande peso. Os oficiais de estado-maior se felicitavam uns aos outros e os ajudantes de ordens vibravam de alegria. O otimismo era tão generalizado que ninguém se voltou para me despedaçar quando ergui a voz declarando que teriam bastado dez minutos para fazer parar o navio e obter informações que nos definissem precisamente a situação. Ao contrário, deram-me esta sábia resposta:

> A impaciência é um dos fracos da juventude. Havemos de saber logo o que se passou. Sir Redvers Buller demonstrou mais uma vez sua fleuma característica, não tentando antecipar-se às notícias que receberia ao desembarcar no Cabo. Além disso, como na opinião do comandante em chefe a batalha decisiva só terá lugar ao chegarmos a Pretória, e como esta cidade fica a 1.100 quilômetros do Cabo, teremos tempo para fazer todos os preparativos necessários a fim de esmagar o que restar da resistência bôer. Enfim, o hábito de discutir as decisões dos oficiais superiores em tempo de

guerra ou de paz é muito lamentável, mesmo em se tratando de um correspondente de guerra, sobretudo quando se trata de alguém que, ainda há pouco tempo, envergava o uniforme.

De minha parte, eu continuava impenitente e não convencido.

Capítulo 19

O TREM BLINDADO

Já era noite quando ancoramos em Table Bay; mas inúmeras luzes brilhavam na margem, e uma infinidade de chalupas assaltou o navio. Altos funcionários e oficiais navais e do exército vieram a bordo munidos de relatórios. O estado-maior levou toda a noite para estudá-los. Eu consegui um monte de jornais que examinei com a maior atenção.

Os bôeres haviam penetrado na colônia de Natal, atacando nossas forças avançadas em Dundee, e, embora vencidos na batalha de Talana Hill, mataram o general Penn Symonds e por pouco não haviam cercado seus 3 ou 4 mil homens que batiam rapidamente em retirada para Ladysmith. Ali, Sir George White, à frente de 12 ou 13 mil homens, com quarenta ou cinquenta canhões e uma brigada de cavalaria, tentava ainda impedi-los de avançar. A intenção do governo britânico, segundo vim a saber mais tarde, era que Sir George White se retirasse para o sul atravessando o rio Tugela em ação retardadora do avanço dos bôeres até que chegassem os grandes reforços esperados da Inglaterra e da Índia. Sobretudo, não devia deixar-se cortar nem cercar. O plano de guerra inglês previa o sacrifício temporário de Natal do Norte, cujo triângulo saliente não podia ser defendido, e a ofensiva do exército principal sob o comando de Buller, da colônia do Cabo, através do Estado Livre de Orange, até Pretória. Todos esses projetos, como veremos, foram logo transtornados.

Lembro-me de que, muitos anos mais tarde, durante um jantar, eu disse ao sr. Balfour o quanto Sir George White fora maltratado. A sorridente amabilidade do meu interlocutor transformou-se num olhar de implacável severidade. Ficou inteiramente mudado, outro homem. "Sir George White foi o responsável pela penosa situação de Ladysmith", respondeu-me.

No mesmo dia da nossa chegada (31 de outubro), verificaram-se graves incidentes em torno de Ladysmith. O general White, que obtivera um êxito local em Elandslaagte, tentou um audacioso movimento de ofensiva contra os comandos bôeres, que o evitaram habilmente. Deu-se um desastre. Perto de 1.200 homens da infantaria inglesa tiveram de render-se em Nicholson's Nek, e as forças restantes se recolheram em desordem a Ladysmith. Apressaram-se em transformar a cidade num acampamento entrincheirado, e, vendo-se rapidamente cercadas de todos os lados pelo inimigo, cortadas as comunicações ferroviárias, instalaram-se para um sítio prolongado, à espera de socorro. Os bôeres, depois de completar o cerco com dois terços de suas forças, dispuseram-se a avançar com as restantes, atravessando o rio Tugela, em Natal do Sul. Ao mesmo tempo, a oeste, outras forças bôeres cercavam Mafeking e Kimberley e se preparavam para reduzir as duas cidades à fome. Finalmente, a parte holandesa da colônia do Cabo estava também prestes a se rebelar. Em toda aquela enorme região, os homens estavam em pé de guerra, e o governo britânico só podia contar no momento com os canhões da marinha.

Embora os planos fossem desconhecidos, e a situação do inimigo e todas as notícias do desastre de Natal fossem suprimidas, pareceu-me claro, ao desembarcar, que o primeiro combate sério se realizaria na colônia de Natal. O corpo de exército de Buller precisaria de um mês ou mês e meio para se reunir no Cabo ou em Port Elizabeth. Portanto, eu teria tempo de assistir às operações em Natal e voltar ao Cabo para a ofensiva principal. Foi o que pensei, e foi também o que pensou alguns dias mais tarde, sem nenhum prazer, Sir Redvers Buller. Todo o tráfego através do Estado Livre de Orange achava-se interrompido, e para chegar a Natal era necessário percorrer 1.100 quilômetros em estrada de ferro, de De Aar e Stormberg até Port Elizabeth, e dali, num naviozinho postal ou num rebocador, até Durban, num total de quatro dias de viagem. A linha férrea de De Aar a Stormberg, paralela à fronteira inimiga, era inteiramente desprotegida e podia ser cortada de um momento para outro. Contudo, as autoridades julgaram que ainda havia boas probabilidades de passar, e eu me pus em marcha, acompanhado do correspondente do *Manchester Guardian*, um excelente rapaz, o sr. J.B. Atkins, que foi mais tarde redator do *Spectator*. Nosso trem foi o último a trafegar; quando chegamos a Stormberg os empregados da estação se preparavam para deixar a cidade.

Embarcamos em East London num navio de 150 toneladas e fizemo-nos ao mar sob tremenda tempestade. A todo momento parecia-me que o vaporzinho ia ser engolido pelos enormes vagalhões ou espatifado de encontro aos rochedos, que mostravam suas lascas escuras a oitocentos metros apenas de distância. Mas logo essas apreensões foram superadas pelo mais formidável enjoo que jamais experimentei. Não creio que fosse capaz do menor gesto para salvar minha própria vida. Havia na popa do navio, sob o tombadilho, uma cabina abafada, onde os seis ou sete membros da tripulação viviam, dormiam e comiam. Lá fiquei eu estirado em cima de uma esteira, sofrendo todas as tonturas do mundo enquanto o minúsculo navio saltava, cambaleava, corcoveava, subia e tornava a descer, girava sobre si mesmo e recuperava a estabilidade — ou antes, segundo minha impressão, continuava rodando sem parar, durante horas e horas, uma tarde interminável e uma noite eterna.

Há limite para tudo, felizmente nada se esquece tão depressa quanto a sensação de desconforto físico. Apesar disso, a viagem a Durban é uma lembrança que, como dizem os versos das *Bab Ballads*:

> Levarei para as catacumbas do tempo
> Fotograficamente gravada
> Nos tabletes de minha mente
> Quando o ontem se apagar da página.

Desembarcamos em Durban e tivemos de viajar ainda uma noite para atingirmos Pietermaritzburg. O hospital já estava cheio de feridos. Ali encontrei Reggie Barnes, que tivera a coxa atravessada por uma bala em consequência de uma descarga quase à queima--roupa durante a nossa brilhante vitória parcial em Elandslaagte, sob o comando do meu amigo Ian Hamilton, já então general. Barnes contou-me sobre a batalha e a agilidade demonstrada pelos bôeres no manejo das armas e dos cavalos. Mostrou-me o ferimento na coxa. O osso não fora atingido, mas a perna estava inteiramente preta de alto a baixo. O cirurgião tranquilizou-me informando que não passava de uma contusão, sem perigo de gangrena, como eu receava. Na mesma noite, parti para Estcourt, povoação de algumas centenas de habitantes. Dali em diante os trens já não circularam mais.

Pretendia dirigir-me a Ladysmith, onde tinha a certeza de que seria otimamente recebido por Ian Hamilton. Cheguei tarde, porém. A porta estava fechada. Os bôeres haviam ocupado Colenso Station, à margem do Tugela, e estavam de posse da ponte ferroviária. O general French e seu estado-maior, de que faziam parte Haig e Herbert Lawrence (comandante e chefe de Estado-Maior, respectivamente, em 1917-1918), mal conseguiram passar no último trem, já sob o fogo da artilharia inimiga, de Ladysmith para o Cabo, onde devia reunir-se o grosso das forças de cavalaria. Só me restava, pois, esperar em Estcourt com um punhado de homens que foram rapidamente ajuntados para proteger a parte sul de Natal da iminente invasão bôer.

Um único batalhão de fuzileiros de Dublin, dois ou três canhões e alguns esquadrões de carabineiros de Natal, duas companhias de infantaria ligeira de Dublin e um trem blindado eram as únicas forças que nos restavam para defender a colônia. Todo o resto do exército de Natal estava bloqueado em Ladysmith. Os reforços enviados de todo o Império Britânico dirigiam-se apressadamente àquelas paragens. Entretanto, durante a semana que passei em Estcourt, era tal nossa fraqueza que esperávamos nos ver cercados de um momento para outro. O remédio era reforçar o posto e simular tranquilidade.

Encontrei velhos amigos em Estcourt. Leo Amery, o monitor que eu tivera a infelicidade de atirar dentro da piscina de Harrow dez anos antes, e que foi mais tarde, durante muito tempo, meu colega no Parlamento e no Governo, lá se achava como correspondente de guerra do *Times*. Pela primeira vez nos encontramos em pé de igualdade e fraternidade, e, com meu amigo do *Manchester Guardian*, instalamo-nos numa das dependências vazias da estação. Naquela noite, quando passeava pela única rua do lugarejo, encontrei o capitão Haldane, que tão grande ajuda me dera por ocasião de minha inclusão no estado-maior de Sir William Lockhart, durante a campanha do Tirah. Haldane fora ferido em Elandslaagte e esperava reunir-se ao seu batalhão dos Gordon Highlanders em Ladysmith. Mas, tal como eu, vira-se retido, e assumira interinamente o comando de uma companhia de fuzileiros de Dublin. Os dias passavam lentos e cheios de ansiedade.

A posição de nossa reduzida força era muito precária. A todo momento podiam surgir 10 ou 12 mil bôeres a cavalo e atacar-nos ou cortar nossa retirada. Mas era necessário manter Estcourt com a maior firmeza e o maior tempo possível. Toda manhã fazia-se reconhecimento de cavalaria a vinte ou 25 quilômetros na direção do inimigo, para que uma investida não nos colhesse de surpresa. Em má hora veio ao general comandante da área a ideia de enviar seu trem blindado ao longo dos 25 quilômetros de linha férrea intacta para suplementar o trabalho da cavalaria.

Nada parece mais formidável e impressionante do que um trem blindado; mas, na realidade, nada existe mais vulnerável e indefeso. Basta fazer saltar uma ponte para o monstro ver-se encalhado longe da toca e de todo socorro, à mercê do inimigo. Não parece ter ocorrido ao nosso comandante essa hipótese. Decidiu meter no trem blindado de seis vagões uma companhia de fuzileiros de Dublin, uma companhia de infantaria ligeira de Durban, um grupo de trabalhadores ferroviários para consertar trilhos e um pequeno canhão naval com alguns fuzileiros desembarcados no *HMS Terrible*. Essa considerável porção das nossas forças foi mandada em missão de reconhecimento para os lados de Colenso, sob o comando do capitão Haldane. Este, na noite de 14 de novembro, pôs-me a par da tarefa que lhe fora destinada para a madrugada do dia seguinte. Não me escondeu suas apreensões quanto à imprudência daquela empresa; mas, como todo mundo no começo de uma guerra, estava sequioso de aventura e ansiava por uma escaramuça com o inimigo. Perguntou-me se não desejava acompanhá-lo; seria para ele um grande prazer. Por camaradagem, porque julgava do meu dever recolher o maior número possível de informações para o *Morning Post* e também por espírito de aventura, aceitei sem hesitação o convite.

Os acontecimentos militares que se seguiram são bem conhecidos e foram muitas vezes discutidos. O trem blindado percorreu

22 quilômetros em direção ao inimigo e chegou até Chieveley sem encontrar resistência, nem sequer o menor sinal de vida ou de movimento nas amplas ondulações da paisagem de Natal. Paramos alguns instantes em Chieveley para participar ao general, pelo telefone, a nossa chegada. Íamos prosseguir viagem quando avistamos sobre uma colina, que se erguia na direção de Estcourt, a cerca de seiscentos metros, inúmeros pequenos vultos que se agitavam e desciam às pressas. Eram os bôeres, e estavam na nossa retaguarda! Que iriam fazer da linha férrea? Não havia um momento a perder. Começamos a recuar imediatamente. Quando nos aproximamos da colina, eu estava em pé sobre um caixote, espiando por cima da placa de aço do último vagão blindado. Vi no alto um grupo de bôeres. De repente, surgiram no meio deles três coisas montadas sobre rodas; clarões vivíssimos e breves fulguraram e desapareceram, dez ou doze vezes. Uma enorme nuvem de fumaça branca, em forma de cone, ergueu-se alguns pés acima de minha cabeça, segundo me pareceu. Era *shrapnel* — o primeiro que eu via, e quase foi o último. Os flancos de aço do vagão ressoaram sob a saraivada de estilhaços. Houve um estalo na frente do trem, e uma série de bruscas explosões. A linha férrea contornava a base da colina e descia depois um declive acentuado; estimulada pelo fogo do inimigo tanto quanto pelo declive, nossa velocidade aumentou consideravelmente. A artilharia bôer, dois canhões e uma pompom, só teve tempo de enviar uma descarga antes que desaparecêssemos na curva. Veio-me a ideia de que mais adiante havia uma armadilha à nossa espera. Voltei-me para Haldane a fim de lhe sugerir que ordenasse ao maquinista diminuir a marcha quando, de súbito, houve um choque formidável; Haldane e eu, e todos os soldados que se achavam no vagão, fomos violentamente atirados ao chão. O trem blindado, que corria a uns sessenta quilômetros por hora, acabava de ser lançado fora dos trilhos por um obstáculo qualquer ou por uma avaria na linha.

No nosso vagão ninguém ficara seriamente ferido; em poucos segundos pude levantar-me e olhei por cima da blindagem. O trem estava num vale, a 1.200 metros do morro ocupado pelo inimigo. Do cume do morro desciam correndo massas de homens que depois, estirados no capim, faziam fogo cerrado e preciso. As balas silvavam sobre nós e batiam como chuva de pedra nos flancos blindados dos vagões. Desci do meu posto de observação e discuti com Haldane as medidas a tomar. Decidimos que ele, com seu pequeno canhão de marinha, e os fuzileiros de Dublin, no último vagão, tentariam reduzir o fogo do inimigo enquanto eu iria examinando o estado do trem e da linha, bem como as possibilidades de repará-los e desembaraçar o leito dos vagões acidentados.

Esgueirando-me para fora do vagão, corri ao longo da linha até a frente do trem. A locomotiva ainda estava nos trilhos. O primeiro vagão, um *bogey* comum com dois conjuntos de rodas, capotara completamente, matando e ferindo gravemente empregados reparadores da via permanente que iam nele. Mas estava longe dos trilhos. Os dois vagões blindados que levavam a infantaria ligeira de Dublin estavam descarrilados, um deles virado, bloqueando a linha à passagem dos outros vagões. Detrás deles, os homens da infantaria ligeira de Dublin, atordoados com o choque, contundidos e alguns gravemente feridos, haviam encontrado abrigo precário. O inimigo não cessava o fogo; misturavam-se o tiroteio dos fuzis e as detonações dos canhões de campanha e a explosão das granadas. Estávamos nas mãos deles.

Quando passava junto à locomotiva, outro *shrapnel* explodiu quase em cima de nós, projetando com estrépito seu conteúdo no ar. O maquinista saltou imediatamente da cabine e veio se refugiar atrás dos vagões derrubados. No rosto cortado por um estilhaço do obus escorria-lhe sangue; a queixa do maquinista era cheia de veemente e fútil indignação. Ele era paisano! Não fora pago para morrer de obuses! Isso é que não! Não ficaria nem um minuto mais! Temi que a excitação e o choque — atordoado que fora — impedissem-no de guiar a locomotiva; e como era o único que entendia da matéria, perderíamos então toda a esperança de evasão. Por isso, apressei-me a dizer-lhe que um homem jamais era ferido duas vezes no mesmo dia, que um ferido que continuava a fazer o seu serviço era sempre recompensado por sua bravura e talvez fosse aquela a única possibilidade que ele teria de se distinguir na vida. Diante dessas palavras, acalmou-se, limpou o sangue que lhe escorria pelo rosto, subiu novamente à cabine e daí em diante passou a executar sem hesitação todas as ordens que eu dava.*

Pensei que talvez fosse possível, servindo-nos da locomotiva como um aríete, empurrar os dois vagões descarrilados para fora da linha, a fim de desimpedi-la e conseguir, desse modo, escapar. A linha, aliás, não parecia danificada e o inimigo não tocara nos trilhos. Voltei pelos trilhos até o vagão do capitão Haldane e, através de um buraco, fiz breve relato da situação, explicando também minha proposta. Concordou comigo e resolveu manter o inimigo ocupado, enquanto efetuássemos as manobras necessárias.

Durante toda a hora seguinte tive a sorte incrível de não ser atingido por uma bala. Estive quase sempre exposto, indo de um lado para outro para dar ordens ao maquinista. A primeira coisa a fazer era desligar o vagão cuja metade ficara sobre os trilhos do outro vagão completamente fora da linha. Para isso, precisávamos fazer a locomotiva recuar empurrando o vagão para libertá-lo da

---

* Só vinte anos depois pude cumprir minha promessa. As autoridades militares nada fizeram por esse homem. Mas, quando em 1910 ocupei o Ministério do Interior, cabia-me aconselhar o rei para a concessão da Medalha de Albert. Fiz revistar fichários, comuniquei-me com o governador de Natal e com a companhia ferroviária e, finalmente, o maquinista e o foguista vieram a receber a mais alta recompensa concedida por bravura aos civis.

confusão, e depois jogá-lo completamente fora dos trilhos. O peso morto do vagão de ferro era enorme e as rodas da locomotiva patinharam em vão, por diversas vezes, antes de poder movê-lo. Finalmente, conseguiu arrancar; e depois de suficientemente distanciado o vagão, chamei voluntários a fim de derrubá-lo para um lado enquanto a locomotiva, por detrás, empurraria. Era evidente que esses homens iriam ficar muito expostos. Vinte homens se apresentaram imediatamente, mas apenas nove, inclusive o major da infantaria ligeira e quatro ou cinco fuzileiros de Dublin, ficaram realmente a descoberto. Esse esforço não foi inútil. Ao seu arranco, o vagão inclinou-se ainda mais e a locomotiva, com um soco brusco, fê-lo cair fora dos trilhos. A via parecia livre. O sucesso e a segurança pareciam próximos; mas um dos mais cruéis desapontamentos da minha vida me esperava.

O limpa-trilhos da locomotiva, que ultrapassava de quinze centímetros a largura do tênder, foi bater no canto do vagão que acabávamos de virar. Não era prudente forçar demais a máquina, para não vê-la descarrilar também. Desengatamos a locomotiva dos vagões de trás e tentamos por diversas vezes fazê-la recuar de um ou dois metros para lançá-la à frente contra o obstáculo. A cada tentativa o vagão descarrilado mexia um pouco, mas logo compreendemos que outra complicação surgira. O vagão que acabáramos de descarrilar ficara apoiado, em T, contra o que fora projetado no primeiro momento fora da linha. Quanto mais a locomotiva empurrava, mais o vagão se firmava na posição.

Refleti então: se os vagões se firmavam cada vez mais à medida que empurrávamos, talvez se separassem novamente se os puxássemos. O comprimento das correntes de engate da locomotiva não era suficiente para atingir as do vagão descarrilado. Por um caso único de sorte, conseguiu-se uma corrente suplementar. A locomotiva fez nova marcha a ré e, antes que a corrente desatasse, arrastou o vagão um metro para trás e finalmente um pouco fora dos trilhos. Desta vez, a via ficaria livre! Mas, de novo, a locomotiva veio bater no canto do vagão e ficou bloqueada. Esse trabalho me dava tanto calor e a agitação em torno de mim era tal que esqueci tudo o mais. Lembro-me de uma impressão vaga, na qual parecia estar trabalhando num stand de tiro diante de um alvo de ferro em que continuamente se atirava. Penamos setenta minutos sob a fuzilaria, em meio àquelas caixas de ferro ressoando sob os projéteis, sob contínuas explosões dos obuses e o crepitar incessante das balas, bloqueados pelos dez ou doze centímetros de ferro retorcido que se levantava entre o perigo, o cativeiro e a vergonha, de um lado, e do outro a segurança, a liberdade e o triunfo.

Acima de tudo era preciso velar para que a locomotiva não descarrilasse. Finalmente, quando vi que o fogo da artilharia cada vez mais aumentava, e o segundo canhão entrava em ação no flanco oposto, resolvi arriscar tudo. Fiz recuar a locomotiva o mais longe possível e lancei-a a todo vapor sobre o obstáculo. Houve uma terrível barulheira de ferragens, a locomotiva balançou nos trilhos, e, enquanto o vagão, que obstruía a linha, levantava-se para trás, ela abriu caminho e chegou ao lado que deveria levar à segurança e à liberdade. Mas os três vagões da traseira ainda estavam a cinquenta metros dali, do outro lado do obstáculo — que caíra no mesmo lugar depois da passagem da locomotiva. Que podíamos fazer? Conseguiríamos empurrar a mão os vagões até a máquina? Eles eram mais estreitos, na certa poderiam passar.

Voltei ao capitão Haldane. Aceitou meu plano e deu ordem a seus homens para saírem do abrigo de aço e tentarem empurrar os vagões até a locomotiva. O plano era razoável, mas a força das circunstâncias fê-lo malograr. Os vagões eram tão pesados que todos os homens tinham que empurrá-los. Enquanto isso a fuzilaria era tão intensa e tão grande a confusão, que os homens não tardaram em deixar, um após outro, o lado exposto ao fogo.

O inimigo, não tendo mais que suportar nosso tiroteio, mostrava-se agora abertamente na colina, redobrando a fuzilaria. Resolvemos então que a locomotiva partisse lentamente, levando os numerosos feridos, e os dublins e os durbans bateriam em retirada, a pé, protegendo-se atrás da locomotiva que avançaria muito devagar. Mais de quarenta homens, a maior parte deles perdendo sangue em abundância, foram amontoados na locomotiva e no tênder, e, vagarosamente, nos pusemos a caminho. Eu estava com o maquinista, para dirigir a marcha. Essa cabine estava tão cheia que mal se podia mover ali dentro. As balas passavam assobiando, algumas atingiam a locomotiva, outras levantavam o saibro da linha que caía sobre a máquina e seu mísero carregamento humano. A marcha acelerou-se e a infantaria não pôde mais segui-la. Finalmente, obriguei o maquinista a parar. Mas, antes que o pudesse fazer, já a locomotiva estava a trezentos metros à frente da infantaria. Ali bem perto a ponte atravessava o rio Blue Krantz, bastante largo. Mandei o maquinista atravessar a ponte e esperar do outro lado; desci na linha e caminhei ao encontro do capitão Haldane e seus fuzileiros.

Mas, enquanto isso, o inimigo não ficara inativo. Mal andara duzentos metros, em vez de encontrar Haldane e sua companhia, vi na linha dois homens à paisana. "Consertadores de linha", pensei. Ao mesmo tempo, porém, outra ideia me passou pela cabeça: "Bôeres." Guardo a impressão que me produziram esses homens de alta estatura, aspecto enérgico, vestidos de roupas pretas muito folgadas e grandes chapéus de feltro mole batidos por chuvas e ventos, fuzil na mão, prontos a atirar. Estavam apenas a cem metros de mim. Fiz meia-volta e corri entre os trilhos em direção à locomotiva, sob o fogo dos fuzis dos dois bôeres. As balas passavam-me à direita e à esquerda, parecendo quase roçar em mim. Estávamos num corte, tendo de cada lado um talude de dois metros de alto. Colei-me junto a um desses taludes, mas ele não podia abrigar-me. Olhei para os dois vultos que me perseguiam:

um se ajoelhava para mirar melhor. A corrida era minha única possibilidade de salvação. Atirei-me à frente de novo, e de novo duas balas chilrearam como beijos nos meus ouvidos, embora não me atingissem. Aquilo não poderia continuar. Era preciso sair do corte, do maldito corredor. Virei-me para a esquerda e escalei o talude. Saltou terra atrás de mim. Consegui atravessar indene a cerca de arame farpado. Depois do talude havia um pequeno fosso, onde me deitei tentando recuperar o fôlego.

A cinquenta metros, havia uma pequena cabine de tijolos, abrigo da turma de conservação da linha. Ali encontraria refúgio. Duzentos metros adiante estendia-se a garganta rochosa do rio Blue Krantz, que me oferecia abrigo ainda mais garantido. Decidi então correr diretamente para o rio. No momento em que me levantava, pude ver do outro lado da linha, separado de mim pelos trilhos e duas cercas de arame farpado, um cavaleiro a galope, enorme homem sombrio com o fuzil na mão direita. Estacou a montaria e agitando o fuzil dirigiu-me em altos brados uma ordem qualquer. Estávamos a quarenta metros um do outro. Naquela manhã, apesar dos regulamentos concernentes aos correspondentes de guerra, eu levava minha pistola Mauser. Pensei em matar esse homem; e, depois do tratamento que acabara de suportar, tive um grande desejo de matá-lo. Levei a mão à cinta: a pistola não estava no coldre! Durante as operações de limpeza da linha, como fora obrigado a subir e descer constantemente da locomotiva, tirara a pistola. Depois até me foi entregue, pois voltou sã e salva com os restos do trem blindado. Mas naquele momento vi-me completamente desarmado.

Enquanto isso, porém, o cavaleiro bôer, sempre montado, visava-me com sua arma. O cavalo não se mexia, nem ele nem eu. Lancei um olhar para o rio, para o abrigo dos ferroviários. O bôer continuava a mirar o alvo. Certo de que não havia possibilidade de fuga e que, se ele atirasse não falharia, levantei os braços e me rendi.

"Quando um homem está só e desarmado", disse o grande Napoleão, "pode-se perdoar-lhe a rendição." Essas palavras não me saíam da cabeça naqueles angustiosos minutos. Contudo, o bôer poderia ter errado o alvo, o barranco do Blue Krantz não estava longe e as duas cercas de arame farpado não estavam cortadas. Mas a sorte estava lançada. O bôer baixou o fuzil, fazendo-me sinal para que me aproximasse. Obedeci. Passei pela cerca de arame farpado, atravessei a linha e cheguei junto a ele. Apeou e se pôs a atirar na direção da ponte, sobre a máquina e os poucos soldados ingleses que seguiam. Quando todos desapareceram, porém, tornou a montar e eu o segui a pé até o lugar em que ficara Haldane e sua companhia. Ali já não havia mais ninguém. Já eram prisioneiros. Só então percebi que chovia copiosamente. Enquanto, com alguma dificuldade, eu andava no capim alto, ao lado do meu guarda, oportuna lembrança me ocorreu. Eu levava dois carregadores de Mauser, cada um contendo dez cartuchos, nos dois bolsos de fora do meu paletó cáqui. Esses cartuchos eram iguais àqueles de que me servira em Omdurman e eram os únicos que poderiam servir a uma Mauser. Esquecera-os completamente até o momento em que me lembrei que esses objetos eram muito comprometedores. Deixei cair o que estava no bolso direito, sem que meu bôer percebesse. Levava o outro na mão e ia deixá-lo escorregar para o chão, quando ele me dirigiu um olhar penetrante, perguntando em inglês: "Que é que você leva aí?"

"Não sei, acabo de pegar", respondi, abrindo a mão.

Tomou-o, olhou-o e atirou-o longe. Continuamos a avançar até o lugar em que estava reunido o grupo principal de prisioneiros. Depois fomos cercados por centenas de bôeres a cavalo que chegavam em longas colunas, dois em dois ou três em três, muitos deles levando sobre a cabeça guarda-chuvas abertos.

Tal é o episódio do trem blindado e de minha captura em 15 de novembro de 1899.

* * *

Só três anos mais tarde, quando os generais bôeres vieram à Inglaterra pedir empréstimos e ajuda para reconstruir o país devastado, fui apresentado, num jantar íntimo, ao seu chefe, o general Botha. Falamos da guerra e fiz-lhe um rápido resumo da história de minha captura. Botha ouviu em silêncio e depois disse: "Não está me reconhecendo? Quem o aprisionou fui eu! Eu mesmo." E seus olhos vivos brilharam de contentamento. Botha, de camisa branca e casaca, era muito diferente, salvo no porte e na tez trigueira, daquela sombria e selvagem aparição que me fizera prisioneiro naquele malfadado dia em Natal. Mas sobre o fato não havia dúvida; desaprovando a guerra, fora de início excluído de todos os postos de comando; e aquele fora o primeiro dia em que tomava parte numa ação. Mas, simples soldado raso morador do burgo, no ardor da perseguição galopara à frente de todas as forças bôeres. Assim nos havíamos encontrado.

Poucos homens me interessaram tanto quanto Louis Botha. Esse conhecimento, feito em tão curiosas circunstâncias, seguidas de uma apresentação ainda mais incrível, evoluiu pouco a pouco em uma amizade que me foi preciosa. Vi nesse homem, robusto e de alta estatura, o pai do seu país, o sábio e o penetrante homem de estado, o lavrador guerreiro, o hábil caçador dos ermos, o homem seguro e profundo das solidões.

Em 1906, quando veio a Londres participar da Conferência Imperial, recém-eleito primeiro-ministro do Transvaal, ofereceram um grande banquete em Westminster Hall em honra dos primeiros-ministros dos domínios. Eu era então subsecretário das Colônias, e quando o chefe dos bôeres, nosso inimigo de ontem, atravessou o hall para ocupar seu lugar, parou para dizer à minha mãe, que estava a meu lado: "Passamos juntos, seu filho e eu, por tempestades e bonanças."

Não tenho espaço para contar neste livro todos os assuntos importantes que, durante longos anos, me puseram em contato com esse grande homem. Foi a mim que ele revelou, pela primeira vez, sua romântica intenção de presentear o rei com o Diamante Cullinan, diamante puríssimo e pelo menos vinte vezes maior do que qualquer outro até então descoberto.

Coube-me expor o conjunto da política que, através da Câmara dos Comuns, concedeu autodeterminação ao Transvaal e ao Estado Livre de Orange e encaminhou sua formação constitucional. Como ministro do Comércio e no Almirantado, mais tarde, tive frequentes contatos com o general Botha e seu colega Smuts, enquanto eles dirigiram seu país com aquele tato característico, durante os quinze anos que medeiam de 1906 ao fim da Grande Guerra.

Botha sabia que eu sempre tinha o maior prazer em vê-lo e, toda vez que vinha à Europa, nos encontrávamos com a maior frequência possível em reuniões, em jantares, em minha casa e nos ministérios. Seu instinto infalível não deixava de adverti-lo da aproximação de grandes crises. Em 1913, de volta de uma estada na Alemanha, onde fora fazer uma estação de águas, advertiu-me de que uma perigosa atmosfera prevalecia lá. "Prepare-se", disse, "não confie naquela gente. Sei que é gente perigosa. Eles o detestam. Eu ouvi coisas que você não gostaria de ouvir. Preparem a esquadra. Eu sinto o perigo no ar." E acrescentou: "Quando chegar o dia, também estarei a postos. Quando atacarem, eu atacarei a África do Sudoeste Alemã, e hei de expulsá-los de uma vez por todas. Quando chegar o momento, estarei lá, pronto a cumprir meu dever. Mas vocês, com a esquadra, velem para não serem surpreendidos!"

O acaso e a aventura continuaram mais de uma vez a envolver nossos destinos de modo estranho. A 28 ou 29 de julho de 1914, no meio da semana da crise que precedeu a explosão mundial, encontrei, ao sair da Câmara dos Comuns, um dos ministros da África do Sul, o sr. De Graaf, holandês de grande capacidade, meu conhecido de muito tempo. "Que significa isso? Que se vai passar?", perguntou. "Creio que é a guerra", respondi-lhe, "e creio que a Inglaterra estará no meio." De Graaf deixou-me, preocupado, e esqueci o incidente; mas devia ter suas consequências.

Naquela mesma noite, De Graaf telegrafou a Botha. "Churchill julga que a guerra é certa e que a Inglaterra será envolvida", ou qualquer coisa nesse gênero. Nesse momento, Botha não se encontrava na sede do governo, estava no norte do Transvaal, e o general Smuts o substituía em Pretória. Levaram o telegrama a Smuts. Olhou-o, colocou-o de lado e continuou a classificar seus papéis; quando acabou, olhou de novo o telegrama e refletiu: "Deve haver alguma coisa, senão De Graaf não se daria ao trabalho de telegrafar." Fez retransmitir o telegrama ao primeiro-ministro, no norte do Transvaal. A mensagem só chegou ao general Botha algumas horas depois, mas ainda a tempo. Naquela mesma noite, ele ia tomar o trem para Delagoa Bay e no dia seguinte embarcaria de volta ao Cabo, a bordo de *um navio alemão*, no momento da declaração da Guerra. O primeiro-ministro, chefe onipotente da África do Sul, cairia nas mãos do inimigo exatamente no momento em que vastas regiões da União Sul-Africana estavam a pique de se revoltar. Não se podem imaginar as trágicas consequências que teriam decorrido para a África do Sul. Mas, ao receber o telegrama, o general Botha mudou imediatamente de planos e voltou em trem especial para Pretória, onde chegou a tempo, antes da declaração de guerra.

Seus imensos esforços durante a guerra, os riscos que correu, a coragem constante de que deu provas, a autoridade que exerceu sobre o povo, o modo brilhante pelo qual invadiu o sudoeste africano alemão, seus rudes e violentos conselhos nas reuniões do gabinete de guerra do Império em 1917, suas qualidades de homem de Estado e sua nobre atitude depois da vitória, na Conferência de Paz, em Paris, no ano de 1919, são lendários.

Eu era ministro da Guerra, quando ele deixou a Inglaterra pela última vez. Veio dizer-me adeus no ministério. Conversamos longamente sobre os altos e baixos da vida e os terríveis acontecimentos pelos quais havíamos ambos passado. Muitas personalidades importantes de todos os países vinham ver-me nessa época de vitória, no Ministério da Guerra. Mas só uma eu acompanhei pessoalmente pela escada até o carro: o general Botha. Não mais o veria. Morreu pouco tempo depois da volta ao país para o qual, em tempo de paz como em tempo de guerra, na tristeza e na glória, na revolta e na reconciliação, fora um verdadeiro salvador.

Perdoe o leitor essa longa digressão, finda a qual apresso-me em voltar à minha narrativa.

Enquanto eu esperava, encharcado e infeliz, sentado no chão com os prisioneiros e alguns homens mortalmente feridos, amaldiçoava a má sorte e também minha própria decisão. Bem poderia ter voltado na locomotiva. Creio mesmo, segundo disseram os que nela voltaram, que teria sido muito bem recebido. Inutilmente, e à custa de muito esforço, envolvera-me num desastre insolúvel. Não ajudara ninguém tentando ir ao encontro da Companhia; apenas me privara de toda essa guerra com suas incontáveis possibilidades de aventura e de progresso. Meditei melancolicamente sobre as amargas recompensas da virtude. No entanto, a má sorte — eu não podia prever o porvir — ia lançar as bases de minha vida futura.

Não ia ser privado dessa campanha. Não iria me finar miseravelmente na prisão. Evadir-me-ia e, com essa evasão, adquiriria reputação e notoriedade, o que me tornaria conhecido em todo o país, e me permitiria apresentar minha candidatura em várias circunscrições eleitorais. Também ficaria em situação de ganhar o dinheiro que durante anos garantiria minha independência e me daria meios para entrar no Parlamento.

Se eu tivesse voltado na locomotiva, apesar de felicitações e elogios, poderia ter sido abatido um mês depois em Colenso, como aconteceu a diversos dos meus camaradas no estado-maior de Sir Redvers Buller.

Mas naquele momento ainda ignorava todos esses acontecimentos e possibilidades, e com grande raiva me incorporei à fila de prisioneiros diante da tenda do quartel-general bôer. Minhas amargas reflexões ainda mais sombrias se tornaram quando recebi ordem de ficar sozinho, afastado dos outros oficiais prisioneiros. Conhecia suficientemente as leis militares para saber que um civil engajado, tendo tomado parte em combate, mesmo quando não tivesse atirado, podia ser condenado por uma corte marcial a fuzilamento imediato. Nenhum dos exércitos da Grande Guerra perderia dez minutos com esse assunto. Solitário sob a chuva, vi-me presa de crescente ansiedade. Procurava encontrar as respostas possíveis às breves perguntas que me seriam feitas, e imaginar minha atitude se bruscamente me anunciassem o advento de minha última hora de vida. Depois de um quarto de hora passado nesses exercícios espirituais, fiquei aliviadíssimo quando, em consequência de deliberações tomadas no interior da barraca, vieram anunciar secamente que me juntasse aos outros. Realmente me senti quase alegre, quando, alguns minutos depois, um comandante de irregulares bôer saiu da barraca e me disse: "Não vamos deixá-lo partir, velho, embora você seja um correspondente. Não é todo dia que se pega um filho de lorde!" Não precisava ter me preocupado. Os bôeres, quando se tratava de homens brancos, eram a gente mais humana que conheci. Com os cafres a coisa era outra, mas, para um bôer, a destruição da vida de um branco, mesmo em guerra, era um acontecimento lamentável e chocante. Nos quatro continentes em que o destino me levou a combater, nunca encontrei inimigos de tão bom coração.

Ficou resolvido, portanto, que seríamos todos levados sob escolta a Elandslaagte, ponta dos trilhos da estrada de ferro bôer, a cem quilômetros dali, depois para Pretória como prisioneiros de guerra.

Capítulo 20

NA PRISÃO

Prisioneiro de guerra! De todas as espécies de prisioneiros, é a menos infortunada, sem deixar de ser um triste estado. Fica-se à disposição do inimigo. Deve-se a vida ao seu espírito humanitário e o pão de cada dia à sua compaixão. Precisa-se obedecer às suas ordens, esperar suas resoluções e armar-se de paciência. Enquanto isso, a guerra continua, grandes acontecimentos se produzem, escapam estupendas ocasiões de aventura e de ação. E os dias não acabam. As horas se arrastam como centopeias paralíticas. Nada distrai. Ler é difícil, e escrever, impossível. Da manhã à noite, a vida não é mais do que um longo tédio.

Acresce que a atmosfera das prisões, mesmo das mais doces e mais cuidadas, é odiosa. Os companheiros desse gênero de infortúnio brigam por pequenos nadas e tiram da sociedade em comum o menor prazer possível. Se nunca experimentastes esse constrangimento, se nunca fostes prisioneiros, não podeis calcular essa constante humilhação de ter de suportar o confinamento num espaço reduzido, cercado de grades, guardado por homens armados e enleado nos regulamentos e medidas restritivas. Quanto a mim, detestei cada minuto de meu cativeiro mais do que qualquer outro período desagradável da minha vida. Menos de um mês passou desde o dia em que me constituí prisioneiro em Natal até o momento em que de novo me fiz ao largo, perseguido mas em liberdade, nas vastas regiões da África do Sul. Sempre que penso nesses dias de cativeiro, sinto a maior pena dos presos e cativos.

O que pode significar para um homem, sobretudo para um homem cultivado, alguns anos numa prisão moderna é coisa que ultrapassa minha imaginação. Cada dia é exatamente igual ao da véspera, como as cinzas estéreis de uma vida perfeita que se acumulam inutilmente, e a perspectiva de imensos anos de cativeiro. Eis por que, quando mais tarde vim a ser ministro do Interior e tive sob minhas ordens todas as prisões da Inglaterra, fiz tudo o que pude para introduzir variações e atenuações na vida dos prisioneiros fornecendo livros aos cultos, e a todos facilitando diversões periódicas das quais pudessem de antemão tirar motivo de conversa e preocupação, recordá-las, tudo para atenuar, nos limites do razoável, a dura sorte que, se foi merecida, nem por isso deixa de ser insuportável. Embora a ideia de um ser humano infligir tão terrível castigo e mesmo a pena capital a outros me pareça detestável, consolei-me, em certas ocasiões, ao pensar que a pena de morte é muito mais humana do que a prisão perpétua.

As ideias torpes vêm facilmente ao espírito do prisioneiro. Naturalmente, se com sua alimentação racionada, encadeado numa torre, privado de luz e mergulhado no isolamento, todos os pensamentos conduzem a nada. Mas, quando se é jovem, bem alimentado, cheio de entusiasmo, pouco vigiado, e se tem a possibilidade de conspirar com os outros, esses pensamentos conduzem a uma decisão, e a decisão é a véspera da ação.

Levamos três dias de marcha e de estrada de ferro para chegar à localidade em que devíamos ficar aprisionados. Contornamos as linhas dos bôeres que assediavam Ladysmith, sob o troar da metralha, para chegar à estação de Elandslaagte, onde nosso pequeno grupo, o capitão Haldane, um jovem tenente de Dublin chamado Frankland* e eu, além de cinquenta homens, fomos embarcados num trem e percorremos, aos solavancos, centenas de quilômetros em pleno coração do país inimigo. Juntou-se a nós, em uma das primeiras estações, um soldado da cavalaria ligeira imperial capturado naquele dia quando fazia patrulhamento. Esse homem, chamado Brockie, era um colono sul-africano. Fez-se passar por oficial aos olhos dos bôeres, e como falava corretamente holandês e cafre e conhecia perfeitamente a região, não o desmentimos. Parecia-nos ser exatamente o homem de que precisávamos. Chegamos todos a Pretória em 18 de novembro de 1899. Levaram as praças para o alojamento no campo de corridas, e nós, os quatro oficiais, fomos encerrados no edifício das Escolas-Modelo do Estado. Durante toda a viagem, discutíramos em voz baixa, quando se apresentava oportunidade, sobre as possibilidades de fuga e resolvêramos empregar todos os esforços para recuperar a liberdade. Coisa curiosa, três dentre nós, em momentos diferentes e em diferentes circunstâncias, conseguiram evadir-se das Escolas--Modelo e, com uma única exceção, fomos os únicos prisioneiros a escapar desse local durante todo o tempo que serviu de cárcere.

Encontramos nas Escolas-Modelo todos os oficiais aprisionados no começo da guerra, sobretudo em Nicholsons's Nek. Nós, os recém-chegados, fomos todos alojados no mesmo dormitório, e, desde logo, iniciamos cuidadosa inspeção no local. Da manhã à noite só pensávamos em fuga e quebrávamos a cabeça à procura de um meio de escapar. Não tardamos em descobrir as numerosas falhas do sistema que nos mantinha prisioneiros. Desfrutamos de tanta liberdade no recinto de nossa prisão e éramos tão pouco vigiados durante a maior parte do dia e da noite que continuamente

---

* Oficial de grande capacidade e simpatia pessoal. Foi morto, já coronel, nas praias de Gallipoli, no dia 25 de abril de 1915.

podíamos tratar do nosso assunto. Mal se escoara a primeira semana de nossa chegada, já o projeto de fuga tomara forma de plano ambicioso.

Pouco a pouco combinamos um plano de uma audácia magnífica e desesperada, nascido espontaneamente das circunstâncias em que nos encontrávamos. Éramos cerca de sessenta oficiais ingleses nas Escolas-Modelo e tínhamos a nosso serviço uns dez soldados também ingleses. Nossos guardas "zarps" (South African Republic Police) eram em número de quarenta, ficando sempre dez de sentinela nos quatro lados do perímetro no meio do qual estava o edifício da Escola. Durante o dia, uma dezena deles ia à cidade a passeio, enquanto os restantes se ocupavam em limpar os equipamentos, fumar, jogar cartas ou dormir na barraca que servia de Corpo da Guarda. Era nessa barraca, colocada num dos ângulos retangulares, que à noite os trinta zarps que não estavam de serviço dormiam como justos.

Se fosse possível surpreender e desarmar essa guarda, estaria dado um passo importante. Era preciso antes de mais nada descobrir a maneira pela qual os guardas se ajeitavam para dormir, o que faziam dos fuzis e revólveres e quantos deles se deitavam completamente vestidos, com todas as armas ou apenas com os revólveres. Fizemos prudentes investigações de noite e de dia, e verificamos que praticamente todos os guardas que não estavam de serviço enrolavam-se nas cobertas e dormiam em duas fileiras. Os que não tinham que fazer ronda naquela noite tiravam as botas e a maior parte da roupa. E aqueles que deviam substituir os camaradas dentro de uma ou duas horas tiravam as botas, a túnica e principalmente o cinturão. Os fuzis e as cartucheiras eram ensarilhados em torno das duas estacas da barraca. Havia, por conseguinte, certos períodos durante a noite, entre as substituições da guarda, em que esses trinta homens, dormindo sem outra proteção além da lona das barracas, a cinquenta metros de sessenta oficiais atléticos e dispostos a tudo, não estavam tão em segurança quanto pensavam.

A entrada da barraca era guardada por uma sentinela. Mas pode-se dizer o que é possível e o que não é? Nesse gênero de aventuras nada se pode afirmar antes de haver tentado. Não parecia impossível que dois oficiais conseguissem entreter conversação com a sentinela sob um pretexto qualquer, por exemplo, dizendo--lhe que alguém se sentira mal de repente, enquanto dois ou três audaciosos prisioneiros penetrassem por uma fresta da lona no lado de trás da barraca, apossando-se dos fuzis e revólveres, dominando a guarda quando ela despertasse. Evidentemente, seria preciso subjugar de surpresa a sentinela armada. Dominar assim a guarda, sem que nem um tiro ou grito dessem alarma, era problema extremamente arriscado e difícil. Mas o que se pode contar da história das guardas — e devo acrescentar também da dos crimes — contém mais de um exemplo de façanhas tão temerárias quanto essa. E realizada a façanha, teríamos dado apenas o primeiro passo.

Os dez guardas armados de sentinela seriam um segundo obstáculo. E o caso se complicava porque três desses homens ficavam fora da grade eriçada de pontas que fechava o recinto. Mantinham--se apenas a um metro da grade e frequentemente se apoiavam nela durante o dia para falar com os companheiros do lado de dentro. Mas, de noite, isso não acontecia, e, por conseguinte, eles ficavam fora de alcance. Todos os outros, porém, permaneciam do lado de dentro, cada qual constituindo um problema digno da maior atenção.

Não nos vinha à cabeça a possibilidade de malogro da nossa tentativa se um ou dois guardas conseguissem fugir e dar alarme. Uma vez dominada a guarda, de posse dos fuzis e revólveres, nós nos converteríamos numa força armada superior em número — e, segundo pensávamos, superior também em disciplina e inteligência

— a qualquer corpo organizado de bôeres que se pudesse formar em menos de meia hora. Muita coisa se passa em meia hora! Parecia-nos evidente que, às duas horas da manhã, entre duas mudanças da guarda, seria o momento mais favorável. Se cada oficial inglês fizesse exata e oportunamente o que lhe competia, e se tudo corresse bem, era justo esperar, deixando margem razoável para pequenos erros de detalhe, que nos apossaríamos das Escolas-Modelo do Estado.

Todo o recinto era muito bem, e até brilhantemente, iluminado por lâmpadas elétricas colocadas em grandes postes, mas descobríramos que os fios de que dependiam essas luzes passavam pelos dormitórios, que ocupávamos no edifício da Escola. Um dos nossos, versado na matéria, declarou que de um momento para outro podia interromper o contato e deixar tudo às escuras, o que aliás chegou a fazer uma noite à guisa de experiência. Se isso acontecesse um minuto depois de ser notada a incursão na barraca da guarda, não seria difícil subjugar as sentinelas completamente atordoadas pelo que então acontecesse. Finalmente, a sala de ginástica da Escola continha muitos halteres. E quem dirá que três homens decididos, munidos de halteres, na escuridão, não podem vencer um homem que, embora armado, de nada suspeita e ignora o que se passa? Se pudéssemos surpreender os guardas e desarmar a maioria das sentinelas, e se pudéssemos ter trinta oficiais armados de revólveres e outros trinta armados de fuzis em pleno coração de Pretória, a capital do inimigo, os primeiros passos — e os mais árduos, indubitavelmente — de uma grande e romanesca empresa teriam sido dados. E depois?

A um quilômetro e meio das Escolas-Modelo ficava o campo de corridas de Pretória, e no seu recinto, cercado de arame farpado, comprimiam-se 2 mil prisioneiros ingleses, soldados e sargentos. Estávamos em contato com esses homens e podíamos conspirar com eles. Nosso meio de comunicação era muito simples. Alguns dos dez ou onze soldados destacados para servir os oficiais no edifício das Escolas causavam de quando em vez certos aborrecimentos; em consequência, eram reenviados ao campo e substituídos por outros. Assim, com a maior regularidade, sabíamos o que se passava no interior do campo dos prisioneiros não oficiais e conhecíamos o estado de espírito dos 2 mil soldados ingleses. Verificamos que estavam muito descontentes. Sua vida era monótona, as rações muito reduzidas, os alojamentos deficientes. Estavam famintos e cheios de rancor. Uma vez chegaram a se atirar contra a guarda na entrada e, embora não chegasse a haver derramamento de sangue, sabíamos que só com extrema dificuldade os bôeres haviam conseguido dominar o numeroso grupo de homens. Sabíamos também que só havia 120 zarps com duas metralhadoras para guardar essa grande jaula de prisioneiros. Uma força dessas poderia, se estivesse a postos, sufocar com sangue qualquer revolta.

Suponhamos, no entanto, que à hora de os prisioneiros despertarem, a guarda fosse atacada pela retaguarda por sessenta oficiais armados. Suponhamos que depois os 2 mil homens, movendo-se de acordo com um plano predeterminado, atacassem pela frente. Quem podia afirmar que, no escuro e na confusão, não venceriam o maior número e a audácia? Se fosse assim, a segunda fase de nossa tentativa seria também coroada de sucesso. E depois?

Em toda Pretória, não havia quinhentos homens capazes de tomar armas, e estes, na maioria, eram burgueses apatacados que haviam conseguido isenção de serviço para o front, ou homens incapazes de se bater, funcionários do governo, empregados de escritório etc. Nominalmente, compunham uma guarda municipal e possuíam fuzis. E nada mais! Se conseguíssemos levar a bom termo a primeira fase, a segunda seria mais fácil e a terceira ainda menos difícil. Na imaginação, já nos víamos senhores da capital inimiga. Os fortes só eram garantidos pela guarda. Todo mundo fora para o front. Os canhões dos fortes estavam todos dirigidos para o exterior. Se conseguíssemos tomar conta da cidade, a ocupação dos fortes não passaria de brinquedo e se verificaria naturalmente. O exército britânico mais próximo estava a quinhentos quilômetros dali. Mas se tudo corresse bem, seríamos, como por efeito de mágica, senhores da capital fortificada do inimigo, com força suficiente e víveres e munições bastantes para aguentar tanto tempo quanto Mafeking.

Tudo isso devia ocorrer entre o crepúsculo e a alvorada. Quanto tempo decorreria antes de sermos atacados? Pensávamos que se passariam vários dias antes de se consumar nossa aventura. Ficaríamos de posse da principal estação de entroncamento das estradas de ferro da República Sul-Africana. Aí se encontravam as linhas do norte, do leste e do sul. Poderíamos mandar um trem nessas linhas tão longe quanto aconselhasse a prudência — a sessenta, oitenta quilômetros, talvez mais — e de volta se fariam saltar as pontes. Enquanto isso, a defesa da cidade poderia ser convenientemente organizada. Imagine-se que tudo isso desse certo; que subitamente as forças bôeres viessem a saber que a capital estava nas mãos dos prisioneiros de guerra, que eles imprudentemente reuniram numa praça sem guarnição suficiente. Quantos homens poderiam ser destacados para cercar a cidade? Os bôeres eram excelentes mas principalmente para combates em campo raso. Durante toda a guerra nunca chegaram a fazer cair uma só praça-forte! Kimberley, Mafeking, Ladysmith foram exemplos. Eles recuaram toda vez que se viram diante de entrincheiramentos e posições fixas. Eram formidáveis no ilimitado *veldt*. Se tomássemos Pretória, poderíamos aguentar meses. E que vitória! O presidente Kruger e seu governo estariam à nossa mercê. Ele falara em deixar a humanidade atônita. Pois bem, íamos deixar atônito o próprio Kruger.

Com essas cartas na mão, talvez pudéssemos até negociar uma paz honrosa e encerrar a luta por um armistício cordial, que pouparia os exércitos em marcha e em campanha. Esplêndido sonho esse, que nos absorveu durante vários dias. Imaginações ardentes chegaram a coser uma bandeira do Reino Unido para arvorar no "grande dia". Mas não passou de sonho. Ao conhecerem nosso plano, dois ou três oficiais mais idosos, prisioneiros como nós, pronunciaram-se resolutamente contra ele. E não chego a pretender que estivessem errados. Nosso projeto parecia-se demais com a comédia na qual o vilão anuncia altissonante:

"Doze mil arrieiros armados estão prestes a pilhar a cidade!"

"Por que não começam?", perguntam-lhe.

"Porque a polícia não deixa."

Aí estava o busílis. Dez homens despertos e armados podem representar um obstáculo bem pequeno à realização de um grande projeto, mas nesse caso, como em muitos outros, foram decisivos.

Abandonamos nosso plano coletivo e concentramos nossa atenção em projetos de fuga individual.

Capítulo 21

MINHA FUGA I

Durante as três primeiras semanas do meu cativeiro, embora participasse de todos os planos de revolta ou fuga, andava muito ocupado em discutir com as autoridades bôeres para que me soltassem na qualidade de correspondente de guerra. Retrucaram-me que eu infringira os estatutos do não combatente, tomando parte ativa no combate do trem blindado. Repliquei que não atirara nem uma vez e fora feito prisioneiro sem arma nenhuma. Era a pura verdade. Mas os bôeres se haviam apossado dos jornais de Natal com entusiásticos relatos de minha atividade, em que me atribuíam inteiramente a salvação da locomotiva e dos feridos. O general Joubert deu-me a entender que, se não atirara nem uma vez, pelo menos prejudicara as operações bôeres, libertando a locomotiva, e que por conseguinte devia ser tratado como prisioneiro de guerra. Ao saber dessa decisão, na primeira semana de dezembro, resolvi fugir.

Transcrevo aqui o que escrevi na época, porque não poderia agora contar melhor:

"As Escolas-Modelo levantavam-se em meio a um pátio retangular cercado de dois lados por uma grade de ferro e dos outros dois lados por uma paliçada de zinco de 3m de altura. Esses obstáculos não eram muito grandes para um jovem ágil, mas o fato de serem guardados por sentinelas, de cinquenta em cinquenta metros, armados de fuzil e revólveres, transformava-os em barreiras intransponíveis. Não há muralha mais difícil de romper do que a muralha humana.

"Após longas reflexões e vigilância contínua, diversos prisioneiros descobriram que, quando as sentinelas faziam ronda do lado leste, havia um momento em que não podiam avistar alguns metros do cimo do muro perto da pequena privada circular dos escritórios. As luzes elétricas, no meio do pátio, iluminavam brilhantemente todo o local, mas o muro de leste ficava na sombra. A primeira coisa a fazer era, portanto, escapar às duas sentinelas próximas aos escritórios: era necessário cair no momento exato em que ambas estivessem de costas. Uma vez saltado o muro, estaríamos no jardim da vila vizinha. Aí, acabava o plano, tudo mais vago e incerto. Como sair do jardim, passar pelas ruas sem ser notado, evitar as patrulhas em torno da cidade e sobretudo como cobrir os 450 quilômetros até a fronteira portuguesa? Eis as questões que só depois surgiriam.

"O capitão Haldane, o tenente Brockie e eu fizemos a 11 de dezembro uma tentativa de evasão que malogrou. Não tivemos dificuldade alguma em penetrar na privada, mas a dificuldade estava em saltar o muro, porque, uma vez no alto, era impossível passar despercebidos pelas sentinelas postadas a quinze metros dali, se elas estivessem no seu posto e olhassem em direção a nós. Restava saber se as sentinelas dariam alarme ou atirariam. Tudo dependia de suas disposições pessoais. Contudo, resolvi que nada me impediria de correr esse risco no dia imediato. À medida que passava o dia 12, meus temores se transformaram na coragem do desespero. De noite, depois que meus amigos fizeram uma primeira tentativa sem encontrar momento propício, atravessei o pátio e me escondi no toalete circular. Por uma abertura no revestimento de metal de que era construído, fiquei observando as duas sentinelas. Durante algum tempo mantiveram-se imóveis, barrando-me obstinadamente o caminho. Mas, de repente, uma delas foi aonde estava a outra e começaram a conversar. Estavam de costas.

"Agora ou nunca! Subi numa saliência do muro e, agarrando-me ao alto com as duas mãos, icei-me. Duas vezes seguidas, presa de doentia hesitação, deixei-me cair; mas na terceira vez, de um impulso, fui parar em cima do muro. Meu paletó ficou preso nos enfeites de ferro que encimavam a muralha. Tive que parar durante um longo momento para me livrar. Nessa postura, não perdia de vista as duas sentinelas, que continuavam a conversar, de costas para mim, a quinze metros de distância. Uma delas estava acendendo o cigarro e lembro-me da impressão precisa que me produziu a luz vermelha na concavidade de sua mão. Depois deixei-me deslizar para o jardim vizinho, escondendo-me em moitas. Estava livre! Os primeiros passos foram dados com êxito, e já não podia mais voltar. Devia agora esperar pelos camaradas. As moitas no jardim ofereciam ótimo abrigo e com o luar suas sombras se alongavam pelo chão. Fiquei ali uma hora, ansioso e impaciente. A toda hora passava gente nesse jardim. Vi mesmo aproximar-se um homem a poucos metros, olhando fixamente em minha direção. Onde estavam os companheiros? Por que não vinham?

"Súbito ouvi uma voz no interior do pátio bastante alta: 'Não adianta!' Esgueirei-me de novo para junto do muro. Dois oficiais iam e vinham no pátio, gralhando, rindo e dizendo coisas sem pé nem cabeça, no meio das quais reconheci meu nome. Arrisquei uma ligeira tosse. Um dos oficiais começou a falar sozinho, e enquanto isso o outro pronunciou clara e distintamente estas palavras: 'Eles não podem sair. A sentinela suspeita de alguma coisa. Não adianta! Você pode voltar?' Nesse momento, todos os temores me abandonaram. Voltar era impossível. Não podia saltar novamente o muro sem que me vissem. Não havia saliências do lado de fora para me ajudar. O destino me indicava uma decisão. E eu pensava: 'Na certa vão me pegar, mas pelo menos terei arriscado.'

"'Vou continuar sozinho', disse aos oficiais.

"Estava agora no estado de espírito conveniente àquele gênero de tentativa, quando o malogro é quase certo e as possibilidades contra o sucesso já não têm mais efeito. Todos os riscos valiam mais do que a incerteza. O portão que dava para a estrada não estava a mais de poucos metros de outra sentinela. *Toujours de l'audace*', pensei, enterrando o chapéu na cabeça e avançando ousadamente para o meio do jardim; daí passei diante da janela da casa sem procurar me esconder, franqueei o portão e dobrei à esquerda. Passei a menos de cinco metros da sentinela. A maior parte me conhecia de vista. Ignoro se aquela me viu ou não, porque nem virei a cabeça. Com muita dificuldade continha um instintivo desejo de correr. Mas, depois de andar umas centenas de metros sem ouvir o 'quem vem lá', sabia que havia vencido o segundo obstáculo. Estava em liberdade na cidade de Pretória.

"Ia andando sem me apressar, dentro da noite, cantarolando e caminhando no meio da rua. As ruas estavam cheias de burgueses, mas ninguém me notou. Não tardei em atingir os arrabaldes e me sentei numa pontezinha para refletir e tomar uma decisão. Estava em pleno centro da região inimiga. Não conhecia ninguém para pedir socorro. Cerca de 480 quilômetros me separavam da baía da Lagoa, em Moçambique. Minha evasão seria descoberta de madrugada, e imediatamente se lançariam atrás de mim. Todas as saídas estavam barradas. A cidade era guardada, a região patrulhada, os trens revistados e a estrada vigiada. Eu me vestira com uma roupa à paisana de flanela parda. Levava no bolso 75 libras e quatro paus de chocolate, mas a bússola e o mapa que me poderiam guiar, as pastilhas de ópio e as pílulas de carne que poderiam sustentar-me haviam ficado nos bolsos de meus amigos nas Escolas-Modelo. E o pior é que eu não falava nem uma palavra de holandês ou de cafre e nem sequer poderia indagar do meu caminho.

"Mas, ao perder toda esperança, perdera também o receio. De início, encontrara a linha da estrada de ferro de Delagoa Bay. Sem mapa e sem bússola precisava segui-la, a despeito dos piquetes de vigilância. Olhei para as estrelas. Órion cintilava em pleno esplendor. Um ano atrás, essa mesma constelação me guiara nas margens do Nilo, quando eu me perdera no deserto. Ela me dera água; desta vez me daria liberdade. Não podia viver sem uma nem outra.

"Depois de andar oitocentos metros na direção Sul, dei com a via férrea. Seria a de Delagoa Bay ou o ramal de Pietersburg? Se fosse a primeira, dirigia-se para o leste; mas, tanto quanto podia ver, parecia dirigir-se para o norte, embora talvez fazendo uma curva nessa região montanhosa. Resolvi segui-la. A noite estava linda. Uma brisa fresca soprava em meu rosto e me senti penetrado de selvagem alegria. Fosse como fosse, estava livre ao menos por uma hora. Já era alguma coisa. A atração da aventura tornava-se cada vez mais forte. Não via possibilidade de escapar, a menos que as estrelas em sua trajetória lutassem por mim. Por conseguinte, era inútil mostrar-me prudente. Avancei ousadamente pelos trilhos. Aqui e ali brilhavam os fogos das sentinelas. Todas as pontes estavam guardadas. Mas atravessei por todas elas, desviando-me um pouco nos trechos perigosos e praticamente não tomando precaução alguma. Talvez tenha sido essa a causa do meu êxito.

"Enquanto andava, continuava a elaborar meu plano. Não podia percorrer a pé os 450 quilômetros que me separavam da fronteira. Pularia num trem em marcha. Iria esconder-me debaixo dos bancos, no teto, em qualquer parte. Lembrei-me de

Paul Bultitude e da sua fuga da escola em *Vice-Versa*. Já me via emergindo de um banco e tentando subornar ou convencer um gordo viajante da primeira classe para que me auxiliasse. Que trem tomaria? O primeiro que passasse, naturalmente. Depois de andar durante duas horas, vi as luzes do sinal de uma estação. Deixei os trilhos e, contornando a estação, fui me esconder num fosso perto da linha, a cerca de duzentos metros da plataforma. O trem iria parar e ainda não estaria a grande velocidade no momento de passar diante de mim. Depois de uma hora de espera, já começava a me impacientar, até que ouvi o apito e o ruído de um trem que se aproximava. Depois, as grandes luzes amarelas da locomotiva furaram a noite. O trem parou cinco minutos na estação e se pôs em movimento com grande barulho de ferragem e de vapor. Acocorado junto à linha, devia esperar até que a locomotiva passasse, pois do contrário seria visto. Em seguida, precisaria saltar no estribo de um dos vagões.

"O trem pôs-se em marcha vagarosamente, mas sua velocidade acelerou-se antes do que eu pensava. Os faróis rapidamente se aproximavam de mim. O barulho se transformou em trovoada. A massa sombria avançou: o vulto do maquinista projetou-se sobre a fornalha ardente, e a locomotiva me envolveu numa nuvem de fumaça. Atirei-me então sobre os vagões, agarrei-me a alguma coisa, mas tive que largar, agarrei-me de novo sem resultado. Finalmente, consegui segurar algo e fui bruscamente erguido e arrastado, com a ponta dos pés batendo ao longo da linha. Num súbito esforço, sentei-me no engate do quinto vagão depois da locomotiva. Era um trem de carga, e os carros estavam cheios de sacos cobertos de pó de carvão, sacos vazios que mandavam de retorno à mina. Os sacos estavam quentes e confortáveis. Talvez o maquinista me tivesse visto pular no vagão e daria alarme na próxima estação, talvez tudo corresse bem. Aonde iria esse trem? Onde seria descarregado? Viria a ser revistado? Estaria na linha de Delagoa Bay? Que faria eu quando amanhecesse? Depois se veria. Por essa noite, já tivera bastante sorte. Traçaria novo plano de campanha no momento oportuno. Resolvi dormir. Não se pode imaginar acalanto mais agradável do que o ruído de um trem que leva a trinta quilômetros por hora, para longe da capital inimiga, um prisioneiro evadido.

"Não sei quanto tempo dormi; só sei que despertei sobressaltado, perdida toda aquela confiança da véspera e sentindo o peso das dificuldades que me iriam esmagar. Precisava deixar o trem antes da alvorada para beber água e descobrir algum lugar onde me esconder, enquanto ainda estivesse escuro. Não podia correr o risco de ser descarregado com os sacos de carvão. Na noite seguinte tomaria outro trem. Saí de novo do meu ninho confortável e me sentei no engate do carro. O trem corria em boa velocidade, mas já era tempo de abandoná-lo. Segurei o cabo de ferro na ponta do carro e saltei. Meus pés bateram em terra com duas gigantescas pernadas e um momento depois eu estava estatelado no chão, sacudido mas indene. O trem, meu fiel aliado noturno, continuou o seu caminho.

"Ainda não era dia. Achava-me no meio de um amplo vale cercado de colinas e coberto de capim alto umedecido pelo orvalho. Pus-me à procura de água e pouco depois encontrei um poço límpido. Tinha muita sede, mas, mesmo depois de saciado, continuei a beber a fim de abastecer-me para o dia inteiro.

"O dia não tardou em despontar, e no Leste o céu se tornou amarelo, rubro e estriado de nuvens carregadas. Com grande alívio vi que o trem seguia na direção do sol nascente, sinal de que eu tomara o caminho certo.

"Encaminhei-me para as elevações, onde esperava encontrar esconderijo, e, como começava a clarear, entrei num arvoredo à beira de um barranco. Resolvi esperar nesse abrigo a vinda do crepúsculo. Tinha um consolo. Ninguém no mundo sabia onde eu estava, nem eu. Eram quatro horas da manhã, restavam-me catorze horas para esperar que a noite caísse. Minha impaciência em continuar a viagem enquanto me sobravam forças tornaram essa espera ainda mais longa. A princípio fazia um frio terrível, mas, pouco a pouco, o sol foi ficando forte e, às dez horas, já o calor era sufocante. Meu único companheiro era um enorme abutre que manifestava por mim certo interesse um pouco exagerado, soltando de quando em vez um grasnar sinistro. Do meu abrigo, dominava todo o vale. A cinco quilômetros para leste, viam-se os telhados de zinco de uma cidade. Algumas fazendas disseminadas cercadas de arvoredo quebravam a monotonia do terreno ondulado. Ao pé da colina, um *kraal* de cafres; os vultos dos habitantes pontilhavam os trechos de terra cultivada e cercavam os pequenos rebanhos de cabras e de vacas que pastavam…Durante o dia inteiro, comi apenas um chocolate, que com o calor me deu tremenda sede. O poço estava a oitocentos metros apenas. Mas eu não ousava deixar meu abrigo porque via homens brancos, a cavalo, atravessando de quando em vez o vale. Chegou mesmo a aproximar-se um bôer, dando dois tiros nos pássaros perto do meu esconderijo. Mas não me descobriu.

"O sentimento de orgulho e de alegria que me transportava na noite anterior, desaparecera por completo, e a reação que se seguira era bastante desagradável; sentia muita fome, pois não jantara antes de começar a viagem, e o chocolate, embora substancial, não satisfez o apetite. Dormira muito mal; meu coração batia com fúria; tão nervoso e perplexo estava pensando no que me esperava, que não conseguia descansar. Meditava em tudo o que se levantava contra mim; e mais do que tudo no mundo, eu temia e detestava a perspectiva de ser novamente capturado e levado para Pretória. Nenhum conforto me traziam as ideias filosóficas de que alguns homens se gabam quando se sentem fortes, inteiramente seguros de si mesmos, completamente à vontade. Essas convicções eram apenas boas para os dias felizes. Compreendi com dolorosa acuidade que nenhum esforço do meu pobre espírito e de minha fraqueza poderia me salvar de meus inimigos; sem auxílio desse Poder que intervém na sequência eterna das causas e dos efeitos com mais frequência do que desejamos admitir, nunca eu me teria salvo. Em consequência, rezei muito e fervorosamente, pedindo ajuda e conselho. Ao que parece, minha oração foi rápida e milagrosamente atendida."

Escrevi há muito tempo essas linhas, quando a impressão da aventura ainda permanecia viva em meu espírito. Nessa época, eu não poderia acrescentar mais detalhes sem comprometer a liberdade e talvez a vida dos que me haviam auxiliado. Mas essas razões desapareceram. Agora posso narrar os episódios subsequentes, que modificaram inteiramente minha desesperada situação. Durante o dia eu vigiara a linha com a maior atenção, e vira passar dois ou três trens em ambos os sentidos. Concluí que o mesmo número passaria certamente durante a noite, e resolvi embarcar num deles. Achava também que me seria possível melhorar o processo adotado na véspera. Observara que os trens, principalmente as grandes composições de carga, diminuíam a velocidade ao subirem uma certa rampa mais pronunciada. Às vezes iam tão devagar que a passo poderia acompanhá-los. Decerto seria bem fácil escolher um lugar onde a linha, além de subir, fizesse uma curva. Assim poderia eu escalar o carro, pelo lado convexo do trem, quando a locomotiva já houvesse transposto a curva, e portanto nem o maquinista nem o guarda-freios me poderiam ver. Esse plano parecia inteiramente razoável. Vi-me deixando de novo o vagão antes de raiar o dia, depois de ter sido transportado mais uns cem quilômetros durante a noite. Só me faltariam então 250 quilômetros para chegar à fronteira. E por que não repetiria o método? Onde estava a falha? Eu não via nenhuma. Em três noites, chegaria a território português. Levava ainda comigo três paus de chocolate e o bolso cheio de farelo de biscoito, o suficiente para me sustentar sem o risco de ser novamente aprisionado caso encontrasse algum ser humano. Nesse estado de espírito aguardei, com crescente impaciência, o cair da noite.

O longo dia se arrastou até o fim. No ocidente, as nuvens se avermelharam; alongaram-se sobre o vale as sombras das colinas; uma pesada carroça bôer passou lentamente pela estrada em direção à cidade; os cafres juntaram seus rebanhos e se reuniram em torno do *kraal*; extinguiu-se a luz do dia e a noite desceu. Apressei-me em voltar à via férrea, abrindo caminho pelo capim alto e detendo-me um instante para beber numa fonte de água clara e fresca. Cheguei ao lugar onde vira os trens diminuírem a marcha para subir a rampa e descobri um ponto em que a curva da linha preenchia as condições necessárias à execução do meu plano. Sentei-me atrás de uma moita, com o coração cheio de esperança. Uma hora passou. Duas horas... três horas... e nada de trem. Seis horas já haviam passado depois do último trem que eu cuidadosamente observara. O seguinte não podia tardar. Mais uma hora deslizou. E nada de trem. Meu plano começava a ruir e a esperança me abandonava. Afinal, era bem possível que nenhum trem trafegasse durante a noite naquela linha. Realmente assim aconteceu. Em vão esperaria até a manhãzinha. Mas, entre meia-noite e uma hora, perdi a paciência e pus-me em marcha ao longo da linha, resolvido a percorrer pelo menos uns vinte ou 25 quilômetros. Não conseguia andar muito. Todas as pontes estavam guardadas por homens armados, de distância em distância levantavam-se choupanas, e de quando em vez apareciam estações com pequenas aldeias de telhados de zinco. Todo o *veldt* estava banhado pelos raios da lua cheia, e para evitar esses pontos perigosos via-me obrigado a dar longas voltas, e, às vezes, até me arrastava pelo chão. Afastando-me da linha, caía entre pântanos, embaraçava-me no capim espesso molhado de orvalho e patinhava nos riachos sobre os quais pequenas pontes sustentavam a via férrea. Molhei-me até a cintura. Durante os dias de prisão, fizera muito pouco exercício, e caminhada, falta de comida e de sono rapidamente me fatigaram. Súbito, me deparei com uma estaçãozinha, que não passava de pequena plataforma, em pleno *veldt*, com duas ou três casas e choças ao redor.

Mas, sobre o desvio, sem dúvida ali passando a noite, encontrei três compridos trens de carga. A circulação nessa linha não devia ser regular, e com certeza interrompiam-na durante a noite. Aqueles trens imóveis ao luar confirmavam essa impressão. Que seria então do plano que ainda poucas horas antes tão perfeito me parecia?

Veio-me à cabeça a ideia de que eu poderia subir num desses trens, esconder-me entre a carga e ser assim transportado no dia seguinte durante todo o dia e talvez até durante a noite. Mas, por outro lado, era preciso saber aonde iam os trens, onde iriam parar, onde seriam descarregados. Uma vez escondido num dos vagões, estaria lançada a minha sorte. Talvez fosse ignominiosamente descarregado e preso em Whitbank ou Middelburg ou noutra estação qualquer, ao longo dos 250 quilômetros que me separavam da fronteira. A qualquer preço, pois, antes de arriscar, era preciso saber aonde iam aqueles trens. Para isso carecia entrar na estação, examinar os letreiros dos carros ou da carga, que talvez dessem alguma indicação. Esgueirando-me pela plataforma, meti-me entre dois trens na linha-desvio. Estava examinando os letreiros dos vagões quando altas vozes, que rapidamente se aproximavam, aterrorizaram-me. Eram cafres que riam e gritavam, e bem me pareceu ouvir também uma voz europeia discutindo e dando ordens. De qualquer maneira, aquilo me bastava. Bati em retirada por entre os carros, até a ponta do desvio, e me encaminhei, furtiva mas rapidamente, para o capinzal da vasta planície.

Só me restava prosseguir na caminhada interminável com o coração vazio de esperança. Sentia-me infelicíssimo, ao perceber, de vez em quando, as luzes das casas, pensando no aconchego e no conforto que podiam oferecer, menos para mim, pois só perigos me apresentavam. Ao longe, no horizonte iluminado pelo luar, vi de repente brilhar uma fileira de oito ou dez grandes focos de luz, indicando a estação de Whitbank ou a de Middelburg.

À minha esquerda, na escuridão, brilhavam duas ou três luzes. Tinha a certeza de que não eram de casa, mas não fazia ideia da distância em que se encontravam, nem da sua natureza. Imaginei que fosse um *kraal*. Concluí que o melhor emprego que poderia fazer do que me restava de forças era encaminhar-me em direção a ele. Ouvira dizer que detestavam os bôeres e tinham simpatias pelos ingleses. Era pouco provável que me prendessem. Talvez me dessem comida e algum canto para dormir. É verdade que eu não sabia uma palavra de cafre, mas eles com certeza compreenderiam o valor de uma nota de banco inglesa. Talvez até me auxiliassem; um guia; um cavalo; mas principalmente o descanso, o calor e o alimento, tais eram minhas maiores ambições. Dirigi-me resolutamente para o lugar de onde vinham as luzes.

Percorri pelo menos um quilômetro e meio antes de me compenetrar da insanidade ou da imprudência daquela iniciativa. Voltei à linha férrea. Percorrera metade da distância quando estaquei para me sentar, completamente desanimado, sem nenhuma ideia do que iria fazer. Súbito, sem nenhuma razão, desapareceram todas as dúvidas. Não segui um processo lógico, mas tive a sensação nítida de que devia me dirigir para a aldeia dos cafres.

Encaminhei-me rapidamente para as luzes que a princípio pareciam estar a três quilômetros apenas da estrada de ferro, mas cedo percebi que estavam muito mais distantes. Depois de uma hora ou hora e meia de marcha, pareciam achar-se ainda à mesma distância. Perseverei no entanto, e entre duas e três horas da manhã descobri que não eram luzes de um *kraal* cafre. Começaram a aparecer linhas angulosas das construções, e ao aproximar-me notei um grupo de casas em torno de um poço de mina de carvão. A roda que movia a engrenagem estava agora bem visível, e só então compreendi que os fogos que me haviam guiado de tão longe eram as fornalhas das máquinas. Perto dali, rodeada por dois ou três prédios, havia uma casa de pedra de dois andares.

Parei um momento para contemplar a cena e refletir no que ia fazer. Ainda podia voltar atrás. Mas, nessa direção, nada me esperava além da marcha inútil tendo por termo a fome, a febre, a descoberta e a obrigação de me render. Diante de mim uma possibilidade de salvação se apresentava. Ouvira dizer antes de minha evasão que na zona mineira de Whitbank e Middelburg havia certo número de habitantes ingleses, cuja presença fora tolerada a fim de continuar o funcionamento das minas. Teria sido eu conduzido para um desses lugares? Que conteria essa casa diante de mim, sombria e impenetrável? Um inglês ou um bôer, um amigo ou um inimigo? Isso ainda não esgotava todas as possibilidades. Levava no bolso minhas 75 libras em papel-moeda. Se confessasse minha identidade, julgava poder razoavelmente oferecer mil libras. Quem sabe se não encontraria algum neutro que, por bondade ou por suficiente quantia em dinheiro, concordasse em me ajudar? Dispus-me a tentar tal transação, agora que tinha ainda forças para pleitear a minha causa, ou talvez fugir se as coisas corressem mal. Entretanto, todas as probabilidades eram contra mim. Com passo vacilante e incerto, saí da suave claridade do *veldt* e penetrei no espaço violentamente iluminado das fornalhas, avançando para a casa silenciosa, a cuja porta bati.

Houve um silêncio. Bati de novo. Logo depois acendeu-se uma luz no primeiro andar e a janela foi aberta.

"*Wer ist da?*", gritou uma voz de homem.

Senti até a extremidade dos dedos o choque do desapontamento e da consternação.

"Preciso de socorro! Acabo de sofrer um acidente", respondi.

Seguiu-se um murmúrio. Ouvi passos que desciam a escada. Correram o ferrolho da porta, a chave rangeu na fechadura e vi um homem de elevada estatura, vestido às pressas, de rosto pálido e bigodes escuros.

"Que quer?", indagou ele, já agora em inglês.

Era preciso inventar alguma coisa. E principalmente era preciso entrar em conversa com aquele homem e levar as coisas a um ponto em que ele discutisse calmamente comigo, em vez de dar alarme e pedir auxílio.

"Sou um burgher", comecei eu. "Sofri um acidente, quando ia ter com meu comando em Komati Poort. Caí do trem. Fiquei algumas horas desacordado e creio que destronquei o ombro."

É espantoso como essas coisas nos vêm facilmente à cabeça. Contei aquela história como se a soubesse de cor. E, no entanto, não premeditara nada, não tinha nenhuma noção do que ia dizer.

O homem examinou-me atentamente, e depois de um momento de hesitação, mandou-me entrar. Afastou-se um pouco no corredor, abriu uma porta do lado e, com a mão esquerda, indicou-me uma peça sombria. Entrei pensando que talvez fosse aquela a minha nova prisão. Ele me seguiu, acendeu um lampião e colocou-o sobre uma mesa, indo-se postar na outra extremidade desta. Era uma sala pequena, que servia provavelmente de sala de jantar e escritório. Notei, além da mesa grande, uma secretária, duas ou três cadeiras e um desses sifões para soda — duas esferas de vidro colocadas uma sobre a outra e cercada de uma rede de arame fino. O homem pousou sobre a mesa o revólver, que até então provavelmente segurara com a mão direita.

Depois de um longo silêncio, disse:

"Creio que gostaria de saber um pouco mais a respeito do seu acidente na estrada de ferro."

"Acho", respondi, "que seria melhor contar-lhe a verdade."

"Também acho", pronunciou ele vagamente.

"Sou Winston Churchill, correspondente de guerra do *Morning Post*. Fugi a noite passada de Pretória. Estou de caminho para a fronteira. (De caminho!) Tenho bastante dinheiro. Vai ajudar-me?"

Fez-se de novo um longo silêncio. Meu companheiro levantou-se devagar e foi fechar a porta. Depois desse gesto, que me pareceu de mau agouro, e era perfeitamente ambíguo, avançou para mim e estendeu a mão direita.

"Louvado seja Deus! Ainda bem que o senhor veio dar aqui! É a única casa, num raio de trinta quilômetros, onde não seria aprisionado. Mas aqui somos todos ingleses e havemos de ajudá-lo."

É mais fácil sentir novamente do que descrever, depois de tantos anos, a onda de alívio que me envolveu. Um momento antes eu acreditava ter caído numa armadilha; e agora tinha à minha disposição amigos, alimento, socorro. Sentia-me como um homem que escapou de morrer afogado e recebe a notícia de que tirou a sorte grande.

Meu hospedeiro apresentou-se, sr. John Howard, diretor das Minas de Carvão Transvaal. Naturalizara-se no Transvaal alguns anos antes da guerra. Mas, em consideração à sua origem britânica e a alguns serviços que prestara ao chefe do batalhão local, não fora convocado para lutar contra os ingleses. Fora-lhe permitido ficar, com um ou dois compatriotas, a fim de zelar pelo bom funcionamento da mina. Em sua companhia permaneceram, além do secretário, que era também inglês, um engenheiro de Lancashire e dois mineiros escoceses. Todos quatro eram cidadãos britânicos e só haviam obtido permissão para ficar depois de empenharem a palavra de honra de que observariam estrita neutralidade. Ele próprio, como cidadão da República do Transvaal, incorria em crime de alta traição ao me aceitar, e seria fuzilado se me descobrissem naquele momento ou mais tarde.

"Não importa", disse ele, "arranjaremos uma solução. O comandante do batalhão passou por aqui hoje à tarde, perguntando pelo senhor. Deram alarme ao longo da linha férrea e por toda a região."

Observei que não desejava comprometê-lo.

Que me arranjasse comida, um revólver, um guia, e se possível um cavalo. Eu trataria de chegar até o mar viajando à noite, longe da estrada de ferro e dos pontos habitados.

Ele nem quis ouvir falar nisso. Daria um jeito. Mas recomendava-me a maior prudência, pois havia espiões por toda parte. As suas empregadas eram ambas holandesas, e dormiam em casa. Havia muitos cafres trabalhando no interior da mina e nas máquinas. Ao lembrar-se desses perigos ficou pensativo. Depois exclamou:

"Mas o senhor deve estar faminto!"

Não tratei de contradizê-lo. Dirigiu-se imediatamente à cozinha, aconselhando-me a me distrair, enquanto o esperava, com uísque e o sifão de soda já mencionado. Voltou logo, trazendo boa parte de uma perna de carneiro assada e várias outras iguarias, e, deixando-me a saboreá-las, retirou-se do quarto e saiu da casa, pela porta dos fundos.

Levou uma hora ausente. Nesse período o meu bem-estar físico se pusera em harmonia com o meu novo estado de espírito. Tinha confiança no sucesso e estava pronto para enfrentar o pior.

"Tudo vai bem", disse o sr. Howard. "Vi meus homens, e eles estão prontos a ajudá-lo. Vamos levá-lo ao fundo do poço hoje à noite. O senhor ficará lá até que possamos arranjar meios de lhe dar fuga. A única dificuldade será a comida. As empregadas holandesas vigiam tudo o que eu como. A cozinheira vai querer saber o que aconteceu com a perna do carneiro durante a noite. É preciso que eu encontre uma explicação plausível. O senhor deve descer imediatamente para o poço. Trataremos de acomodá-lo."

Assim, um pouco antes da alvorada, segui o meu hospedeiro e atravessei o pequeno pátio até uma paliçada no interior da qual ficava a roda de ventilação da mina. Ali estava um cavalheiro gordo que me apresentaram como sr. Dewsnap, de Oldham, e me apertou a mão com uma força extraordinária.

"Todos hão de votar no senhor na primeira oportunidade", sussurrou ele.

Abriu-se uma porta e eu entrei na gaiola. Descemos pelas entranhas da terra. No fundo da mina estavam os dois mineiros escoceses munidos de lanternas e um enorme embrulho que, segundo vi mais tarde, continha um colchão e cobertas. Durante algum tempo caminhamos através daqueles sombrios labirintos, que se enredavam incessantemente e cujo nível mudava a todo momento. Paramos afinal numa espécie de câmara onde o ar era puro e fresco. Ali meus guias arriaram as lanternas, e o sr. Howard estendeu-me duas velas, uma garrafa de uísque e um maço de cigarros.

"Com estas coisas não há nenhuma dificuldade, porque tenho a chave. Agora é preciso pensar na sua comida para amanhã."

Ao partir, recomendou-me:

"Não se mexa daqui, aconteça o que acontecer. Durante o dia haverá cafres na mina, mas evitaremos que venham para este lado. Até agora ninguém o viu."

Meus quatro amigos saíram com suas lanternas, deixando-me só. Através da obscuridade veludosa da mina, a vida parecia banhada numa luz rósea. Depois das perplexidades e do desespero por que passara, sentia agora a certeza de recuperar a liberdade. Em vez de uma nova campanha humilhante e longos meses de prisão monótona, provavelmente numa cadeia comum, via-me de novo voltando ao exército aureolado por uma nova façanha, gozando plenamente a liberdade e esse vivo desejo de aventura tão caro à mocidade. Nesse estado de espírito agradável, e prostrado por uma imensa fadiga, não tardei em mergulhar no sono de um homem cansado mas triunfante.

Capítulo 22

MINHA FUGA II

Não sei quanto tempo dormi, mas a manhã do dia seguinte devia ir bem avançada quando abri os olhos. Estendi a mão para apanhar uma vela: não consegui encontrá-la. Não sabia que ciladas podiam esconder essas galerias de minas; por isso preferi ficar quieto no cobertor e aguardar os acontecimentos. Muitas horas se passaram antes que a tênue claridade de uma lanterna me anunciasse a chegada de alguém. Era o sr. Howard em pessoa, armado de um frango e outras coisas gostosas. Trazia também vários livros. Perguntou-me por que eu não acendera a vela. Disse-lhe que não conseguira encontrá-la.
"Não a deixou debaixo do travesseiro?"
"Não."
"Então os ratos comeram."
Informou-me que havia ratos na mina. Havia alguns anos, ele introduzira uma espécie particular de ratos-brancos, excelentes para manter a mina limpa, mas que se multiplicavam de modo extraordinário. Disse-me depois que fora à casa de um médico inglês, a trinta quilômetros de distância, para arranjar o frango.

Inquietava-o a atitude das duas empregadas holandesas, com as suas perguntas a respeito da perna do carneiro que desaparecera. Se não pudesse conseguir outro frango para o dia seguinte, seria preciso pôr no prato uma porção dupla e surripiar a metade para mim, num embrulho, quando a empregada saísse da sala. Acrescentou que os bôeres me procuravam por toda parte e que o governo de Pretória fazia grande alarde em torno da minha fuga. O fato de terem ficado alguns ingleses na região mineira de Middelburg acentuava a probabilidade de eu me haver refugiado ali, e todas as pessoas de origem inglesa eram mais ou menos suspeitas.

Novamente lhe falei do meu desejo de partir sozinho com um guia cafre e um cavalo, mas recusou categoricamente. Era necessário encontrar um meio de me fazer sair do país, e, enquanto isso, talvez tivesse eu que ficar por muito tempo na mina.

"Aqui", disse ele, "o senhor está em absoluta segurança. Mac (um dos mineiros escoceses) conhece todos os recantos e todas as galerias abandonadas, de cuja existência ninguém mais faz ideia. Há um lugar em que a água quase chega à parede superior. Se revistarem a mina, Mac mergulhará consigo até as galerias do outro lado da água. Jamais irão procurá-lo ali. Metemos medo aos cafres com histórias de fantasmas e mesmo assim trataremos de vigiá-los constantemente."

Ficou comigo enquanto eu comia: depois se foi, deixando-me entre outras coisas meia dúzia de velas que, já prevenido, imediatamente meti debaixo do travesseiro.

Adormeci de novo por muito tempo e, súbito, despertei com a sensação de que junto a mim algo se movia, parecendo puxar-me o travesseiro. Meti bruscamente a mão. Foi um verdadeiro alarme. Os ratos estavam roubando as velas. Salvei-as a tempo e acendi uma delas. Felizmente não tenho doentios horrores aos ratos, e tranquilizado pela timidez deles, não me importava muito. Contudo, esses três dias passados na mina não figuram entre os mais agradáveis de minha vida. Havia um ruído incessante de patinhas no chão e a sensação constante de movimento e agitação. Uma vez, despertei sobressaltado com um desses animais galopando por cima de mim. Mas, logo que acendia a vela, desapareciam.

O dia seguinte — se a isso pode chamar dia — era 14 de dezembro, terceiro dia da minha evasão das Escolas-Modelo. Senti-me feliz com a visita dos dois mineiros escoceses, com os quais conversei longamente. Então, com grande surpresa minha, disseram que a mina estava a apenas sessenta metros do solo. Havia até lugares, disse Mac, em que se podia ver a luz do sol através de algum poço abandonado. Gostaria de passear para esse lado? Passamos assim uma ou duas horas, errantes, andando, subindo, descendo, nas galerias subterrâneas; e estacionamos um quarto de hora junto ao fundo do poço de onde se podia divisar a luz baça e fraca do mundo sobre nossas cabeças. Durante esse pequeno passeio, vi multidões de ratos. Pareciam animais muito engraçadinhos, todos brancos com olhos escuros, que, segundo então me informaram, eram cor-de-rosa à luz do sol. Três anos depois um oficial inglês de serviço nessa região escreveu-me dizendo que me ouvira falar numa conferência desses ratos-brancos e dos olhos rosados, e julgava ser mentira. Mas tinha se dado ao trabalho de visitar as minas para controlar minhas informações e queria pedir desculpas por ter duvidado de sua veracidade.

A 15 de dezembro, o sr. Howard anunciou-me que parecia acalmar-se o escândalo que se fizera em torno de minha evasão. Não haviam conseguido descobrir vestígios do fugitivo em nenhum dos distritos mineiros. As autoridades bôeres eram de opinião de que eu devia estar refugiado na casa de algum simpatizante britânico em Pretória. Não lhes parecia possível que eu pudesse ter saído da cidade. Nessas condições, o sr. Howard julgava que eu já poderia subir e fazer um pequeno passeio no *veldt* aquela noite, e, se no dia seguinte, estivesse tudo em calma, mudar-me para o pequeno quarto atrás do escritório. Ali fiquei mais três dias, passeando toda noite na planura, com o sr. Howard ou seu assistente.

No dia 16, quinto de minha evasão, o sr. Howard informou que traçara um plano para me fazer sair do país. A mina estava ligada à principal via férrea por um ramal. Na vizinhança da mina morava um holandês, o sr. Burgener, que ia mandar um carregamento de lã para Delagoa Bay, no dia 19. Esse senhor tinha boas disposições para com os ingleses. O sr. Howard falara-lhe a meu respeito e ele não queria mais do que nos ajudar. A lã do sr. Burgener era posta em enormes fardos que iriam encher pelo menos três vagões. Tais vagões deveriam ser carregados na linha de serviço da mina. Podia-se dispor os fardos de modo a deixarem no meio do vagão um pequeno espaço livre, onde me esconderia. Depois, cada vagão seria coberto com lona, e parecia pouco provável que, ao verem intactos os fechos, se dessem ao trabalho de levantá-la na fronteira. Quereria eu correr o risco?

Essa proposta me atormentou mais do que tudo o que até então me acontecera. Quando, por uma sorte incrível, se ganhou uma grande vantagem ou um prêmio qualquer, e o mesmo já se encontra realmente em nossas mãos, tendo sido desfrutado até por alguns dias, a ideia de perdê-lo é quase insuportável. Contava com minha liberdade como coisa certa, e a ideia de me encontrar numa situação em que nenhum socorro poderia esperar, nada poderia fazer e ficaria à mercê dos guardas aduaneiros ou de alguma patrulha da fronteira, desencorajava-me profundamente. Gostaria muito mais de seguir só pelo *veldt*, com um cavalo e um guia, longe das habitações, e chegar, por etapas, até a fronteira da república bôer. Contudo, acabei por aceitar a proposta do meu generoso salvador e foram tomadas as providências necessárias.

Mais inquieto ainda teria ficado se lesse os telegramas publicados pelos jornais ingleses. Por exemplo:

Pretória, 13 de dezembro — "Embora habilmente executada a evasão do sr. Churchill, poucas probabilidades existem de que ele possa passar a fronteira."

Pretória, 14 de dezembro — "Anuncia-se que o sr. Winston Churchill foi capturado na estação fronteiriça de Komati Poort."

Lourenço Marques, 16 de dezembro — "Anuncia-se que o sr. Winston Churchill foi capturado em Waterval Boven."

Londres, 16 de dezembro — "Em relação à evasão do sr. Winston Churchill, existe o temor de que ele seja capturado muito antes de chegar à fronteira, sendo, nesse caso, provavelmente fuzilado."

Pior ainda seria minha impressão se pudesse ler a descrição que faziam de minha pessoa e a recompensa oferecida pela captura nos cartazes distribuídos ou colados ao longo da estrada de ferro:

£ 25

**Vinte e cinco libras esterlinas
Prêmio oferecido pela subcomissão da quinta divisão, em nome do comissário especial da mesma, a quem trouxer o prisioneiro de guerra fugitivo**

Churchill

vivo ou morto a este quartel.

**Em nome da subcomissão da quinta divisão,
(a)** *Lodk de Hass, Sec.*

Nota: O original do prêmio oferecido pela prisão de Winston Churchill por motivo de sua fuga de Pretória e afixado no palácio do governo de Pretória foi trazido para a Inglaterra pelo hon. Henry Masham, e pertence hoje ao sr. W.R. Burton.

Sinto-me até hoje contente por não ter sabido de nada, na época. A tarde de 18 de dezembro passou devagar. Lembro-me de que, durante grande parte do dia, li o livro de Stevenson, *Kidnapped*. Essas páginas perturbadoras, que descrevem a evasão de David Balfour e Alan Breck, despertavam-me sensações com as quais estava muito familiarizado. Ser um evadido! Um homem perseguido! Ser "procurado" é uma terrível experiência. Os riscos do campo de batalha. O acaso de balas e de obuses são coisa muito diversa do que ter a polícia em nosso encalço. A necessidade de se esconder e de simular fazem nascer um sentimento de culpa muito deprimente. A sensação de que, a cada momento, os agentes da lei, ou qualquer outro indivíduo, podem fazer perguntas como "Quem é o senhor? De onde vem? Para onde vai?" — perguntas impossíveis de serem respondidas satisfatoriamente — destrói a própria substância da confiança que cada um tem em si mesmo. No fundo, eu detestava a prova pela qual teria de passar em Komati Poort, e que deveria suportar passivamente se quisesse escapar aos meus inimigos.

Arrancou-me dessas reflexões o barulho de tiros de fuzil, perto, um após outro, em intervalos irregulares. Uma explicação sinistra me veio à cabeça. Howard e seu punhado de ingleses estariam em rebelião aberta no próprio coração do país inimigo. Recebera ordem severa de não sair do esconderijo, fosse como fosse, e ali fiquei, mas presa de grande ansiedade. Não tardei a ouvir vozes e risos vindos do escritório; o pior, portanto, parecia ter passado. Recomecei a leitura. Afinal, as vozes silenciaram e, poucos minutos depois, o rosto pálido do sr. Howard, iluminado por um largo sorriso, apareceu à porta. Fechou-a atrás de si e vagarosamente se aproximou de mim.

"O comandante da força local acaba de sair daqui. Não, não estava à sua procura. Disse-me que o senhor fora agarrado ontem em Waterval Boven. Mas eu não podia deixá-lo meter o nariz em toda parte por aqui, e por isso propus uma partida de tiro às garrafas. Ganhou-me duas libras e se foi encantado. Está tudo pronto para esta noite."

"Que devo fazer?"

"Nada. Apenas me seguirá quando vier buscá-lo."

Às duas horas da manhã de 19 de dezembro, vestido, eu esperava o sinal. Abriu-se a porta. Apareceu o sr. Howard. Inclinou-se. Nem ele nem eu pronunciávamos palavra. Conduziu-me pelo escritório até a linha do ramal, onde estavam os três grandes vagões de carga. Três silhuetas, provavelmente Dewsnap e seus mineiros, iam e vinham, em torno, ao luar. Uma turma de cafres estava ocupada em levantar enorme fardo para colocá-lo no último vagão. Howard dirigiu-se para o primeiro vagão e atravessou a linha, acenando-me com a mão esquerda. Saltei no tampão e vi na minha frente, entre dois fardos de lã e a ponta do vagão, um buraco apenas suficiente para que me pudesse insinuar por ali. Um estreito túnel, formado de fardos de lã, levava dali ao centro do vagão, onde encontrei um pedaço mais amplo para me deitar e bastante alto para se ficar sentado. Aí me instalei.

Três ou quatro horas, depois, quando as luzes do dia chegaram pelos interstícios do meu abrigo e pelas fendas das pranchas, que formavam o chão do carro, ouvi o barulho da locomotiva que se aproximava. Depois vieram os choques e encontrões das manobras de engate. E, de novo, depois de outra interrupção, partimos para nossa viagem rumo ao desconhecido.

Pus-me a examinar, então, minha nova instalação, o material e o alimento de que fora provido. Para começar, havia um revólver, reconforto moral, embora não visse como podia ele ajudar-me a resolver os problemas que se iam apresentar. Depois, encontrei dois frangos assados, fatias de carne, pão, um melão e três garrafas de chá frio. A viagem até o litoral não pedia mais de dezesseis horas, mas nunca se poderiam prever os atrasos causados pela guerra no tráfego comercial.

Agora já estava tudo completamente claro no meu pequeno reduto. A luz penetrava pelas numerosas frinchas das pranchas laterais do carro e abria caminho pelos fardos. Esgueirando-me ao longo do túnel até uma extremidade do vagão, descobri uma fenda de quase um quarto de centímetro, pela qual podia entrever o mundo exterior. Para verificar o caminho que o trem percorria, eu decorara os nomes da maior parte das estações por onde deveria passar. Ainda hoje posso lembrá-los: Witbank, Middelburg, Bergendal, Belfast, Dalmanutha, Machadodorp, Waterval Boven, Waterval Onder, Elands etc., até Komati Poort. Já atingíramos a primeira dessas estações. Nesse ponto, o ramal da mina chegava à linha principal. Ali, depois de duas ou três horas de espera e de manobras, fomos finalmente engatados no trem e partimos em marcha satisfatória.

Durante todo o dia atravessamos o Transvaal, dirigindo-nos para o leste. Quando caiu a noite, deixaram-nos num desvio de estação, que, pelas minhas contas, devia ser Waterval Boven. Havíamos percorrido quase metade do trajeto. Mas quanto tempo teríamos de esperar nesse desvio? Talvez dias? Pelo menos até a manhã seguinte, na certa. Durante todas as longas horas desse dia, ficara estendido no fundo do carro, ocupando o espírito do melhor modo possível, imaginando cenas agradáveis de prazer e liberdade, a emoção de voltar ao exército, o triunfo de ter conseguido me evadir. Mas também me atormentava o constante temor de buscas na fronteira, prova que se aproximava, e que eu não podia evitar. Agora, outro temor me empolgava. Eu queria dormir. Mas, se roncasse quando o trem estivesse em alguma estação, parado, na linha silenciosa, poderiam me ouvir. E se me ouvissem! Decidi que, em princípio, era mais prudente abster-me de dormir e, pouco tempo depois, caí numa doce madorna da qual só saí na manhã seguinte, despertado pelos sacolejões do trem que era de novo engatado a uma locomotiva.

Entre Waterval Boven e Waterval Onder, há um declive tão forte que se tem de utilizar cremalheira. Fizemos esse trajeto a cinco ou seis quilômetros por hora — e isso pareceu confirmar minha opinião de que a próxima estação deveria ser Waterval Onder. Durante todo esse dia, atravessamos ainda o país inimigo e, já no crepúsculo, chegamos finalmente a Komati Poort, que eu tanto temia. Olhando pela fresta do carro, pude ver que era lugar de importância, entroncamento de linhas em que estacionavam numerosos trens. Grande número de pessoas se agitava em torno dos trens. Havia muito barulho, gritos e apitos. Depois dessa inspeção preliminar do local, refugiei-me, ao parar o trem, no centro de minha cidadela, e cobrindo-me com um pano de saco estendi-me no fundo do vagão, à espera dos acontecimentos, com o coração aos saltos.

Duas ou três horas assim se passaram, e eu não sabia se haviam ou não revistado. Várias vezes passaram pessoas junto do trem, falando holandês. Mas não levantaram as lonas e não me parecia que tivessem inspecionado especialmente os vagões. Enquanto isso, caíra a noite e tive que me resignar a esse estado de prolongada incerteza. Era realmente um suplício permanecer por tanto tempo retido nessa perigosa posição depois de ter percorrido 480 quilômetros e estar a poucas centenas de metros da fronteira. Novamente meditei sobre os perigos de roncar, mas finalmente adormeci sem incidentes.

Ainda estávamos parados quando despertei. Talvez fossem dar busca no trem com tanto cuidado que isso tomaria ainda muito tempo. Ou talvez nos houvessem esquecido nesse desvio e aí ficássemos durante dias ou semanas. Tinha grande vontade de olhar pela fresta, mas resisti. Finalmente, às onze horas, fomos ligados e o trem partiu quase imediatamente. Se não me enganara, pensando que a estação em que passáramos a noite era Komati Poort, já devia estar em território português. Mas talvez estivesse enganado! Talvez calculasse mal! Todas as minhas dúvidas dissiparam-se quando o trem parou na estação seguinte. Olhando pela fresta, vi na plataforma os uniformes e quepes dos funcionários portugueses e o nome "Resano Garcia" pintado numa tabuleta. Contive toda a explosão de alegria até que o trem se pôs novamente em movimento. Depois, à medida que avançávamos em meio a um grande ruído de rodas e ferragens, passei a cabeça por cima da lona e cantei, gritei, urrei com todas as forças dos meus pulmões. Estava tão transfigurado de alegria e reconhecimento que, por duas ou três vezes, dei tiros para o ar num *feu de joie*. Nenhuma dessas loucuras teve resultado desastroso.

No fim da tarde chegamos a Lourenço Marques. Meu trem entrou num pátio de carga e uma nuvem de cafres avançou para descarregá-lo. Julguei azado o momento para deixar o refúgio em que passara quase três dias de ansiedade e desconforto. Fizera desaparecer todo vestígio de comida e todos os sinais de minha presença. Esgueirei-me para a extremidade do vagão, entre os tampões, e misturei-me à multidão de cafres e basbaques que enchiam o pátio — minha aparência desordenada permitiu isso sem me tornar notado — e lentamente dirigi-me para os portões e desemboquei nas ruas de Lourenço Marques.

Do outro lado das grades, esperava-me Burgener. Trocamos um olhar. Fez meia-volta e partiu para a cidade. Segui-o a vinte metros. Atravessamos várias ruas e demos grande número de voltas. Depois, subitamente, parou e parecia contemplar o teto de uma casa em frente. Olhei na mesma direção, e diante de mim — bendita visão! — tremulavam as alegres cores da bandeira inglesa. Era o consulado britânico.

O secretário do cônsul evidentemente não esperava minha visita.

"Vá-se, o cônsul não pode recebê-lo hoje", disse ele. "Volte amanhã de manhã, às nove horas."

Ante essas palavras, fiquei de tal modo enraivecido e repeti em voz alta que insistia para ver o cônsul imediatamente, que o próprio cavalheiro chegou à janela e por fim desceu para perguntar meu nome. A partir desse momento, tive à minha disposição tudo o que poderia me oferecer a mais cordial hospitalidade: banho quente, roupa limpa, jantar excelente e meios para telegrafar; em suma, tudo o que desejava.

Devorei pilhas de jornais, que diante de mim colocaram. Grandes acontecimentos se haviam processado depois que saltara o muro das Escolas-Modelo. A "Semana Negra" da guerra bôer pesava sobre o exército britânico. O general Gatacre em Stomberg, lorde Methuen em Magersfontein e Sir Redvers Buller em Colenso haviam sofrido grandes derrotas e perdas pesadíssimas, em proporções desconhecidas para a Inglaterra, desde a guerra da Crimeia. Isso ainda mais me entusiasmava para voltar ao exército o mais cedo possível. E, por sua vez, o cônsul não tinha menos pressa em me ver deixar Lourenço Marques, que estava cheia de bôeres e de simpatizantes bôeres. Felizmente, o navio semanal partia naquela mesma tarde para Durban; quase se poderia dizer que ele estava em conexão com meu trem. Resolvi embarcar sem mais demora.

A notícia de minha chegada espalhara-se como relâmpago por toda a cidade, e, enquanto estávamos jantando, o cônsul ficou alarmadíssimo ao ver um grupo de curiosos juntar-se no jardim. Eram ingleses bem-armados, que se tinham dirigido apressadamente para o consulado, resolvidos a se oporem a toda tentativa de nova captura por parte dos bôeres. Sob essa escolta de gentlemen patrióticos, atravessei em segurança as ruas para chegar ao cais, e, às dez horas, estava no oceano, a bordo do *Induna*.

Chegando a Durban, descobri que era um herói popular. Receberam-me como se tivesse ganho uma grande vitória. O porto estava embandeirado, bandas de música e uma multidão se comprimia no cais. O almirante, o general e o prefeito apressaram-se em subir a bordo para me apertar a mão. Fui quase despedaçado pelos meus admiradores e entusiastas. Carregado nos ombros da multidão, fui levado à prefeitura, onde, apesar de minha resistência, obrigaram-me a fazer um discurso.

Uma avalanche de telegramas chegava de todos os cantos do mundo e, naquela mesma noite, parti para voltar ao exército, cercado de uma auréola de glória.

Também aí fui recebido com a maior cordialidade. Alojei-me na própria cabana da turma de conservação da linha, em cujas proximidades eu fora, pouco mais de um mês antes, aprisionado. E ali celebraram-se, num jantar oferecido por numerosos amigos, minha sorte e a noite de Natal.

Capítulo 23

DE VOLTA AO EXÉRCITO

VERIFIQUEI QUE, DURANTE AS SEMANAS em que estivera preso, muito haviam falado de mim na Inglaterra. O papel que eu desempenhara no episódio do trem blindado fora exagerado pelos ferroviários e feridos, que haviam conseguido escapar na locomotiva. A história se transmitira para a Inglaterra, com muitos detalhes pitorescos e impressionantes, pelos correspondentes de jornais que se encontravam em Estcourt. A imprensa, como é natural, desfizera-se em elogios extravagantes à minha pessoa. A notícia de minha fuga, depois de tudo isso, e os nove dias que se seguiram, cheios de rumores de que eu havia sido recapturado, provocaram nova explosão de elogios. A mocidade busca aventuras. O jornalismo precisa de publicidade. Eu tive ambas as coisas, e conquistei regular celebridade durante algum tempo. A nação inglesa experimentava uma série de reveses militares — de que ela como que necessita para provocar a eclosão de suas forças — e a notícia sobre a maneira pela qual eu enganara os bôeres foi recebida com satisfação enorme e certamente desproporcionada. Produziu-se a inevitável reação, e uma corrente de difamação, igualmente sem propósito, começou a misturar-se à onda dos louvores. Eis, por exemplo, o que escrevia *The Truth* em 23 de novembro:

"O trem havia descarrilado, e pretende-se que o sr. Churchill salvou a situação gritando: 'Sejam homens!' Mas que faziam a esse tempo os oficiais que comandavam o destacamento? E, além disso, teriam esses homens dado alguma demonstração de que não pretendiam comportar-se como homens? Os oficiais em função de comando no campo da luta poderiam permitir a um jornalista que conclamasse as tropas sob as ordens deles?"

E o *Phoenix* (que já não circula), publicava no mesmo dia o seguinte:

"É muito possível que o sr. Winston Churchill tenha salvo a vida de um soldado ferido no trem blindado. É possível também que tenha agarrado um rifle e atirado sobre os bôeres. Mas, pergunta-se, que fazia ele no trem blindado? Não tinha nenhum direito a encontrar-se ali. Já não é mais soldado, embora tenha sido por algum tempo oficial do 4º Regimento de Hussardos, e, segundo se sabe, não representa mais o *Morning Post*. Portanto, ou quem comandava o trem blindado incorreu em falta ao permitir que o sr. Churchill viajasse na qualidade de passageiro, ou o sr. Churchill tomou a liberdade imperdoável de partir sem licença, agravando assim as responsabilidades do oficial-comandante..."

E por aí vai o *Phoenix*, com muito sangue-frio, explicando que eu era um compatriota em mãos de inimigos e que minha sorte ainda não estava fixada: "É de esperar que o sr. Churchill não seja fuzilado. Mas, por outro lado, não se poderia censurar o general bôer que ordenasse a sua execução. Um não combatente não tem o direito de fazer uso de armas. Na guerra franco-prussiana, todos os não combatentes em cujo poder se encontravam armas eram executados imediatamente; e não podemos exigir dos bôeres que se mostrem mais humanos que os súditos de nações tão altamente civilizadas como a França e a Alemanha."

O *Daily Nation* (que também já desapareceu) escrevia por sua vez, a 16 de dezembro:

"A evasão do sr. Winston Churchill não é considerada nos círculos militares como um feito brilhante, nem sequer honroso. Ele foi feito prisioneiro na qualidade de combatente e naturalmente custodiado sob palavra, como os outros oficiais. No entanto, preferiu faltar a essa palavra, e não seria de estranhar se as autoridades de Pretória adotassem para o futuro medidas mais enérgicas para impedir a repetição de um ato dessa natureza."

Finalmente, a *Westminster Gazette* escrevia a 26 de dezembro:

"O sr. Winston Churchill acha-se novamente em liberdade. Com sua habitual engenhosidade conseguiu evadir-se de Pretória, e o governo local está muito empenhado em saber como ele o conseguiu. Até aqui, tudo muito bem. Está perfeitamente enquadrado nas regras do jogo tentar evadir-se; entretanto, devemos confessar que não compreendemos os pedidos dirigidos pelo sr. Churchill ao general Joubert para que este conseguisse a sua libertação na qualidade de correspondente de jornal e sob pretexto de que 'não tomara nenhuma parte no combate'. Esfregamos os olhos diante dessa declaração. O general Joubert deve ter feito o mesmo. Respondeu que o sr. Churchill — que não conhecia pessoalmente — fora aprisionado porque todos os jornais de Natal atribuíam o salvamento do trem blindado à sua bravura e aos seus esforços. Mas, já que não era assim, o general aceitava a palavra do jornalista declarando-se não combatente, e trataria de enviar a ordem de soltura, ordem essa que chegou meia hora após a evasão do sr. Churchill. O fato do sr. Churchill ser um não combatente permanece assim envolto em mistério. Mas uma coisa é certa: ele não pode pretender ser as duas coisas ao mesmo tempo. Sua carta ao general Joubert priva-o certamente dessa provável Victoria Cross com que já decoraram tantos correspondentes."

Quando li esses comentários, não pude deixar de achar que partiam de um espírito bem pouco generoso. Eu não tinha absolutamente nada que ver com as histórias contadas pelo maquinista e seus homens e pelos feridos do trem blindado, nem com a forma por que apareceram tais relatos na Inglaterra; e muito menos com a enorme publicidade que se fizera em torno do caso. Estava preso e, portanto, impossibilitado de me defender. O leitor compreenderá as razões que me levaram a acompanhar o capitão Haldane no seu malfadado reconhecimento, e a parte exata que eu desempenhara no combate, podendo, pois, avaliar se era justa ou não a minha pretensão de ser considerado não combatente. Ignoro se o general Joubert teria ou não modificado sua primeira resolução de me reter como prisioneiro de guerra; mas a coincidência de essa ordem só ter sido divulgada depois da minha fuga das Escolas-Modelo era decerto curiosa. A alegação de que faltara à minha palavra ao fugir não tinha consistência. Não se exigia palavra alguma aos prisioneiros de guerra, e, como já contei, estávamos sob vigilância de uma guarda armada. Mas, uma vez lançada, essa mentira persistiu nos meandros das controvérsias políticas, e fui obrigado a exigir reparações e desculpas públicas e mover quatro processos por difamação. Naquela ocasião, eu julgava os próprios bôeres como gente mal-intencionada.

Os círculos militares, por sua vez, não deixaram de criticar-me por motivo de um telegrama que enviei de Durban para o *Morning Post*.

Escrevi eu: "Considerando o conjunto da situação, é ridículo deixar de reconhecer que temos de lutar contra um adversário formidável e temível. As altas qualidades dos burghers aumentam sua capacidade de ação. O governo, embora tenha chegado a extremos de corrupção, dedica toda sua energia às operações militares.

"É preciso olhar as coisas de frente. Um único bôer a cavalo numa região que conhece palmo a palmo vale mais do que quatro soldados comuns. O poder dos fuzis modernos é tal que se tem de renunciar frequentemente aos ataques frontais. A extraordinária mobilidade do inimigo protege-lhe os flancos. A única maneira de solucionar o problema é obter homens de firmeza e inteligência iguais às dos atiradores bôeres, ou enormes massas de tropas. O avanço de um exército de 80 mil homens, coberto por 150 canhões em linha, seria uma operação contra a qual a eficiência dos bôeres nada poderia; mas colunas de 15 mil homens só são bastante fortes para sofrer perdas. É, portanto, uma política muito perigosa essa que consiste em enviar reforços aos bocados e dividir os nossos exércitos.

"As repúblicas só podem ser enfraquecidas, como aliás os Estados confederados, pelo esgotamento. Não devemos mostrar-nos muito apressados, mas, ao contrário, reunir enormes massas de tropas. Afinal de contas, sairia muito menos caro enviar mais que o necessário. Há bastante trabalho aqui para um quarto de milhão de homens, e a África do Sul vale bem esse sacrifício de sangue e de dinheiro. Precisamos de corpos de tropas irregulares. Os gentlemen ingleses estarão todos ocupados na caça à raposa? Por que não formamos um corpo de cavalaria ligeira inglesa? Por uma questão de respeito a nós mesmos, a nossos abnegados colonos e aos nossos mortos, devemos continuar a guerra."

Essas verdades um pouco duras não foram digeridas, e a declaração de que um bôer a cavalo valia mais do que quatro soldados regulares foi considerada como insulto ao Exército. Tacharam de absurda a minha afirmação de que eram necessários 250 mil homens. Citarei a propósito o que disse o *Morning Leader*:

"Ainda não recebemos confirmação da notícia de que lorde Lansdowne, enquanto espera a chegada de lorde Roberts, nomeou o sr. Churchill comandante das tropas da África do Sul, com Sir Redvers Buller V.C. como chefe do estado-maior."

Tratava-se infelizmente de uma ironia. Os velhos generais e coronéis do Buck and Dodder Club estavam furiosos. Alguns deles telegrafaram-me nos seguintes termos: "Os seus melhores amigos daqui esperam que não continue por mais tempo a se cobrir de ridículo." Entretanto, minhas opiniões "pueris" não tardaram a ser rapidamente justificadas pelos acontecimentos. Dez mil soldados da *yeomanry* imperial e gentlemen voluntários de todos os gêneros foram enviados para reforçar o exército profissional, e mais de um quarto de milhão de homens, isto é, cinco vezes o total das forças bôeres, teve que invadir o solo da África do Sul antes que conquistássemos a vitória. Posso pois consolar-me com a frase da Bíblia: "Mais vale uma criança pobre cheia de sabedoria do que um velho e estúpido rei..."

Por essa ocasião, os desastres da "Semana Negra" haviam emocionado a Inglaterra, e o governo mostrou-se à altura da situação. O sr. Balfour, que fora tratado pelos adversários de dialético, diletante e efeminado, tornou-se nessa crise o homem providencial do governo do Império. Sir Redvers Buller — só mais tarde o soubemos — ficara tão transtornado com a sua derrota em Colenso, em 15 de dezembro, e pelas perdas de 1.100 homens (o que naquele tempo se achava enorme), que enviara um telegrama impensado ao ministro da Guerra e ordens pusilânimes a Sir George White. Aconselhava ao defensor de Ladysmith que destruísse todo seu material bélico e negociasse a rendição nas melhores circunstâncias possíveis. No mesmo dia, telegrafava ao ministro da Guerra: "Não creio ter força suficiente para libertar White." Esse telegrama, expedido a 15 de dezembro, chegou a Londres num fim de semana. O sr. Balfour era o único ministro que se encontrava na capital. Respondeu apenas isto: "Se não pode libertar Ladysmith, entregue o comando a Sir Francis Clery e venha depressa." White mandou também uma resposta glacial, dizendo que não tinha intenção de render-se. Nesse ínterim — alguns dias antes —, o imperador da

Alemanha, num curioso impulso de simpatia, enviara a Londres o adido militar inglês de Berlim, com a seguinte mensagem pessoal para a rainha Vitória: "Não posso ficar por mais tempo em cima dessa válvula de segurança. Meu povo quer a intervenção. Deveis conquistar a vitória. Aconselho-vos enviar lorde Roberts e lorde Kitchener." Fosse por esse ou por outro motivo, o fato é que, no dia 15 de dezembro, lorde Roberts foi nomeado comandante em chefe, com lorde Kitchener como chefe de estado-maior. Foram remetidos à África do Sul reforços provenientes de todo o exército inglês, com exceção do da Índia, e um considerável efetivo de voluntários da Inglaterra e das colônias. Buller, poderosamente reforçado, recebeu o comando de Natal, com ordem de perseverar na tentativa de libertar Ladysmith, enquanto o exército principal, organizado em escala muito maior que no princípio, devia avançar ao norte da colônia do Cabo para libertar Kimberley e ocupar Bloemfontein.

Buller não estava absolutamente satisfeito com a tarefa de que fora incumbido. Conhecia a força das posições inimigas nas elevações depois do rio Tugela. Com a derrota de Colenso, adquirira a tendência de exagerar as altas qualidades dos bôeres. Depois de uma série de aventuras vãs para atravessar o Tugela, abriu-se comigo nos termos mais cândidos: "Eis-me condenado a me bater em Natal, coisa que meu bom senso sempre me aconselhou a evitar, e a avançar ao longo da linha menos indicada para nossas tropas!"

Mas aplicou-se teimosamente à sua dura missão. Estou certo de que, naquela idade, ele já não possuía mais a capacidade militar, nem o vigor físico ou intelectual, nem a firmeza e os recursos exigidos pela tarefa. Entretanto, conservou a confiança dos soldados e continuou a ser o ídolo do povo inglês.

Não sei se o fato de um homem ter merecido a Victoria Cross por ato de bravura, quando jovem oficial, o habilita para comandar um exército vinte ou trinta anos depois. Constatei muitas vezes os resultados nefastos desse raciocínio. A idade, a vida fácil, o peso do corpo, os anos de promoção e de sucesso em tempo de paz dissipam as forças vitais necessárias à ação intensa. Durante os longos períodos de paz, o estado devia ter sempre prontos alguns oficiais de menos de 40 anos nos exércitos de terra e mar. Esses oficiais, especialmente exercitados e provados, deviam ser transferidos de um comando a outro, ter oportunidade de tomar decisões importantes, comparecer perante o Conselho de Defesa e ser examinados em suas opiniões. E logo que envelhecessem, substituídos por outros, mais moços. Os "velhos e cegos Dandolos" são raros. Lorde Roberts era uma exceção.

Depois que Sir Redvers Buller me interrogou à vontade sobre as condições reinantes no Transvaal, e depois que lhe dei todas as informações que me fora possível recolher pela fresta do meu vagão, disse-me ele: "Muito bem. Podemos fazer alguma coisa por você?"

Respondi imediatamente que eu queria ser oficial num dos corpos irregulares que, por toda parte, eram improvisados. O general, que eu não vira desde o fim de nossa viagem, mas que o conhecera durante os meus anos no exército, pareceu-me um tanto desconcertado; depois de longo silêncio, perguntou-me: "E o pobre Borthwick?"

Referia-se a Sir Algernon Borthwick, mais tarde lorde Glenesk, proprietário do *Morning Post*. Respondi-lhe que tinha um contrato com ele na qualidade de correspondente de guerra, e não podia enganá-lo. A situação era bastante complicada. Nas várias pequeninas guerras dos anos anteriores, era de uso que os oficiais em licença exercessem a função de correspondente, e, às vezes, mesmo oficiais em serviço se haviam encarregado dessa ocupação considerada grande abuso e coberta de numerosas objeções.

Ninguém fora mais criticado do que eu pelo duplo papel que havia desempenhado na fronteira noroeste da Índia e no Nilo. Depois da expedição do Nilo, o Ministério da Guerra decidira, finalmente, que nenhum soldado poderia ser correspondente; e nenhum correspondente, soldado. Era o novo regulamento em todo o seu inviolável rigor. Fazer exceção para mim, mais do que para qualquer outro — eu que fora uma das causas de sua elaboração —, era assunto delicado. Sir Redvers Buller, que por muito tempo servira de ajudante-geral no Ministério da Guerra, homem de sociedade mas também representante do mais estrito rigor militar, achou muito desagradável a questão. Deu duas ou três voltas na sala, olhando-me com um jeito engraçado, e finalmente disse: "Muito bem, pode ir para o regimento do coronel Byng. Fará tudo o que puder para cumprir sua dupla função. Mas não receberá salário no exército."

Apressei-me em aceitar essa solução pouco regular.

Eis-me, pois, restituído ao Exército, tenente da Cavalaria Ligeira Sul-Africana. Um regimento de seis esquadrões e mais de setecentos cavaleiros, com uma bateria de metralhadores Colt a cavalo, fora formado na colônia do Cabo pelo coronel Julian Byng, um capitão do 10º de Hussardos (mais tarde lorde Byng of Vimy), oficial de quem muito se esperava, e com razão. Ele me fez ajudante-assistente e deu-me liberdade de ir aonde quisesse quando o regimento não estivesse em combate. Nada me poderia convir mais do que isso. Cosi os galões e as insígnias no meu dolman cáqui, arvorei no chapéu uma grande pluma arrancada à cauda de um pássaro sacabulu e passei a viver perfeitamente feliz.

O S.A.L.H.(South African Light Horse) fazia parte da brigada de cavalaria de lorde Dundonald, e o pequeno grupo de oficiais e amigos que inspiraram e dirigiram essa força tornou-se quase todo famoso na grande guerra europeia. Byng, Birdwood e Hubert Gough foram promovidos a comandantes de corpos de exércitos; Barnes, Solly Flood, Tom Bridges e vários outros, a comandantes de divisões. Fazíamos juntos nossas refeições em torno do mesmo fogo, dormíamos sob os mesmos transportes durante todos os combates em Natal, e éramos os melhores amigos do mundo. Os soldados vinham de diversas origens, mas todos combatentes de primeira ordem. Os S.A.L.H. eram quase todos sul-africanos, com um grande número de aventureiros de várias partes do mundo, inclusive um soldado confederado da Guerra Civil americana.

O esquadrão de Barnes era formado de *outlanders* das minas de ouro do Rand. Dois esquadrões de carabineiros de Natal e da infantaria montada de Thorneycroft, composto de ricos agricultores e colonos das províncias invadidas, e as duas companhias de infantaria inglesa montada eram as melhores do Exército. Os colonos, naturalmente, sobretudo os *outlanders* e os homens de Natal, estavam amargurados contra o inimigo, coisa que nessa época os soldados regulares consideravam pouco profissional; mas todos trabalhavam juntos de boa vontade.

Capítulo 24

SPION KOP

Não vale a pena recontar em detalhes a história da libertação de Ladysmith; mas devo fazer breve resumo. Sir Redvers Buller abandonou seu plano de forçar o rio Tugela em Colenso e avançar diretamente ao longo da estrada de ferro. Recebidos os reforços, seu exército se compunha de 19 mil infantes, 3 mil cavalarianos e sessenta canhões; resolveu experimentar o contorno do flanco direito bôer e atravessar o Tugela a cerca de quarenta quilômetros a montante de Colenso.

Dia 11 de janeiro, a brigada de cavalaria de Dundonald, em marcha rápida, apossou-se dos morros que circundam os vaus de Potgieter e de Trichardt; no dia seguinte, toda a infantaria, deixando as barracas no lugar e protegida por nossas vanguardas de cobertura de cavalaria ao longo do rio, chegou por pequenas etapas noturnas até o vau de Trichardt. Pela madrugada de 17, toda a cavalaria vadeou o rio sem encontrar grande oposição e, avançando sempre pela esquerda, atingiu, ao cair da noite, as cercanias de Acton Homes, depois de vivo combate com duzentos bôeres. Enquanto isso, a brigada de infantaria da frente, tendo alguma dificuldade em atravessar o vau bastante profundo nesse local, instalara-se entre os contrafortes da montanha Spion Kop, cobrindo a construção de dois pontões, que ficaram prontos de manhã, e a 2ª Divisão, sob o comando de Sir Charles Warren, com uma brigada suplementar e quase toda a artilharia do exército, atravessou sem obstáculos o rio, durante a noite. Na manhã do dia 18, por conseguinte, 16 mil homens estavam do outro lado do Tugela, e a cavalaria já perto do terreno descoberto que se estende além de Acton Homes e que em duas fáceis etapas leva até Ladysmith. Era opinião geral entre a tropa, inclusive os coloniais experientes, que a continuação do avanço da cavalaria para a esquerda contornaria toda a linha dos divisores d'água a oeste de Spion Kop, e a libertação de Ladysmith poderia ser efetuada apenas com persistir nesse movimento tão auspiciosamente começado.

Por outro lado, Buller e seu estado-maior estavam um tanto inquietos quanto às comunicações. Realmente, executavam uma longa marcha de flanco em torno da direita de um inimigo extremamente móvel. Uma brigada inglesa sustentava a passagem nos arredores de Colenso, e a de Lyttelton estabelecera-se em face do vau de Potgieter. O grosso da tropa estava disposto com a direita ao pé de Spion Kop, estendendo-se a cavalaria mais distante, para a esquerda.

Mas essa frente de cinquenta quilômetros estava longe de ser contínua. De um momento para outro, 2 ou 3 mil bôeres poderiam atravessar o rio entre as brigadas e, dirigindo-se para o sul, cortar a longa linha de comunicações pela qual devia ser transportado todo o abastecimento. O pesadelo do comandante em chefe era ver cortada a linha férrea e ser cercado como Sir George White em Ladysmith, sem mesmo dispor de campo entrincheirado e de provisões ou munições suficientes para sustentar um cerco. Esses perigos ainda mais reais se tornavam pela lentidão que entravava todos os movimentos de Buller. Enquanto nós, na cavalaria, desejávamos acelerar nosso vasto movimento de contorno, Buller considerava muito importante diminuir o caminho e, por isso, girar em torno do Spion Kop. Em consequência, na noite de 23 para 24, uma brigada de infantaria e o regimento de Thorneycroft (a pé) foram enviados para se apossar de Spion Kop. O ataque foi bem-sucedido. Os poucos bôeres que estavam na montanha fugiram, e, de manhã, a brigada do general Woodgate se estabeleceu no cume enquanto o resto da força se dispunha ao pé das colinas e sobre as cristas, na direção do oeste.

Enquanto isso, os bôeres vigiaram por seis dias os movimentos incrivelmente lentos dos ingleses. Buller parecia passear e Warren andava a passo de tartaruga. O inimigo teve, portanto, todo o tempo para tomar resoluções completamente novas e fazer novos entrincheiramentos. Puderam trazer das tropas que cercavam Ladysmith cerca de 7 mil cavaleiros e talvez uma dúzia de canhões e de pompons. Contudo, ao encontrar nossa cavalaria ameaçando Acton Homes, tomaram-se de pânico e grande número de burghers, não só individualmente, mas também em grupos, começou a fugir em direção ao norte. O espetáculo da ocupação britânica de Spion Kop causou mais surpresa do que alarme. O general Schalk-Burger, reunindo por seus próprios esforços cerca de 1.500 homens, em sua maioria vindos dos comandos de Ermelo e Pretória, iniciou violento contra-ataque de fuzilaria contra Spion Kop, dirigindo ao mesmo tempo, por todos os lados, o fogo de seus canhões de longo alcance, pouco numerosos, mas muito bem empregados.

Spion Kop é uma elevação rochosa, quase montanha, elevando-se a trezentos metros acima do rio, com um cimo achatado pouco maior do que Trafalgar Square. Nesse pequeno espaço amontoavam-se os 2 mil infantes ingleses. Havia poucos abrigos nesse platô e ainda não houvera tempo para a tropa cavar trincheiras, quando o ataque soou. Os assaltantes bôeres firmaram imediatamente sua superioridade nesse duelo de fuzil. Os *shrapnels*, convergindo de um largo semicírculo, batiam na massa da tropa. Teria sido mais fácil para os ingleses avançar do que manter a posição. Um arranco à frente, ao longo das encostas do Spion Kop, acompanhado pelo avanço de todo o exército contra as posições imediatamente à sua frente, teria sido bem-sucedido naquele momento. Em vez disso, a brigada, no pico do Spion Kop, teve que sofrer essa dura fuzilaria durante todas as lentas horas de um dia de verão sul-africano.

O general foi morto no começo da ação. A brigada teve que suportar perdas terríveis em relação ao número de combatentes. Mas, com igual constância nas dificuldades, ela sustentou a posição até o crepúsculo, embora mil oficiais e soldados, pelo menos, isto é, a metade dos efetivos expostos ao fogo, tenham morrido ou recebido ferimentos naquele pequeno espaço. Num esforço desesperado para remediar a situação, Lyttelton avançou dois batalhões para o outro lado do rio pelo vau de Potgieter. Essa tropa de primeira ordem, o 60º de Carabineiros e os Camaronianos, escalou o morro pelo lado oposto e se estabeleceu nas duas pequenas cristas chamadas Twin Peaks, pontos decisivos, se o comandante em chefe soubesse aproveitar com energia essa captura. O resto das forças contentou-se em olhar, e a noite caiu sobre os ingleses fortemente sacrificados, mas ainda senhores de todas as posições decisivas.

Eu avançara com a cavalaria até o Tugela, onde passei uma semana cheia de incertezas, à espera do ataque sobre nossas linhas de vanguarda. Atravessei o rio no Trichardt bem cedo, na manhã de 17, e tomei parte na escaramuça de Acton Homes, nessa mesma noite. Foi um episódio bastante animador. Os bôeres, pensando poder envolver a nossa brigada, lhe haviam preparado uma armadilha, enquanto dois dos nossos esquadrões, galopando e dissimulando-se ao longo dos terrenos baixos perto do rio, faziam o mesmo.

O inimigo encaminhou-se para um sítio côncavo em forma de colher. Cavalgavam tranquilamente, dois em dois, quando abrimos fogo por três lados ao mesmo tempo, abatendo quase a metade e fazendo trinta prisioneiros, ao passo que nossas perdas não foram além de cinco ou seis homens. Naturalmente, as duas brigadas de cavalaria deveriam ter sido autorizadas no dia seguinte a empreender livremente uma ação contra o inimigo, afastando-o assim do front da infantaria.

No entanto, houve ordens peremptórias para toda a cavalaria recuar e permanecer em contato com a esquerda da infantaria.

Foi nessa posição que, três dias mais tarde (a 20 de dezembro), atacamos a linha das elevações situadas além do Venter's Spruit. Trotamos em direção ao rio sob uma chuva de obuses, deixamos nossos cavalos amarrados perto da margem e subimos a pé as rampas abruptas, empurrando os postos avançados dos bôeres. Seguindo uma tática inteligente, avançamos até as primeiras elevações, tomamos de assalto Child's Kopje e alcançamos a linha da crista geral sem ter perdido mais de vinte homens. Esses montes têm todos os cumes planos, e os bôeres, cujo instinto de guerra superava os manuais de tática, haviam construído uma linha de trincheiras a trezentos metros além da orla dos platôs. Saudavam com uma saraivada de balas todo homem ou cabeça que aparecia, e não era possível avançar naquele altiplano desprotegido e coberto de vegetação rasteira. Contentamo-nos, por conseguinte, em ficar no bordo do platô até que a infantaria nos encontrasse ao cair da noite.

O dia seguinte foi para nós um dia de descanso. Mas, pela manhã de 24, quando despertamos, todos os olhos se voltavam para o cume do Spion Kop que se erguia diante de nós. Disseram-nos que ele fora tomado durante a noite por nossas tropas e que os bôeres estavam contra-atacando — o que era evidente a julgar pela coroa de *shrapnels* que explodiam incessantemente em torno do pico. Depois do jantar, fui com um amigo a Three Tree Hill para ver o que se passava. Ali encontramos seis baterias de campanha e uma bateria de *howitzers*, força enorme numa guerra daquela natureza; mas eles não sabiam sobre quem atirar. Não podiam localizar os canhões bôeres disseminados que bombardeavam continuamente Spion Kop, e nenhum alvo era visível. Decidimos escalar a montanha. Deixamos nossos cavalos embaixo, e fomos saltando de rochedo em rochedo até a última crista, perto de Wright's Farm. Vimos então como fora rude o combate. Uma multidão de feridos, alguns carregados, outros acompanhados por quatro ou cinco soldados ilesos, desciam em linha ininterrupta da colina, ao sopé da qual se formavam rapidamente duas aldeias compostas de barracas e carroças. No fim do platô, estavam acampados um batalhão de reserva intacto e uma brigada que pareciam não ter nada que fazer. Soubemos então que, depois da morte do general Woodgate, o coronel Thorneycroft assumira o comando de todas as forças daquelas elevações e combatia desesperadamente. O general de brigada levara ordem de não substituí-lo. A bandeira branca já fora arvorada uma vez e os bôeres tinham avançado para receber a rendição de várias companhias, mas Thorneycroft irrompera com fúria, arrancara a bandeira e recomeçara um tiroteio quase à queima-roupa pelos dois lados. À nossa direita, vimos os Twin Peaks, sobre os quais se agitavam de vez em quando pequenos vultos. Julgava-se que estivessem ocupados pelo inimigo. Se assim fosse, este teria em seu poder uma boa posição e não tardaria em comprometer a retirada de nossas tropas. Mas, na realidade, quem lá estava eram os nossos, os camaronianos, vindos do vau de Potgieter. Avançamos alguns metros pelo platô, mas o fogo era violento demais para permitir uma excursão de reconhecimento. Decidimos voltar e descrever a situação ao estado-maior.

A noite caía quando chegamos ao quartel-general da 2ª divisão. Sir Charles Warren era um oficial de 59 anos que aparentava mais idade. Dezesseis anos antes, ele comandara uma expedição a Bechuanaland. Fora cedido pelo exército por algum tempo para ocupar o cargo de comissário-chefe da polícia metropolitana, mas agora retomava o serviço ativo num posto cheio de responsabilidade. Parecia inquieto. Fazia horas que não tinha comunicação com o cume. Não pareceu tranquilizado com o que lhe contamos. Seu oficial de estado-maior disse-nos: "Estivemos muito preocupados durante todo o dia, mas já agora deve ter passado o pior. Vamos enviar tropas descansadas para cavarem trincheiras durante a noite, para amanhã podermos sustentar a posição com forças reduzidas. Seria possível transmitirem essa informação ao coronel Thorneycroft?" Pedi uma mensagem escrita, e o oficial acedeu ao meu pedido.

Escalei de novo a montanha, desta vez em plena escuridão da noite. Atravessei o batalhão de reserva ainda intacto e continuei até o cimo do platô. O tiroteio cessara. Uma ou outra bala isolada sibilava no ar. O solo estava juncado de mortos e feridos, e levei algum tempo para achar o coronel Thorneycroft.

Cumprimentei-o pela promoção a general de brigada e entreguei-lhe a mensagem.

"Qual!", respondeu-me. "Amanhã já não haverá mais general de brigada. Ordenei a retirada geral há uma hora." Leu a mensagem e exclamou com impaciência: "Não há nada de preciso aqui. Falar em reforços! Já há gente demais aqui. Qual é o plano do general?"

"Não seria preferível avisar Sir Charles Warren antes de começar a retirada?", sugeri. "Estou certo de que ele deseja que o senhor resista ainda."

"Não, minha resolução está tomada. Aliás, a retirada já começou, já abandonamos grande parte do terreno. Podemos ser interceptados de um momento para outro."

Depois, com grande ênfase, prosseguiu:

"Mais valem seis bons batalhões em segurança fora deste monte, hoje à noite, que uma carnificina amanhã de manhã."

Como não tinha ajudante de ordens nem estado-maior e estava moral e fisicamente esgotado pelas provações por que acabava de passar, acompanhei-o, enquanto durante uma hora ou duas longas fileiras de homens desciam na escuridão a encosta do monte.

Tudo estava calmo, agora. Fomos, segundo me pareceu, quase os últimos a deixar a cena. Ao passarmos perto de umas árvores mirradas, surgiram de repente vultos sombrios. "Bôeres!", murmurou Thorneycroft. "Eu tinha certeza de que eles nos cortariam a retirada!" Sacamos os revólveres. Eram nossos próprios homens. Ao deixarmos o platô, alguns metros adiante, chegamos ao batalhão de reserva, ainda descansado e intacto. O coronel Thorneycroft fitou a massa de soldados durante um minuto ou dois, como se hesitasse, mas todo o platô já fora evacuado e, segundo pensávamos, reocupado pelo inimigo. Por isso, o coronel, sacudindo a cabeça, continuou a descida. Meia hora depois, quase no sopé da montanha, encontramos uma extensa coluna de homens com pás e picaretas. O oficial de engenharia que comandava trazia uma lanterna.

"Tenho uma mensagem para o coronel Thorneycroft", anunciou. "Leia-a", disse-me Thorneycroft. Rasguei o envelope. A mensagem era curta, e dizia: "Enviamos quatrocentos sapadores e um batalhão descansado. Trate de entrincheirar-se fortemente, de hoje até amanhã de manhã." Mas o coronel, brandindo a bengala, ordenou às tropas de socorro que voltassem; e todos juntos continuamos o caminho. A noite estava escura e levei uma hora para achar o quartel-general de Warren. O general dormia. Pus a mão no seu ombro e acordei-o:

"O coronel Thorneycroft está aqui, general."

Recebeu a notícia com a maior calma. Era um velho gentleman encantador. Sentia-me sinceramente pesaroso por ele, como pelo exército. O coronel Thorneycroft cometeu um grave erro ao abandonar, contrariando ordens recebidas, a posição que tão corajosamente sustentara com sacrifício de suas tropas. Sua extraordinária bravura pessoal durante todo o dia e o fato de somente sua energia ter impedido, por várias vezes, uma capitulação que poderia ter sido fatal durante as operações, foram alegadas para se perdoar e escusar um crime militar. Evidentemente, não tinham direito de censurá-lo aqueles que, por tanto tempo, o deixaram sem ordens precisas e sem nenhum contato. Um jovem e ativo general de divisão que elaborasse todos os planos para libertá-lo poderia reunir-se a ele no platô e resolveria a situação pessoalmente. Um cruel infortúnio nos seria assim evitado.

Os bôeres também haviam sofrido pesadas perdas no combate, e estavam muito desanimados com o malogro de sua investida sobre a montanha. Estavam, pois, batendo em retirada quando Louis Botha — simples soldado dois meses antes e agora promovido a comandante em chefe — chegara de Ladysmith obrigando-os a fazer meia-volta e a novamente investir sobre o platô. Todos ficaram aterrados com o espetáculo que ali os aguardava. Pouco profundas, as trincheiras transbordavam de mortos e feridos. Cerca de cem oficiais jaziam mortos. Reocupada a posição, Botha mandou parlamentares proporem uma trégua para podermos cuidar dos nossos feridos e enterrar nossos mortos. O dia 25 se passou em absoluto silêncio. Nesse dia, e no imediato, nossos enormes trens de carretas tornaram a atravessar as pontes, e na noite de 26 toda a tropa estava novamente do outro lado do rio. Nunca pude compreender por que os bôeres não bombardearam essas pontes. Mas o fato é que passamos ilesos, e Sir Redvers Buller pôde proclamar que efetuara sua retirada "sem perder um só homem e uma só libra de material", único título de que se podia vangloriar nessa operação de todo um corpo do exército que durava dezesseis dias e custara a vida a cerca de 1.800 homens.

A seguinte investida de Buller foi dirigida contra as cristas que desciam a leste de Spion Kop até as escarpas de Doorn Kop. O exército recebera reforços, e a artilharia fora aumentada de uns cem canhões, inclusive certo número de canhões de marinha, de cinquenta libras. O plano era complicado, mas será fácil explicá-lo. Fora lançada uma ponte sobre o rio, na passagem de Potgieter. Uma brigada de infantaria, sustentada pelo grosso da artilharia, deveria ameaçar o centro da posição bôer; enquanto a atenção do inimigo estivesse fixada nesse ponto, calculávamos, três outras brigadas avançariam para um sítio situado a três quilômetros dali, acompanhando o rio, sobre o qual deveria ser rapidamente lançada uma segunda ponte. Uma dessas brigadas atacaria então o cume do Vaal Krantz, à esquerda, e a outra a posição de Doorn Kop. As duas brigadas de cavalaria, a regular e a nossa, com uma bateria montada, deviam então galopar para Klip Poort, através das brechas abertas por esses ataques de convergência externa. Não foi sem alguma inquietação que recebemos essas decisões, quando nos foram confiadas com grande sigilo na véspera, à noite. Realmente, ao observarmos Spearmans's Hill com auxílio de binóculos, o terreno acidentado, cheio de colinas e cursos d'água, coberto de rochedos e moitas, sobre o qual nos devíamos lançar a cavalo, prevíamos uma dura provação. Mas não tínhamos voz ativa.

A ação começou por um intenso bombardeio de nossa artilharia pesada, instalada sobre o Zwaart Kop, e, enquanto nossas extensas colunas de cavalaria lentamente desciam enfileiradas pelo Spearman's Hill para o rio, o espetáculo era grandioso. As posições do inimigo, nos píncaros do Vaal Krantz, fumegavam como vulcões sob a explosão dos obuses. Eu conseguira obter carta de oficial no S.A.L.H. para meu irmão, que acabara de completar 19 anos. Dois dias antes chegara ele, e juntos descemos a cavalo o monte.

A brigada de Lyttelton atravessou a segunda ponte, desdobrou-se para a esquerda e atacou o lado leste da posição do Vaal Krantz. Quando não pôde mais avançar, entrincheirou-se. Agora era a vez da segunda brigada. Mas foi com grande relutância que se resolveu lançá-la no terreno extremamente difícil, que ficava além da segunda ponte. Um batalhão viu-se logo envolvido num sério combate, e o movimento do resto da brigada ficou suspenso. Assim, por volta de quatro horas da tarde, comunicaram-nos que não haveria necessidade de nossa participação até o dia seguinte. Bivacamos ao pé daquelas elevações, unicamente incomodados por alguns obuses. Embora todo o nosso equipamento estivesse apenas a oito quilômetros dali, nada trazíamos conosco que nos pudesse ser útil em nosso galope através da brecha — se houvesse alguma brecha! A noite estava fria, o coronel Byng e eu dormíamos com a mesma coberta. Quando ele se virava, eu ficava exposto ao frio. Quando eu me mexia, puxava toda a coberta e ele reclamava. Ele era o coronel. A combinação era desigual, por isso fiquei muito satisfeito ao despontar o dia.

Nesse ínterim, o general Lyttelton e seus carabineiros se haviam entrincheirado muito bem na elevação que ocupavam. Esperavam. Esperavam ser rudemente bombardeados ao nascer do dia; e não foram decepcionados. Entretanto, estavam tão bem protegidos que suportaram o bombardeio incessante e repeliram vários ataques de fuzil, com perdas inferiores a duzentos homens. De nosso acampamento acompanhávamos toda a ação com uma serenidade temperada unicamente pelo pensamento de que a hora do nosso galope era para breve. Mas não veio. Durante a noite, a brigada de Lyttelton se retirou para o outro lado do rio. Desfizeram-se os pontões e todo o exército, tendo perdido cerca de 1.500 homens, regressou em pequenas etapas aos acampamentos de Chieveley e de Frere, donde partíramos um mês atrás para libertar Ladysmith. Nesse intervalo, a guarnição, com rações reduzidíssimas, devorava avidamente cavalos e mulas. Sir George White declarou que poderia resistir ainda seis semanas, no máximo. Não dispunha, no entanto, de mais nenhuma possibilidade de cooperar conosco. Contentar-se-ia em esperar e morrer de fome o mais lentamente possível. Como se vê, as perspectivas eram bastante sombrias.

Capítulo 25

A LIBERTAÇÃO DE LADYSMITH

Apesar do curso desastroso dos acontecimentos, os dois meses de combate para a libertação de Ladysmith contam entre as melhores recordações de minha vida. Embora nossa brigada de cavalaria tivesse contato com o inimigo pelo menos três dias em cada cinco, nossas perdas, a não ser no regimento de Thorneycroft em Spion Kop, nunca foram muito pesadas. Travávamos escaramuças incessantes que de cada vez nos custavam seis a vinte homens. Vi tudo o que ali havia para ver.

Dia após dia, partindo de manhã cedo, acossávamos ora um, ora outro flanco bôer, galopávamos ou galgávamos os morros rochosos de onde víamos o inimigo correndo à distância. Ouvíamos silvar alguns obuses, dávamos metodicamente alguns tiros e voltávamos sãos e salvos ao acampamento, onde nos esperava um bom jantar em companhia inteligente e alegre. Durante todo esse tempo, eu inundava o *Morning Post* de correspondência e telegramas, que, segundo me mandava dizer o diretor, alcançavam enorme sucesso e eram lidas por um público influente. Eu conhecia todos os generais e as pessoas gradas, tinha acesso junto a todos e por toda parte era bem-recebido. Vivíamos confortavelmente ao ar livre, com noites frescas, dias ensolarados e toda a carne e cerveja que pudéssemos desejar. Os excelentes jornais de Natal chegavam quase sempre pelo meio-dia à linha de frente, e à tarde, de volta, os líamos. Vivia-se apenas para o presente, que oferecia incessantes novidades. Assim estava eu sem nenhuma preocupação, sem lamentar o passado, sem temer o futuro, sem despesas nem dívidas, nem complicações, e sabendo que, enquanto isso, meus salários se acumulavam em segurança na Inglaterra. Quando fui feito prisioneiro, julgara de meu dever escrever de Pretória ao *Morning Post* autorizando-o a anular meu contrato, pois já não lhe servia de nada. Não aceitaram minha sugestão, mas só soube disso quando já estava livre. Minhas relações com o jornal continuaram a ser excelentes. Não se podia desejar melhor patrão.

Foi uma grande alegria ter comigo meu irmão Jack, e era para mim um grande prazer tudo lhe mostrar, fazendo-lhe, por assim dizer, as honras da guerra. Mas esse prazer teve curta duração. A 12 de fevereiro fizemos um reconhecimento de uns dez quilômetros a leste da estrada de ferro e ocupamos durante algumas horas uma importante saliência coberta de mato, conhecida entre a tropa pelo nome de Hussar Hill. Parece que Buller e o estado--maior do QG queriam examinar o terreno. Com nossa brigada expulsamos os piquetes e patrulhas bôeres, fizemos uma linha de postos avançados, e assim permitimos ao general reconhecer tudo o que queria. De manhã a fuzilaria acalmou-se, mas, quando chegou a hora de voltar ao acampamento, os bôeres nos seguiram de perto e sofremos algumas perdas antes de chegar.

Depois de ter deixado Hussar Hill e posto a galope um quilômetro e meio entre o inimigo e nós, nossos esquadrões puseram as montarias a passo e tranquilamente regressávamos ao acampamento, descendo uma encosta suave e coberta de gramíneas. Eu já era um jovem oficial suficientemente experimentado para poder sentir o perigo iminente ameaçando de um ponto ou de outro, como no rosto ou na nuca se sente uma ligeira brisa. Quando, por exemplo, passávamos ao alcance de fuzil de uma colina ou de um curso d'água que ainda não conhecíamos suficientemente, eu tinha a sensação de uma corrente de ar. Desta vez, olhando de momento a momento por cima do ombro para Hussar Hill, ou vigiando a grande massa pardacenta dos esquadrões da retaguarda, que tão placidamente cavalgavam seguindo as ondulações do *veldt*, disse ao meu camarada: "Ainda estamos muito perto desses caras." Mal acabara de pronunciar essas palavras, estalou um tiro de fuzil, seguido do crepitar de duzentas ou trezentas Mausers. Uma saraivada de balas caiu sobre os nossos esquadrões, esvaziando algumas selas e abatendo alguns cavalos. Instintivamente, toda a cavalgada se estendeu em linha, e às pressas subiu até o cume, que ainda distava duzentos metros. Ali, apeamos todos, abrigamos rapidamente as montarias, e deitados no capim respondemos ao fogo com nutridas salvas.

Fossem os bôeres um pouco mais rápidos e nos encontrassem quatrocentos metros atrás, teríamos pago caro a liberdade que tomáramos. Mas agora estávamos a mais de 1.800 metros, e assim deitados éramos quase tão invisíveis quanto eles. Por isso, as perdas foram insignificantes.

Jack estava estendido junto de mim. Súbito, com um arranco, ele rolou a um ou dois metros para trás da linha. Nessa primeira escaramuça teve um calcanhar atravessado por uma bala que devia ter passado bem junto de sua cabeça, pois estava deitado. Ajudei-o a deixar a linha de fogo para uma ambulância. A fuzilaria abrandou pouco depois, e voltei ao hospital de campanha para verificar se ele estava recebendo os cuidados necessários. Os médicos do exército britânico eram nessa época muito orgulhosos de suas patentes militares; por isso, cumprimentei o cirurgião chamando-o major. Depois de ter falado um pouco sobre a escaramuça, aludi ao ferimento de meu irmão. O amável doutor, com a maior boa vontade, prometeu-me usar clorofórmio e operar sem dor. Saí tranquilo.

Deu-se então uma curiosa coincidência. Enquanto eu estava tão ocupado na África do Sul, minha mãe não ficara ociosa na Inglaterra. Reunira capitais, entusiasmara um milionário americano, conseguira um navio e instalara nele um hospital com enfermeiras e todo o conforto possível. Depois de uma desagradável viagem por mares agitados, desembarcara em Durban, onde esperava impaciente a chegada dos feridos. Recebeu o seu filho mais moço entre os primeiros a serem tratados a bordo do navio-hospital *Maine*. Obtive alguns dias de licença para ir vê-la e vivi a bordo como num iate. Assim nos reunimos todos, em plena felicidade, depois de seis meses de variadas experiências.

Um dos personagens mais destacados de Durban era o comandante Percy Scott, do cruzador blindado *Terrible*. Mostrou-se muito amável conosco e nos fez as honras da sua excelente unidade. Batizou com o nome de minha mãe o canhão de onze centímetros que montara sobre um truque de vagão, e, para que ela o pudesse ver em ação, combinou uma visita ao front. Havia em toda aquela guerra uma atmosfera de elegância e amenidade que faltaria singularmente quinze anos depois, na Grande Guerra, na frente ocidental.

Buller começou então sua quarta tentativa para libertar Ladysmith. A guarnição estava numa situação desesperadora, e para todos nós, salvadores e sitiados, a questão era vencer ou morrer. As principais posições inimigas ficavam sobre escarpas e colinas, ao longo da margem do Tugela. Depois de passar sob a ponte ferroviária de Colenso, o rio faz uma larga volta na direção de Ladysmith. O pedaço de terra que ele envolve nessa curva compreendia à nossa esquerda (olhando-se para o inimigo) Hlangwane Hill, assaltado no dia 15 de dezembro pela cavalaria ligeira sul-africana. No centro, um extenso platô chamado Green Hill, e na extremidade direita, duas elevações cobertas de mato, chamadas respectivamente Cingolo e Monte Cristo. Assim, a direita bôer ficava do lado de cá do rio.

Resolveu-se fazer um amplo movimento envolvente e tentar tomar de surpresa essas duas elevações que constituíam o verdadeiro flanco esquerdo do inimigo. Se fôssemos bem-sucedidos, duas divisões de infantaria, apoiadas por toda a artilharia, assaltariam o platô central e em seguida, num ataque dirigido continuamente para a direita, capturariam Hlangwane Hill. A conquista desse morro tornaria insustentável a posição dos bôeres em torno de Colenso, e nos permitiria atravessar o rio. Era um plano razoável e bastante prático e ninguém sabia explicar por que não fora seguido desde o princípio. Provavelmente Buller nunca pensara nisso. Em Colenso, embora lhe assegurassem que Hlangwane Hill ficava do *seu* lado do rio, ele não acreditara. Só pouco a pouco chegou a admitir essa certeza. E foi tudo.

No dia 15, todo o exército avançou acompanhando a linha férrea até Hussar Hill, e preparou-se para o ataque. Tudo dependia de sermos ou não capazes de tomar Cingolo e Monte Cristo, tarefa confiada ao coronel Byng e nosso regimento, apoiado por uma brigada de infantaria. Foi de uma facilidade extraordinária. Avançamos durante a noite por atalhos, e pela madrugada escalamos as encostas sul de Cingolo. Surpreendemos e rechaçamos um punhado de bôeres que guardavam sozinhos essa posição essencial. Durante todo esse dia, e no dia imediato, conjuntamente com a infantaria, expulsamo-os de Cingolo e da faixa de terreno que liga os dois cumes, assenhoreando-nos de todo o Monte Cristo. Dessa elevação dominávamos todas as posições bôeres para além do Tugela e víamos Ladysmith a nossos pés, a dez quilômetros apenas de distância. Nesse ínterim, o ataque do grosso da infantaria e da artilharia sobre os redutos de sacos de areia e as trincheiras de Green Hill alcançara pleno sucesso. Abalado por esse movimento envolvente e essa investida resoluta, inquieto por ter atrás de si o rio, o inimigo opôs pouca resistência. Na noite de 20, todas as posições bôeres ao sul do Tugela, inclusive as colinas escarpadas de Hlangwane, estavam nas mãos dos ingleses. Os bôeres evacuaram Colenso e se retiraram de todos os pontos sobre sua principal linha de defesa do outro lado do rio. Até aqui ia tudo muito bem.

Bastava continuarmos esse movimento em direção à direita para termos êxito, pois Monte Cristo dominava as trincheiras bôeres de Barton's Hill. E este morro, uma vez tomado, expunha as elevações vizinhas, e assim por diante. Mas Buller, estimulado, segundo se dizia, por Warren, cometeu novo erro dificilmente perdoável, depois de todas as lições que recebera à custa de suas tropas. Lançando uma ponte perto de Colenso, mandou recuar a direita, abandonou as posições dominantes e se pôs a avançar com a ala esquerda ao longo da via férrea. Nos dois dias imediatos, viu seu exército emaranhado nos labirintos de colinas e escarpas além de Colenso, e foi nessas condições pouco favoráveis que ordenou o assalto às posições bôeres profundamente consolidadas e havia muito preparadas diante da estação de Pieters. A cegueira dessa manobra era evidente para muitos de nós.

Quando, na noite de 22, toquei nesse assunto com um destacado oficial do estado-maior do general, que foi mais tarde o coronel Repington, disse-me ele bruscamente: "Desagrada-me a nossa situação. Descemos das elevações que ocupávamos, tiramos os canhões dos morros e estamos nos emaranhando nesses *kopjes* (montes) no vale do Tugela. Vamos ficar como se estivéssemos no Coliseu recebendo tiros de todas as filas de bancos." E realmente assim se passaram as coisas. Os bôeres, que haviam desesperado de poder resistir ao nosso amplo movimento envolvente, tendo muitos deles começado a se dirigir para o norte, voltaram em maior número quando viram que as forças inglesas se obstinavam em meter de novo a cabeça na armadilha.

Sérios e confusos combates, que nos custaram muitas vidas, travaram-se na noite de 22 para 23 por entre os *kopjes*, junto ao

Tugela. Antes da noite seguinte não poderia começar o assalto às posições de Pieters. Como a cavalaria nada podia fazer, atravessei o rio e abri caminho até um contraforte rochoso onde encontrei o general Lyttelton abaixado atrás de uma pedra, acompanhando a luta. Estava sozinho e pareceu contente em me ver. A infantaria, liderada pela brigada irlandesa do general Hart, avançava em fila ao longo da estrada de ferro perdendo grande número de homens nos pontos expostos e completando pouco a pouco seu desdobramento para o assalto à esquerda. As posições de Pieters consistiam de três cumes arredondados, facilmente atacáveis da direita para a esquerda, e provavelmente inabordáveis da esquerda para a direita. Eram quatro horas quando a brigada irlandesa começou a galgar penosamente as ríspidas encostas do morro hoje conhecido pelo nome de Inniskilling Hill, e o sol desceu no horizonte antes que os fuzileiros de Dublin iniciassem o assalto. Foi um trágico espetáculo. Pelos binóculos podíamos distinguir as silhuetas das cabeças e chapéus moles dos bôeres cercadas de nuvens de fumaça branca, perfiladas no céu incendiado. As massas pardacentas e as cintilantes baionetas dos irlandeses escalavam as nuas encostas, enquanto o fragor do intenso tiroteio nos ensurdecia. Essas formas grimpantes diminuíam a olhos vistos. Deixaram de se mover e desapareceram no declive sombrio. Dois mil e duzentos homens que haviam começado o assalto, dois coronéis, três majores, vinte outros oficiais e seiscentos soldados foram mortos ou feridos. Malogro completo.

Sir Redvers Buller resolveu então abandonar seu movimento para a direita e novamente se dispor numa frente muito extensa. Foram necessários três dias para fazer sair o exército do atoleiro em que fora inutilmente enfiado. Durante dois desses dias, centenas de feridos que jaziam nas encostas de Inniskilling Hill sofreram horrores. O espetáculo desses desgraçados postos entre as duas linhas de fogo, sem socorro e sem água, agitando miseráveis farrapos de pano num mudo apelo, era realmente trágico. A 26, Buller pediu uma trégua. Os bôeres recusaram trégua oficial, mas permitiram aos médicos e padioleiros procurarem os feridos e enterrarem os mortos. Ao cair da noite, terminada essa tarefa, o fogo recomeçou ainda mais intenso.

O dia 27 de fevereiro era aniversário da batalha de Majuba Hill, e foi nesse dia que o exército de Natal fez seu último ataque. Postados todos os canhões pesados novamente sobre as elevações, as brigadas, que haviam atravessado o rio pela ponte bôer ainda intacta, atacaram pela direita a posição inimiga. Logo de saída tomou-se de assalto Barton's Hill, o que resultou na tomada de Railway Hill; finalmente, a temida posição de Inniskilling Hill, já semicontornada e da qual até certo ponto éramos senhores, foi capturada à baioneta. A última sequência de colinas entre Ladysmith e nós estava finalmente tomada. Montando rapidamente, galopamos para o rio na esperança de perseguir o inimigo. O comandante em chefe nos encontrou na ponte e severamente nos mandou recuar. "A perseguição que vá para o diabo!" — foram, segundo se disse, as palavras históricas que ele então pronunciou. Teria podido dizer: "A recompensa do sacrifício que vá para o diabo! Para o diabo o pagamento das dívidas atrasadas! Para o diabo o prêmio que tornará mais fáceis as batalhas futuras!"

Na manhã seguinte, avançando sem pressa, atravessamos o rio, contornamos e deixamos para trás as elevações onde se desenrolara a batalha, indo finalmente desembocar na planície que levava a Ladysmith, a dez quilômetros dali. Os bôeres batiam em completa retirada. O toldo estava estendido sobre seu grande canhão, ao norte elevava-se em vários pontos do horizonte a poeira levantada pelos trens de carretas. Continuava em vigor a ordem: "A perseguição que vá para o diabo!" Dizia-se que o comandante em chefe havia declarado: "É melhor deixá-los tranquilos agora que eles estão em fuga." Muito nos rimos e muito praguejamos por isso o dia inteiro, e só à noite dois esquadrões da S.A.L.H. tiveram autorização de varrer as dispersas retaguardas e entrar em Ladysmith. Acompanhei esses dois esquadrões e galopei através da planície de moitas, enquanto só dois canhões bôeres ainda atiravam. Súbito, de trás das moitas levantaram-se rostos descarnados e mãos se agitaram em sinal de boas-vindas. Fomos mais longe e, numa rua batida pela artilharia, entre duas fileiras de casas de telhado de zinco, encontramos Sir George White a cavalo, numa postura impecável. Então, juntos, percorremos a pobre cidade tanto tempo sitiada e faminta quase à morte. Foi um momento emocionante.

Nessa noite jantei no quartel-general. Ian Hamilton, Rawlinson e Hedworth Lambton receberam-me com a maior cordialidade. Foram abertas garrafas de champanhe avaramente guardadas para aquela ocasião. Eu esperava comer carne de cavalo, mas o último boi de carga fora sacrificado em honra do acontecimento. Os anfitriões, pálidos, abatidos, manifestaram uma alegria discreta. Quanto a mim, vindo de tão longe, e por tão rudes e tortuosos caminhos, sentia-me felicíssimo por me ver afinal em Ladysmith.

Capítulo 26

NO ESTADO LIVRE DE ORANGE

Lorde Roberts fora grande amigo de meu pai. Lorde Randolph Churchill, quando ministro para a Índia, em 1885, insistira para que lorde Roberts fosse posto à frente das forças indianas, deixando de atender às solicitações do próprio lorde Wolseley, que desejava esse posto. Lorde Roberts e lorde Randolph Churchill continuaram bons amigos até a morte deste, dez anos depois. Ainda menino, eu tivera ocasião de ver várias vezes o general e posso vangloriar-me de ter tido com ele muitas conversas das mais interessantes. Era muito bom para os moços, cuja precocidade e exuberância tolerava, e tinha o dom de se fazer simpático. Quando jovem oficial, eu sabia que poderia contar, nas altas esferas militares, pelo menos com um amigo ilustre.

Enquanto nós outros, em Natal, festejávamos um êxito tanto mais agradável quanto fora difícil de obter, chegava-nos a notícia de que lorde Roberts, avançando através do norte da colônia do Cabo pelo Estado Livre de Orange, havia libertado Kimberley, cercando e capturando as tropas bôeres perto de Cronje, na grande batalha de Paardebert. Parecia que, como por um passe de mágica, todo o curso da guerra se transformava, e que a "Semana Negra" de dezembro de 1899 fora substituída pelo sucesso universal de fevereiro de 1900. Essa modificação dramática no principal aspecto da guerra, para o público, era obra de lorde Roberts. Esse maravilhoso homenzinho, dizia-se, surgira em cena e, como por encanto, as nuvens tinham desaparecido e o sol brilhava novamente sobre o exército inglês em todas as partes do imenso subcontinente.

Em consequência dos seus reveses, os bôeres abandonaram sua invasão da colônia de Natal. Com sua habitual e extraordinária celeridade, retiraram-se através dos Drakensbergs para o seu próprio território. Arrastando seus pesados canhões e todos os suprimentos, desapareceram em menos de quinze dias, abandonando toda a colônia de Natal às tropas imperiais. Evidentemente, seria necessário um longo prazo para que essas pesadas tropas — que aliás nunca haviam sido tão pesadas quanto sob o comando de Buller — se pusessem em movimento, consertassem a via férrea, transportassem as imensas quantidades de material e vencessem os 240 quilômetros que separam Ladysmith da fronteira do Transvaal.

Sentia-me impaciente por chegar ao principal e decisivo teatro da guerra. Na situação privilegiada que me fora concedida pelas autoridades de Natal depois de minha evasão de Pretória, não me foi difícil obter uma licença indefinida da S.A.L.H., sem ser obrigado a pedir demissão, e me incorporar como correspondente ao exército de lorde Roberts, que ocupava então Bloemfontein. Arrumei a bagagem, tomei a linha da Estrada de Ferro de Natal, embarquei em Durban para Port Elisabeth, atravessei de trem a colônia do Cabo e cheguei, afinal, ao suntuoso Hotel Mount Nelson, da Cidade do Cabo. Nesse intervalo, o *Morning Post*, que me considerava seu principal correspondente, tomara as providências necessárias para que eu ficasse no exército de lorde Roberts. Sabia que essas formalidades tomariam vários dias; passei-os muito agradavelmente entrevistando as principais personalidades políticas sul-africanas e holandesas, que se encontravam na capital da África do Sul.

Até então, consideravam-me um *jingo*, adepto extremado da continuação da guerra com a maior rudeza até o fim, o que me valia a inimizade dos pró-bôeres. Agora, ia entrar também em rixa com os tories. A evacuação de Natal pelos invasores expôs todos os que haviam ajudado ou simpatizado com a causa bôer. Uma onda de indignação levantou a colônia. O primeiro pensamento do governo inglês foi passar uma esponja sobre o passado, de vez que saíra vitorioso. Um subsecretário, lorde Wolverton, foi autorizado a fazer um discurso nesse sentido. Todos os meus instintos me conduziam a aplaudir tal magnanimidade.

No dia 24 de março eu telegrafara de Ladysmith:

> *A despeito dos sentimentos dos leais colonos que tão corajosamente se batem pelo Império, desejo muito e sou de opinião que se adote uma generosa política de perdão. Se as operações militares continuarem energicamente e sem tréguas, não há nenhuma necessidade nem desculpa para se dar uma "lição" aos rebeldes que se rendem. É justo e prudente esmagar até o último homem os que resistem, mas sem por isso recusar o perdão ou mesmo a amizade aos que querem render-se. Os agricultores holandeses, que se juntaram ao inimigo, só são traidores no sentido legal. Seguiram um instinto natural ao se reunirem aos homens de sua raça: e isto, embora não os justifique, os desculpa. Sua conduta é moralmente muito menos repreensível que a desses ingleses, legítimos burghers das repúblicas, que estão agora lutando ferozmente contra os seus próprios compatriotas.*
>
> *E, no entanto, mesmo esses ingleses deviam merecer alguma indulgência se não fossem legalmente protegidos pela sua cidadania. O traidor holandês é menos desprezível que o renegado*

burgher, inglês de nascimento; mas ambos são o resultado de nossos próprios erros e crimes na África durante os últimos anos. Num terreno puramente prático, é muito importante distinguir entre os rebeldes que querem render-se e os que são apanhados de armas na mão. É preciso usar todas as influências possíveis para enfraquecer o inimigo e submetê-lo. De uma parte, fortes exércitos que avançam irresistivelmente, atacando e matando com os mais terríveis engenhos de guerra; de outra, as pacíficas fazendas com mulheres e crianças a salvo, sob a proteção de um governo tão generoso quanto firme. A política que apresentar esses dois quadros diante dos olhos dos soldados republicanos será verdadeiramente "completa", e é através dela que se poderá chegar o mais rapidamente possível a uma "paz honrosa".

Este telegrama foi muito mal recebido na Inglaterra. Predominava naquela ocasião um estado de espírito de vingança, muito natural, mas que em nada ajudava. O governo teve que ceder à nação; o subsecretário foi demitido; e eu tive que experimentar a violência da cólera dos conservadores. Mesmo o *Morning Post*, que publicou a minha correspondência, declarava tristemente discordar do meu ponto de vista. Os jornais de Natal censuraram-me com espalhafato. Respondi que não era a primeira vez que gladiadores vitoriosos viam na tribuna imperial os polegares voltados para baixo.

Sir Alfred Milner mostrou-se muito mais tolerante e falou-me com bondade e compreensão. Seu ajudante de ordens, o duque de Westminster, organizara uma matilha de cães para distrair o seu chefe e proporcionar-lhe exercício. Caçamos chacais juntos perto de Table Mountain, e depois de alegres galopadas almoçamos no meio da floresta.

Disse-me então Sir Alfred Milner: "Pensei logo, ao ler a sua correspondência, que ela causaria muita agitação, principalmente em Natal. Naturalmente, toda essa gente deve viver junta. É preciso que tratem de perdoar e esquecer, e de construir uma pátria para todos. Mas agora as paixões estão por demais exaltadas. Os que tiveram amigos ou parentes mortos, aqueles cujas casas foram invadidas, não querem ouvir falar de clemência até que se acalmem. Compreendo os seus sentimentos, mas ainda não é tempo de exprimi-los." Surpreendeu-me ouvir essas opiniões serenas, elevadas e inteligentes da boca de um homem que se costumava apresentar como símbolo da submissão rígida e sem tolerância. Mas o caso, apesar de todas as ameaças, é que o governo tratou os rebeldes e os traidores com extrema indulgência.

Devo confessar aqui que, durante toda minha vida, estive alternativamente em desacordo com os dois partidos históricos ingleses. Sempre achei que as guerras e as outras lutas devem ser levadas a efeito com inflexível energia até a vitória completa, estendendo-se depois a mão da amizade ao vencido. Por isso, fui sempre contra os pacifistas durante as guerras, e contra os *jingos* quando as guerras terminavam. Muitos anos depois desse incidente sul-africano, lorde Birkenhead citou-me uma frase latina que exprime admiravelmente essa ideia: *Parcere subjectis et debellare superbos* — que ele finamente traduziu assim: "Poupar os submissos e combater os soberbos." Parece-me que estive quase a chegar por minhas próprias reflexões a essa ideia. Os romanos muitas vezes se anteciparam aos meus melhores pensamentos, e devo-lhes conceder os direitos de patente sobre essa máxima. Nunca ela se aplicou tanto quanto então à África do Sul. Cada vez que nos afastamos dela, tivemos que sofrer; cada vez que a seguimos, fomos vitoriosos.

E não somente na África do Sul. Penso que deveríamos ter submetido os irlandeses e lhes concedido a Home Rule; reduzido os alemães à fome, e, em seguida, abastecido o país; e depois de esmagar a greve geral, atendido às reclamações dos mineiros.

Costumo ter frequentes aborrecimentos porque muito pouca gente pensa assim. Pediram-me certa vez uma inscrição para um monumento na França. Escrevi o seguinte:
"Na guerra, Resolução. Na derrota, Desafio. Na vitória, Magnanimidade. Na paz, Boa Vontade."
A inscrição não foi aceita. A culpa é toda devida ao fato de o cérebro humano ser dividido em dois lobos, dos quais só um pode pensar, ficando nós, em consequência, ou destros ou canhotos; ao passo que, se fôssemos decentemente construídos, deveríamos poder usar a mão direita ou a esquerda com igual força e habilidade, segundo as circunstâncias. Mas, com o mundo tal como é, os que ganham uma guerra raramente podem concluir uma boa paz; e os capazes de fazer uma boa paz jamais ganhariam uma guerra. Seria talvez um pouco excessivo insinuar que eu saberia fazer ambas as coisas.

Depois de ter passado alguns dias agradáveis na Cidade do Cabo, comecei a inquietar-me com a demora da licença que me permitiria seguir para Bloemfontein. Quando passou uma semana sem resposta ao meu pedido oficial, compreendi que surgira algum novo obstáculo. Mas não podia descobrir qual seria. Em todos os artigos enviados de Natal, esforçara-me sempre por manter a confiança na Inglaterra e apresentar da melhor forma possível todos os reveses e "lamentáveis incidentes" que haviam assinalado as operações em Natal. Os correspondentes de guerra eram gente muito importante naquela época de pequenos conflitos, e eu era considerado um dos melhores a serviço de um dos jornais mais poderosos. Esforcei-me inutilmente por descobrir uma causa plausível para essa nova obstrução com que me defrontava.
Felizmente, contava com dois bons e influentes amigos no quartel-general de lorde Roberts. Este fizera vir Ian Hamilton,

seu ex-ajudante de ordens e fiel amigo, logo que Ladysmith fora libertada. O general Nicholson — o "old Nick" do estado-maior de Lockhart durante a expedição do Tirah — ocupava também alta posição no QG. Ambos haviam sido para lorde Roberts durante os numerosos anos de paz e de guerra aquilo que o marechal Foch viria a chamar depois *"ma famille militaire"*. Ambos gozavam de grande prestígio e tinham livre acesso ao comandante em chefe. A despeito de certas diferenças de idade e de posto, eu estava em relação a eles num pé de quase igualdade. Recorri, pois, aos meus dois amigos. Informaram-me por telegrama que o obstáculo era nada mais nada menos que o próprio comandante em chefe. Ao que parece, lorde Kitchener se ofendera com certos trechos de meu livro *The River War*, e lorde Roberts receava desagradar ao seu chefe de estado-maior incorporando-me como correspondente de guerra à parte principal do exército. Mas havia, acrescentavam eles, outro motivo de queixa, que afetara seriamente o próprio lorde Roberts. Numa correspondência enviada de Natal para o *Morning Post*, eu criticara severamente a inadequação de um sermão pregado às tropas, na véspera da batalha, por um capelão militar da Igreja Anglicana. O comandante em chefe considerava essa crítica uma censura injustíssima à missão espiritual desses devotos funcionários. Achava-se, informavam os meus amigos, "muito maldisposto" em relação a mim. Eles faziam o possível para aplacá-lo, o que confiavam conseguir em poucos dias. Mas, no momento, só me restava esperar.

 Lembro-me ainda perfeitamente do incidente do sermão e do que escrevi a respeito para o meu jornal. Era no domingo antes de Spion Kop e Vaal Krantz. Os homens de toda uma brigada, à espera de entrar em sério combate no dia seguinte, se haviam reunido para o serviço religioso num pequeno vale gramado perto do Tugela, fora de alcance do fogo inimigo. Nesse momento, quando todos os corações, mesmo os indiferentes, estavam especialmente inclinados a receber os consolos da religião, e em que um nobre apelo teria podido tocá-los profundamente, ouvimos um sermão ridículo sobre a tática particular e pouco convincente empregada pelos israelitas para fazer caírem as Muralhas de Jericó.

Meus comentários, talvez cáusticos, mas certamente merecidos, foram os seguintes: "Ao ouvir aquelas frases tolas, pensei na valente e venerável figura do padre Brindle, durante a campanha de Omdurman, e indaguei de mim mesmo se Roma tornaria a aproveitar a ocasião desdenhada por Canterbury." Essa frase produziu grande emoção na Igreja Anglicana. Manifestou-se uma onda de indignação, que logo se transformou em verdadeira cruzada. Muitos dos mais eloquentes sacerdotes, abandonando seus púlpitos, dispunham-se a partir para o front, ou já estavam em viagem para a África do Sul, a fim de trazer o reforço de que tanto necessitava o corpo de capelães do exército. Mas, embora os resultados fossem dos mais eficazes e, como é lícito crer, benfazejos, a frase continuou a constituir ofensa. Lorde Roberts, homem profundamente religioso, militar até o fim, achou que o corpo de capelães do exército fora injustamente atacado, e o fato de aparecer agora uma intervenção de terceiros só vinha agravar a situação. Nessas condições, minhas perspectivas permaneceram ruins por vários dias, e eu enlanguescia desconsolado entre as "delícias de Cápua" do Mount Nelson Hotel.

Contudo, meus amigos acabaram por conseguir. Recebi minha licença e pude viajar para Bloemfontein, com a condição de que, antes de retomar meu serviço de correspondente de guerra, recebesse uma repreensão do secretário militar do comandante em chefe pelas críticas temerárias e pouco caridosas. Isso me convinha perfeitamente, e, na mesma noite, parti para uma longa viagem por estrada de ferro. Fui muito cordialmente acolhido pelos meus dois amigos cuja influência e autoridade bastaram para fazer desaparecer qualquer oposição da parte dos subordinados. Recebi em tempo devido, e com piedosa resignação, o sermão do secretário militar. E a partir daquele momento tive inteira liberdade para ir e vir e escrever tudo o que me aprouvesse, e que devia passar por uma censura bastante indulgente. Mas lorde Roberts manteve sua atitude inflexível. Embora ele soubesse que diariamente eu estava com seus melhores amigos, e soubesse igualmente que eu estava a par de tudo o que se discutia em sua própria mesa, nunca me recebeu e fingiu sempre não me reconhecer. Quando, em uma bela manhã, na praça do mercado de Bloemfontein, encontrei-me de repente junto com outros oficiais, a apenas alguns metros dele, respondeu à minha continência como à de um estranho.

Havia, felizmente, tantas coisas interessantes e absorventes na nossa vida cotidiana que não tive tempo de me atormentar com a atitude pouco amistosa de tão alta personagem e tão influente amigo. Com os apreciáveis recursos que me proporcionava o *Morning Post*, com os melhores cavalos e os meios de transporte necessários, eu chegava à retaguarda de uma coluna inglesa, quase envolvido pelo inimigo naquelas imensas planícies, permanecia ali durante três ou quatro dias, se o general estava bem-disposto, e voltava depois a toda pressa, lançando-me através de regiões sobre as quais pairavam invisíveis ameaças, a fim de não interromper a torrente de cartas e telegramas, que enviava ao meu jornal.

Depois da perda de Ladysmith e da derrota no Estado Livre, muitos bôeres haviam pensado que a guerra terminara, e regressavam às suas propriedades. As repúblicas tentaram negociar a paz, observando curiosamente que isso era possível "agora que a Inglaterra recobrara o seu prestígio". O governo imperial, recordando os prejuízos que lhe advieram da invasão bôer, respondeu severamente que faria conhecer, de Pretória mesmo, as suas condições quanto ao destino futuro da África do Sul. Enquanto isso, milhares de bôeres, no Estado Livre, voltavam para casa e prestavam juramento de neutralidade. Se lorde Roberts pudesse continuar sem perda de tempo o seu avanço sobre Pretória, seria possível fazer cessar toda resistência, ao menos ao sul do rio Vaal. Mas era preciso primeiro que o exército se reabastecesse. As principais pontes de estrada de ferro haviam sido destruídas, e sua reparação determinava naturalmente um atraso no transporte dos suprimentos. Por outro lado, o aprovisionamento diário do exército já ocupava de tal modo esses transportes que os abastecimentos de campanha só chegavam de quatro em quatro dias. Era pois evidente que o avanço se poderia fazer unicamente depois de vário dias. Nesse intervalo, os enérgicos chefes bôeres se refizeram e lançaram-se num segundo esforço, que, embora com recursos mais fracos, foi mais prolongado e muito mais custoso para nós que a primeira invasão. Ia começar a fase da guerra de partidários. Os bôeres principiaram por chamar aos seus comandos os burghers, que tão precipitadamente haviam concluído uma paz individual. Sob ameaças e violências, apesar dos juramentos de neutralidade, milhares desses homens foram obrigados a retomar armas. A Inglaterra denunciou essa conduta pérfida, e embora ninguém fosse executado por violação do juramento, misturou-se à guerra um novo elemento de amargura.

Soube que até então a sorte não fora propícia ao general Brabazon. Ele comandava uma brigada de cavalaria regular, mas, durante as operações diante de Colesberg, tivera um desentendimento com o general French. Este, embora mais jovem, possuía uma personalidade muito mais marcada. O velho "Brab" teve muita dificuldade em se adaptar às novas condições da guerra. Pensava sempre no que "tínhamos feito no Afeganistão em 1878 ou em Suakim em 1884", quando French não passava de um tenente. Mas French era agora o seu comandante em chefe; as lições de 1878 e 1884 eram obsoletas e desapareciam na noite dos tempos. A isso Brabazon juntou os perigos de uma língua excessivamente livre e zombeteira. Seus comentários não só sobre a tática mas sobre o comportamento moral de French na mocidade chegaram ao quartel-general. French replicou ao ataque, e Brabazon perdeu a sua brigada regular, sendo colocado à frente de 10 mil *yeomen* imperiais que chegavam pouco a pouco à África do Sul. À primeira vista, parecia promoção, e foi assim que apresentaram a coisa a Brabazon. Mas, na realidade, foi o contrário, uma verdadeira "promoção irlandesa". Os 10 mil *yeomen* chegaram para ser disseminados por todo o teatro de operações, e o meu pobre amigo só pôde comandar uma brigada desses cavaleiros amadores. Era com eles que se encontrava na região sudeste de Bloemfontein. Decidi ir ao seu encontro.

Pus os cavalos e a carroça num vagão aberto e rumei, pela estrada de ferro, para Edenburg. Assim parti, sob a chuva copiosa, na manhã de 17 de abril, através de uma região perturbada; e, na noite de 19, encontrei a coluna inglesa a dezessete quilômetros de Dewetsdorp. Era a 8ª Divisão, última de nosso exército regular, formada com dificuldades enormes e juntando tudo o que se encontrara nas fortalezas do Império. Era comandada por Sir Leslie Rundle, que eu conhecera no Nilo. A brigada de Brabazon formava a vanguarda de reconhecimento. Rundle mostrou-se muito amável e hospitaleiro; no dia seguinte, bem cedo, montei a cavalo para chegar até Brabazon, que ficou satisfeitíssimo em me ver, descarregou-me todas as suas queixas, contando-me detalhadamente suas dificuldades e suas críticas a French, assim como tudo o que se passava ali e no mundo inteiro.

Não tardamos a atingir os morros que circundam Dewetsdorp. O distante crepitar da fuzilaria quebrou o silêncio, e nossas patrulhas voltaram às pressas. Então seguiram-se as mais cômicas operações a que até hoje assisti. Os *yeomen* de Brabazon ocuparam as colinas mais próximas, e uma viva escaramuça estourou entre eles e os bôeres, que estavam, evidentemente, em certo número, atrás das cristas de vegetação diante da cidade. Três ou quatro canhões inimigos começaram a atirar. Mandou-se uma mensagem a Rundle, que, naquela mesma noite, chegou com suas duas brigadas. Fui admitido no conselho. Brabazon era de opinião que se devia oferecer batalha. Fizeram-se então os preparativos necessários para lançar um ataque regular na manhã seguinte. Entretanto, muito cedo ainda, o *brigadier* Sir Herbert Chermside fez observar ao nosso comandante em chefe a grande gravidade da empresa.

Em 1878 — 22 anos antes —, Chermside tomara parte na guerra russo-turca. Por conseguinte, falava com grande autoridade. Declarou que os bôeres estavam agora em posições tão formidáveis quanto as de Plevna, e que seria imprudente, sem juntar todos os homens e os canhões de que se poderia dispor, lançar um assalto que talvez custasse milhares de vidas. Resolveu-se então esperar a chegada da terceira brigada, comandada pelo general Barr-Campbell, compreendendo dois batalhões de Guardas, já a caminho, esperados para aquele mesmo dia. Passamos assim um dia agradável, em escaramuças com os bôeres; vimos chegar, de tardinha, uma nova e extensa coluna de infantaria. Éramos agora cerca de 11 mil homens, e tínhamos dezoito canhões. Tomaram-se todas as providências para a batalha do dia seguinte. Naquela mesma noite, no entanto, quarenta homens do Regimento Berkshire, saídos na escuridão à procura de água numa fonte próxima, enganaram-se de caminho e chegaram às linhas bôeres. Esse incidente produziu sinistra impressão no nosso comandante, que telegrafou a lorde Roberts para pedir ordens. Nessa ocasião, os generais haviam sido severamente advertidos contra os perigos de expor demais suas tropas. Os ataques de frente eram virtualmente interditos. Tudo devia ser feito com habilidade e manobras: instruções admiráveis na teoria, mas paralisantes na prática.

De madrugada, quando todas as nossas forças estavam prontas para o ataque, e nossa *yeomanry* esperava o sinal para desbordar o flanco esquerdo do inimigo, um oficial do estado-maior chegou repentinamente com a notícia de que a batalha fora novamente adiada, ao menos por aquele dia. Era demais para Brabazon. Dirigiu-se para mim, abanando a cabeça, e com uma expressão muito embaraçada, gritou diante de todos algumas palavras vivas que, segundo espero, o oficial de estado-maior foi bastante discreto para não repetir.

A fim de acalmar Brabazon e mesmo fazer alguma coisa, autorizou-se a cavalaria a empreender reconhecimentos e experimentar a esquerda da tal "Plevna" do inimigo.

Para que minha memória não seja tentada a enfeitar, transcrevo aqui o que naquela noite escrevi:

> *A brigada que compreendia a infantaria montada e se compunha assim de um milhar de homens, avançou rumo ao sul, por trás da linha de vanguarda, e fazendo um vasto e rápido circuito chegou ao flanco esquerdo do inimigo... O terreno descia bruscamente numa bacia ao centro da qual se levantava um* kopje *proeminente e singular. Por trás, invisível, erguia-se Dewetsdorp. Em torno, os bôeres, alguns montados, outros a pé, em número de duzentos, aproximadamente.*
>
> *Nosso rápido avanço quase no coração de suas posições alarmara-os enormemente. Não sabiam se era reconhecimento ou ataque de verdade. Resolveram tirar a limpo essa dúvida, indo ao encontro dessa cavalaria que os procurava; e desde que nossa fuzilaria de longo alcance os obrigou a se porem ao abrigo por trás da colina, uma nova força, compreendendo também duzentos homens, atirou-se a descoberto e passando talvez a 2 mil metros à nossa frente, dirigiu-se a galope para um* kopje *de pedra branca, à nossa direita.*
>
> *Angus McNeill, que comandava os batedores de Montmorency depois da morte deste, correu para o general:*
>
> *"Senhor, podemos liquidá-los? Creio que o conseguiremos."*

Os batedores esperavam, impacientes. O general refletiu um pouco e respondeu:

"Tudo bem, podem tentar."

"A cavalo, a cavalo, a cavalo, batedores", comandou o impaciente oficial, metendo-se em sua sela. Já montado, dirigiu-se a mim. "Venha comigo, vamos lhe dar um show de primeira classe."

Alguns dias antes, num momento de entusiasmo, eu prometera compartilhar durante um dia a sorte dos batedores. Olhei na direção dos bôeres: estavam mais perto do kopje *de pedra branca do que nós, mas, em compensação, tinham uma colina a subir e provavelmente não dispunham de montarias tão boas quanto as nossas. Muitas possibilidades eram a nosso favor. Se fôssemos bem-sucedidos — pensei no episódio de Acton Homes —, eles seriam dizimados naquela planície nua. Por isso, no interesse do* Morning Post, *montei e partimos todos, quarenta ou cinquenta homens, McNeil e eu, tão rápidos quanto possível, esporeando os animais.*

Desde o início foi uma corrida, e todos estávamos com a mesma impressão. No momento em que convergimos, vi os cinco bôeres da frente, mais bem-montados do que seus camaradas, destacarem-se dos outros num desesperado esforço para atingir a posição favorável que visávamos. "Não vamos chegar a tempo", gritei. Mas foi inútil, ninguém quis se dar por vencido e abandonar a partida. O resto decorreu muito simples.

Chegamos a uma cerca de arame a cem metros — 120 para ser exato — do cume do kopje, *apeamos para cortar o arame, e estávamos prestes a nos apoderar da preciosa posição quando, tal como eu vira aparecer na trincheira da linha férrea em Frere, sinistros, hirsutos e terríveis, as cabeças e os ombros de uma dúzia de bôeres surgiram de repente. E quantos outros esperariam ainda atrás deles?*

Houve então um curioso e quase inexplicável momento de pausa — ou talvez não tenha havido pausa alguma, mas o fato é que uma infinidade de coisas ficaram gravadas em minha memória. Primeiro os bôeres, um latagão de longa barba preta, de casaco marrom e outro com um lenço vermelho no pescoço, depois os batedores cortando desesperadamente o arame. Um homem montado, apontando a arma de viés, e afinal a voz de McNeill gritando forte: "Tarde demais! Voltemos para o outro kopje! A galope!"

Estourou então a fuzilaria. As balas zuniam e sibilavam no ar. Pus o pé no estribo. O cavalo, assustado com o fogo, recuou. Tentei pular na sela, mas o arreio desceu pela barriga do animal, que fugiu num galope alucinado. A maioria dos batedores já estava duzentos metros distantes. Fiquei só, sem montaria, ao alcance dos fuzis, e tendo que percorrer mais de um quilômetro e meio para encontrar um refúgio qualquer.

Meu único consolo era o revólver. Não seria perseguido sem armas, na planície, como fora antes. Mas podia ser ferido de um momento para outro. Fiz meia-volta, e pela segunda vez durante aquela guerra corri desesperadamente para escapar aos atiradores bôeres, pensando: "Desta vez estou perdido!" Súbito, avistei um batedor. Vinha da esquerda e passou diante de mim. Era um homem alto, trazendo a insígnia da caveira, montado num cavalo baio. A própria imagem da morte: mas naquele momento era como se a vida em pessoa me aparecesse.

"Deixe-me montar!", gritei-lhe. Com grande surpresa minha, parou imediatamente. "Monte!", disse num tom brusco. Corri em sua direção e não perdi tempo para pular na garupa: um instante depois disparávamos.

Passei o braço em torno dele para segurar a crina do animal, e senti sangue em minha mão. O cavalo fora gravemente ferido. Mas o nobre animal se portava heroicamente. As balas continuavam a silvar em torno de nós, porém estávamos cada vez mais fora do seu alcance.

"Não tenha medo", disse o meu salvador. "Elas não o atingirão." E como eu nada respondesse, continuou: "Meu cavalo, coitado do meu cavalo! Foi atingido por uma bala explosiva. Bandidos! Mas hão de pagar. Meu pobre cavalo!"

"Não se preocupe por isso. Você me salvou a vida."

"Ah", lamentou ele, "mas eu penso é no meu cavalo."

Foi toda a nossa conversa.

A julgar pelas balas que eu ouvia assobiar em redor, considerava-me salvo depois de ter percorrido os quinhentos metros iniciais, pois um cavalo a galope dá um alvo difícil, e os bôeres estavam cansadíssimos e superexcitados. Mas foi com um suspiro de alívio que dobrei o ângulo do kopje *mais afastado e constatei, mais uma vez, que a sorte estava comigo. O soldado batedor Roberts recebeu, por essa atitude nessa ocasião, a Medalha de Condura Distinta.*

Ao voltarmos para o acampamento, soubemos que lorde Roberts, julgando Rundle aprisionado por forças importantes, fizera abalar de Bloemfontein outra divisão de infantaria e as três brigadas de cavalaria de French, efetuando do nordeste um amplo movimento envolvente contra Dewetsdorp. Foram necessários dois dias para completar essa manobra, e os 2.500 bôeres que, já por quase dez dias, mantinham em xeque forças britânicas dez vezes superiores, dirigiram-se tranquilamente para o norte, levando consigo os prisioneiros. Era evidente que a fase das guerrilhas ia apresentar novo problema.

Incorporei-me então à divisão de cavalaria de French e com ela parti para o norte. O ambiente em que eu me encontrava não era dos mais convidativos. Como muitos outros generais naquele tempo, French pouco simpatizava comigo. Não agradava ao seu espírito militar a combinação híbrida de tenente e correspondente de guerra com muitos leitores. Mas a esse preconceito de caráter geral, juntava-se uma complicação pessoal. Eu era tido e havido como o melhor amigo e o mais caloroso partidário do meu antigo coronel. Estava, pois, compreendido na zona de hostilidade que separava French de Brabazon. Nem mesmo Jack Milbanke, ajudante de ordens de French, que retomara suas funções ao se restabelecer, e ainda recentemente fora condecorado com a Victoria Cross, pôde mitigar o antagonismo que prevalecia. Embora muitas vezes eu marchasse com a coluna de French, o general ignorava completamente minha existência, não mostrando o menor sinal de cortesia ou boa vontade. Isso me penalizava, pois eu o admirava muito por tudo o que ouvira dizer de sua hábil defesa do front de Colesberg e de sua passagem a galope através das linhas bôeres para libertar Kimberley e era instintivamente fascinado pelo bravo militar, então envolvido numa auréola de glória. Durante a guerra sul-africana, não troquei palavra com o general, que mais tarde seria um dos meus maiores amigos, e com o qual tratei durante tanto tempo graves questões de paz e de guerra.

Capítulo 27

JOHANNESBURG E PRETÓRIA

Só NO COMEÇO DE MAIO lorde Roberts reabasteceu suficientemente seus trens de suprimento para começar a marcha sobre Johannesburg e Pretória. Durante esse tempo, mudara o aspecto da guerra e não havia perspectiva de solução rápida. O quartel-general do exército ficara parado durante dois meses em Bloemfontein, e houve um grande rebuliço antes de se desfechar a investida. Lorde Roberts tinha então no seu estado-maior o duque de Westminster, o duque de Norfolk e o duque de Marlborough. Os jornais radicais haviam feito comentários sarcásticos a respeito, e o comandante em chefe, que era por natureza sensível à opinião pública, decidiu ir baixando as velas. Começou pelo duque de Marlborough. Meu primo ficou desolado com a ideia de ser relegado à retaguarda durante o avanço. Felizmente, Ian Hamilton fora feito general de um destacamento de 16 mil homens, dos quais pelo menos 4 mil montados, e deveria avançar em paralelo ao grosso, a uma distância de sessenta ou oitenta quilômetros de seu flanco direito (ou leste). Eu resolvera acompanhar essa tropa, onde seria bem acolhido e me sentiria à vontade. Propus a Hamilton, por telegrama, incorporar Marlborough ao seu estado-maior. O general aceitou, e lorde Roberts, que não gostava de parecer injusto, aprovou cordialmente. Atrelei meu carro de campanha de quatro cavalos e pusemo-nos a caminho para percorrer 65 quilômetros e alcançar a coluna do flanco. Atravessamos a região infestada de bôeres e, sem defesa mas ilesos, reunimo-nos aos nossos amigos perto do Winburg. Daí em diante tudo esteve bem.

Começou uma alegre marcha que, com as paradas, durou seis semanas, durante as quais percorremos entre seiscentos e setecentos quilômetros. O ar e o maravilhoso clima da África do Sul, a variedade esplêndida de suas paisagens, aquela vida de movimento incessante e de contínuos incidentes causaram sobre meu espírito uma impressão que, mesmo um quarto de século depois, ainda me volta com uma sensação de frescura e vigor extraordinários. A cada dia nos deparávamos uma região diferente, cada noite bivacávamos — pois não havia barracas — às margens de um novo curso d'água. Vivíamos de um rebanho de carneiros que nos acompanhava e das galinhas que apanhávamos do lado de fora dos cercados nas fazendas desertas. Minha carroça era provida de um fundo falso, onde eu juntara as melhores provisões enlatadas e bebidas que Londres podia fornecer. Tínhamos tudo o que era necessário, e eu passava o tempo percorrendo rapidamente, à caça de aventuras ou de notícias, as vanguardas móveis de nossa cavalaria. Quase diariamente, ao romper da aurora, quando aquela multidão de homens começava a marcha, crepitava uma fuzilaria, de frente, de flanco ou mais frequentemente nos calcanhares da retaguarda, proporcionando-nos as emoções específicas do serviço ativo. Por vezes, como na travessia do rio Sand, houve verdadeiras ações de contato nas quais se podiam divisar grandes corpos de tropas avançando contra *kopjes* e séries de cristas em poder dos rápidos, ágeis, onipresentes bôeres. Todos os dias, uns vinte homens nossos eram isolados ou caíam numa emboscada, e isso nos fazia compreender as qualidades guerreiras daqueles cavaleiros do ermo que acompanhavam os movimentos das forças inglesas com a vigilância e a tenacidade de beleguins.

Apesar dos conselhos de seus oficiais de informações, lorde Roberts persistia em crer que o inimigo retrairia para a parte oeste e não para a parte leste do Transvaal. Em consequência, ao atingirmos a fronteira do Transvaal, a coluna de Sir Ian Hamilton foi transferida da direita para a esquerda do exército. Atravessamos a linha central da estrada de ferro na estação de America e dirigimo-nos para os vaus do rio Vaal. Estávamos assim colocados de modo a contornar o flanco oeste do distrito de Johannesburg, obrigando o inimigo a evacuar a cidade sem empenharmos o grosso do exército num custoso ataque de frente. Os bôeres compreenderam perfeitamente a manobra, e embora estivessem prontos a evacuar Johannesburg, enviaram um forte exército para deter o avanço da coluna de Ian Hamilton num lugar chamado Florida, na estrada Johannesburg-Potchefstroom. Foi aí que, no dia 1º de junho de 1900, no mesmo terreno em que quatro anos antes se haviam rendido os homens de Jameson, houve o que naquele tempo se considerava uma ação séria. Os bôeres, metidos entre os rochedos lascados dos cumes, desafiaram o bombardeio e tiveram de ser desalojados à baioneta. Os Gordon Highlanders, com perdas de quase uma centena de mortos e feridos, encarregaram-se dessa dura missão, enquanto as forças montadas de French tentavam, sem muito sucesso aliás, contornar o flanco direito e a retaguarda do inimigo. Ainda dessa vez, tive a sorte de escapar são e salvo. Depois da tomada dos cumes pelos Highlanders, o general Smith-Dorrien, que comandava uma das brigadas de Sir Ian Hamilton, quis imediatamente trazer sua artilharia para a posição conquistada, e, como o tempo urgia, resolveu escolher ele próprio a posição. Convidou-me a acompanhá-lo. Seguimos sozinhos ao longo das rampas escorregadias. Os bôeres, como de costume, haviam posto fogo no capim seco e compridas espirais de fumaça ensombravam por toda parte a paisagem. A fumaça nos dissimulou o flanco esquerdo dos Gordon Highlanders sobre o cume, e ao sairmos do meio dela encontramo-nos de súbito a uns vinte metros do inimigo. Imediatamente, uma saraivada de balas se desencadeou em torno de nós. Por todos os lados o ar crepitava, lacerado pelas balas enviadas à queima-roupa. Fizemos recuar nossos cavalos e mergulhamos de novo na cortina de fumaça. Um dos animais recebeu um tiro de raspão, mas, afora isso, saímos ilesos.

No dia seguinte ao da ação, a coluna de Sir Ian Hamilton se estendia pela estrada principal para oeste de Johannesburg. O QG de lorde Roberts deveria encontrar-se então a trinta quilômetros do sul da cidade. Não havia meio de comunicação entre as duas forças. Johannesburg continuava em mãos do inimigo, e dirigir-se para o sul pelo caminho que acabávamos de percorrer significava uma volta de quase 130 quilômetros através de uma região de colinas escarpadas. Enviou-se uma pequena tropa montada por esse caminho circular, mas era urgente encontrar um meio mais rápido de comunicação com o comandante em chefe.

Os civis que abandonavam a cidade e conseguiam chegar às nossas linhas traziam informações contraditórias sobre o que se passava em Johannesburg. Um moço francês, que parecia muito bem-informado, assegurou-me que seria facílimo atravessar a cidade de bicicleta, à paisana. As possibilidades de ser detido e interrogado, naquelas últimas horas de evacuação, eram mínimas. Ofereceu-me uma bicicleta, prometendo guiar-me através da cidade. Decidi tentar. Sir Ian Hamilton entregou-me sua mensagem, e eu levei o meu telegrama para o *Morning Post*. Pusemo-nos a caminho de tarde e descemos de bicicleta diretamente pela estrada principal para a cidade. Quando passamos pelas nossas últimas linhas avançadas experimentei, muito nítida, a sensação da aventura.

Chegamos logo às ruas de Johannesburg. A noite vinha descendo, mas havia ainda gente circulando, e logo vi bôeres armados e montados. O inimigo estava ainda de posse da cidade, e nós nos achávamos no interior de suas linhas. Segundo as leis de guerra, minha situação, caso eu fosse preso, seria bastante desagradável. Eu era um oficial do S.A.L.H. disfarçado de civil e infiltrado secretamente nas linhas inimigas. Nenhuma corte marcial europeia hesitaria um minuto ao julgar meu caso. E eu sabia perfeitamente disso.

Íamos empurrando nossas bicicletas por uma rua de subida, quando ouvi atrás de nós o ruído de um cavalo a trote. Seria perigoso andar mais depressa, e assim continuamos a empurrar as bicicletas com o ar mais inocente do mundo. De vez em quando, trocávamos algumas palavras em francês, conforme fora combinado. Alguns instantes depois, o cavaleiro estava a nosso lado. Pôs o animal a passo e começou a examinar-nos com uma atenção minuciosa. Levantei os olhos para ele, e nossos olhares se cruzaram. Tinha o fuzil nas costas, um revólver na cintura e três cinturões com balas. O cavalo estava bastante carregado com os pertences dele, e continuamos a andar assim os três durante um tempo que pareceu extremamente longo. De repente, nosso agradável companheiro esporeou o cavalo e partiu a galope, deixando-nos para trás. Mas ainda era cedo para cantar vitória. De um momento para outro poderíamos cair na linha de piquete bôer — se é que existia essa linha — em frente às tropas de lorde Roberts. Nesse caso, tínhamos a intenção de pedalar a toda força, sem procurar esconder-nos. Mas não encontramos nenhuma linha avançada bôer, nem sequer (com pesar o confesso) inglesa. Quando as ruas de Johannesburg se perderam no campo, começamos a notar os primeiros soldados das forças de lorde Roberts. Estavam desarmados e se dirigiam tranquilamente para a cidade, em busca de comida ou mesmo de bebida. Perguntamos onde estava o exército.

"Perto", responderam. Aconselhamos então que não fossem mais longe se não queriam ser presos ou fuzilados.

"Que história é essa, patrão?", disse um deles, subitamente interessado naquela estranha possibilidade.

Quando lhes dissemos que passáramos por bôeres armados a apenas um quilômetro e meio dali, os soldados renunciaram ao seu projeto e voltaram para inspecionar as casas da redondeza. Meu companheiro e eu continuamos nossa viagem de bicicleta pela estrada real e chegamos ao quartel-general da divisão de frente de lorde Roberts. Dali fomos enviados ao GQG, a dezesseis quilômetros para o sul. Anoitecera completamente quando o atingimos. Um ajudante de ordens meu conhecido veio abrir a porta.

"De onde você vem?"

"Venho da parte de Sir Ian Hamilton. Trago uma mensagem para o comandante em chefe."

"Magnífico. Estávamos querendo muito alguma notícia."

E desapareceu. Meu assunto era com o censor de imprensa, para quem trazia um maço de telegramas cheios de informações recentes e exclusivas. Mas, antes que o pudesse encontrar, voltou o ajudante de ordens.

"Lorde Roberts quer vê-lo imediatamente."

O comandante em chefe estava jantando com vários oficiais de seu estado-maior. Levantou-se, à minha entrada, e dirigiu-se para mim cordialmente, estendendo-me a mão.

"Como chegou até aqui?"

"Vim pela estrada real, atravessando a cidade."

"Atravessando Johannesburg? Mas estamos informados de que ela ainda está em poder do inimigo."

"De fato, ainda há alguns bôeres, mas estão tratando de ir embora."

"O senhor os viu?"

"Sim, senhor, vários deles."

Os olhos de lorde Roberts cintilaram. Seu olhar era extraordinário, cheio de brilho. Lembro que nesse momento aquilo me impressionou.

"O senhor assistiu à ação de Hamilton, ontem?", perguntou-me em seguida.

Respondi que sim, e ele instou para que eu contasse tudo. E enquanto me faziam as honras do jantar, narrei tudo o que haviam feito as tropas de Sir Hamilton ao velho amigo de meu pai, agora também de novo meu amigo.

Quatro dias depois, Pretória capitulava. Numerosas juntas de bois haviam puxado os *howitzers* de 24 centímetros, os "canhões a vaca", como eram chamados, ao longo dessas centenas de quilômetros, para bombardear os fortes. Mas não houve necessidade deles.

Minha entrada na capital bôer, entretanto, foi palpitante. No dia 5, bem cedo, o 5º duque de Marlborough e eu partimos a cavalo e alcançamos logo a cabeça da coluna de infantaria, já nos arrabaldes da cidade. Não se tomava nenhuma precaução militar. Chegamos, um importante grupo de oficiais, à porteira fechada de uma passagem de nível. Lentamente, despejando jatos de vapor, passou adiante de nós comprido trem puxado por duas locomotivas e apinhado de bôeres armados, cujos fuzis eriçavam todas as janelas. Fixamo-nos em silêncio, a três metros uns dos outros, absolutamente confusos. Um só tiro teria causado terrível carnificina de parte a parte. E embora sentíssemos deixar ir embora aquele trem, foi com um suspiro de alívio que vimos o último vagão desaparecer, vagarosamente.

Entrei com Marlborough na cidade num meio galope de *canter*. Sabíamos que os oficiais prisioneiros tinham sido transferidos das Escolas-Modelo para outro ponto, e indagamos do caminho para o local onde esperávamos que eles ainda se encontrassem.

Receávamos que tivessem sido levados no último trem. Mas, ao dobrarmos uma rua, descobrimos o acampamento dos prisioneiros, uma longa construção de zinco envolvida por várias cercas de arame farpado. Tirei o chapéu e dei um grito de alegria. A resposta não se fez esperar. O que se seguiu parece um fim de melodrama. Éramos apenas dois e diante de nós estava a guarda bôer, com os fuzis prontos para disparar. Marlborough, resplandente no seu uniforme de estado-maior, com galões vermelhos, intimou o comandante a render-se, assegurando que daria um recibo pelos fuzis. Os prisioneiros se precipitaram para fora do edifício, alguns de uniforme, outros à paisana, sem chapéus nem casacos, todos incrivelmente entusiasmados. As sentinelas jogaram no chão os fuzis, as portas se abriram de par em par, e enquanto os últimos guardas (eram ao todo 52) ainda hesitavam sem saber o que fazer, os oficiais por tanto tempo prisioneiros os cercaram e tomaram-lhe as armas. Alguém descobriu uma bandeira inglesa, e a bandeira do Transvaal foi arriada. Entre as aclamações de nossos amigos presos, a primeira bandeira britânica flutuou sobre Pretória. Eram 8h47 do dia 5 de junho. *Tableau!*

Tive mais uma aventura na África do Sul. Depois de ter tomado parte, quinze dias mais tarde, na ação de Diamond Hill, para empurrar os bôeres além de Pretória, resolvi voltar à Inglaterra. As operações estavam concluídas. Agora só havia guerrilhas, que prometiam durar muito. Por outro lado, não deviam tardar as eleições gerais. Com o consentimento das autoridades, voltei à minha condição de civil e segui de trem para a Cidade do Cabo.

Tudo foi bem até chegarmos à região depois da estação Kopjes, cerca de 160 quilômetros ao sul de Johannesburg. Eu tomava o meu café da manhã, bem cedo, em companhia de Westminster, que viajava encarregado de uma missão por lorde Roberts, quando, de repente, nosso trem parou com uma grande sacudidela. Descemos à linha. No mesmo momento, um pequeno obus lançado por um canhão bôer caiu quase a nossos pés, e explodiu com um ruído infernal, lançando ao ar torrões de terra arrancados do leito da linha. Cem metros adiante uma ponte temporária de madeira ardia. A longa composição estava repleta de soldados de uns vinte regimentos, que por esse ou aquele motivo eram enviados ao sul do país ou à Inglaterra. Não havia nenhum oficial. Em grande confusão, os soldados começaram a descer. Kopjes Station, onde havia um acampamento fortificado e dois canhões de doze centímetros, estava cinco quilômetros atrás.

A lembrança do episódio do trem blindado me deixara muito sensível à minha linha de retraimento. Não me agradaria recomeçar as experiências de 15 de novembro. Corri pela linha até a locomotiva e dei ordem ao maquinista para apitar, a fim de que os homens subissem e o trem voltasse em marcha à ré até Kopjes. O homem obedeceu. Enquanto eu me sustentava no estribo para ver se os soldados voltavam ao trem, percebi a menos de cem metros, no leito ressecado do rio sob a ponte em chamas, um grupo de vultos imprecisos. Eram os últimos bôeres que deviam me aparecer como inimigos. Apontei minha Mauser e atirei umas cinco ou seis vezes. Sem responder aos tiros, os bôeres se dispersaram. A locomotiva pôs-se em marcha a ré e chegamos sãos e salvos ao acampamento fortificado de Kopjes Station. Ali soubemos que uma ação importante tinha lugar em Honing Spruit, uma estação adiante. O trem que precedera o nosso fora detido e estava sendo atacado por consideráveis forças inimigas, que empregavam artilharia. A linha fora cortada, sem dúvida para impedir a chegada de reforços. Entretanto, com perdas que se elevaram a sessenta ou setenta homens, nossos amigos puderam manter-se em Honing Spruit até a manhã seguinte, quando receberam auxílio do sul. Como eram necessários vários dias para reparar a linha, arranjamos cavalos e viajamos toda a noite com uma tropa de lanceiros australianos, chegando sem contratempos ao destino. Durante muitos anos pensei que o obus Creusot de cinco centímetros, que explodira tão perto de nós no leito da linha, seria o último projétil que eu veria disparado com fúria. Que engano o meu!

Capítulo 28

A ELEIÇÃO KHAKI

Na Inglaterra, a maioria considerava a guerra encerrada, agora que Pretória fora tomada e principalmente depois da libertação de Mafeking. Aliás, essa convicção era estimulada pelas declarações de lorde Roberts. Todo mundo rejubilou-se com o fim da guerra, mas o governo pensou diferente.

Deixara-se arrastar na corrente do sucesso a uma posição arbitrária e perigosa: não devia haver negociações com as repúblicas bôeres: estas deviam pura e simplesmente desaparecer.

Se os bôeres quisessem render-se, sozinhos ou com seus generais, seriam bem tratados e mais tarde, quando no território conquistado houvesse ingleses em número suficiente para afastar todo perigo, teriam um governo autônomo como as demais colônias inglesas. A não ser assim, seriam perseguidos e esmagados até o último homem. Como disse lorde Milner algum tempo depois: "Em certo sentido esta guerra não acabará nunca." Ela se prolongaria, depois disso, no bandoleirismo nas montanhas, que, para além do *veldt*, seria suprimido pela polícia montada.

Foi um erro que nos custaria caro. Havia ainda milhares de homens intrépidos e selvagens sob a direção de chefes como

Botha, Smuts, De Wet, De la Rey e Hertzog, que combatiam agora em seu vasto país não pela vitória e mais pela honra. As chamas da guerrilha não deixavam de se erguer ao longe, atrás dos exércitos, em regiões inteiramente pacificadas. Mesmo na colônia do Cabo, Smuts ateou um fogo que se manteve sob as cinzas ou irrompeu durante dois anos destruidores e só pôde ser extinto por negociações oficiais. Essa longa luta deu origem às maiores desgraças. O inimigo errante não vestia uniforme, misturava-se às populações, acoitava-se nas fazendas cujos proprietários haviam prestado juramento de neutralidade, apareciam aqui e ali para desfechar um sangrento e formidável ataque contra uma coluna desprevenida ou um posto isolado. Para remediar esse estado de coisas, as autoridades militares inglesas foram obrigadas a limpar regiões inteiras, encerrando os habitantes em campos de concentração.

Como as estradas de ferro eram incessantemente cortadas, tornava-se difícil abastecer convenientemente esses campos. Não tardaram a surgir doenças que vitimaram muitos milhares de mulheres e crianças. O processo de queimar as fazendas dos que violavam o juramento de neutralidade, longe de aplacar os belicosos bôeres, aumentava-lhes o desespero. Por outro lado, os ingleses se enfureciam contra os rebeldes, que faltavam com a palavra, e com os bôeres que vestiam uniformes de soldados britânicos capturados (frequentemente, porque não tinham outra coisa para vestir, mas também, às vezes, como estratagema).

Contudo, não houve muitas execuções. Kitchener fez fuzilar com imparcial rigor um oficial inglês e alguns soldados coloniais acusados de haverem assassinado prisioneiros bôeres, e, até o fim da luta, os comandos bôeres não hesitaram em enviar seus feridos aos hospitais de campanha ingleses. Assim a humanidade e a civilização não foram nunca completamente banidas, e os dois beligerantes conservaram, em meio aos males com que se cumulavam reciprocamente, um respeito mútuo durante esses dois anos terríveis de perdas e devastações. Mas estou antecipando.

Fui calorosamente recebido por ocasião de minha chegada à Inglaterra. Oldham, quase sem distinção de partidos, fez-me uma acolhida triunfal. Entrei na cidade com grande pompa, seguido de uma fila de dez landaus, e percorri as ruas apinhadas de operários e moças das fiações. Contei a história da minha evasão num formidável comício no Theatre Royal. Como nossas forças já ocupavam a região mineira de Witbank e os que me haviam ajudado já se achavam em segurança, sob a proteção britânica, pude pela primeira vez narrar todos os detalhes. Quando mencionei o nome do sr. Dewsnap, o engenheiro de Oldham que me guiara através da mina, o auditório gritou: "A esposa dele está na galeria!" Júbilo geral.

Mas devia haver uma sombra no quadro. Os chefes conservadores decidiram consultar o país antes que se extinguisse o entusiasmo da vitória. Havia cinco anos se achavam eles no poder. Eleições gerais deviam realizar-se dali a dezoito meses, e a ocasião era boa demais para que a deixassem escapar. Não poderiam certamente impor a política de anexação das repúblicas bôeres e a supressão de toda oposição pela força das armas e sem negociações, a não ser com novo parlamento e nova maioria. O Parlamento foi, pois, dissolvido no começo de setembro. Tivemos o mesmo gênero de eleições, embora menos violentas que em dezembro de 1918, depois da Grande Guerra. Todos os liberais, mesmo os que mais lealmente haviam apoiado as medidas de guerra, inclusive alguns que nela perderam filhos, foram envolvidos pela mesma condenação de "pró-bôeres". O sr. Chamberlain lançou a fórmula: "Cadeira perdida pelo governo é cadeira ganha pelos bôeres", e os conservadores seguiram essa linha. As massas liberais e radicais, porém, considerando encerrada a guerra, apegaram-se obstinadamente a suas organizações partidárias. As eleições foram vivamente disputadas em todo o país. Nessa época, os conservadores tinham uma larga maioria do eleitorado inglês. Venceram, como era de esperar, e lorde Salisbury e seus colegas voltaram ao Parlamento com uma maioria, ligeiramente menor, de 134 cadeiras sobre todos os seus adversários, inclusive os oitenta nacionalistas irlandeses.

Eu estive na vanguarda dessa vitória. Naquele tempo nossa lei sábia e prudente estendia eleições gerais por um período de seis semanas. Em vez de obrigar todos os eleitores a votarem cegamente no mesmo dia para no dia seguinte virem a saber o que tinham feito, lutava-se realmente nas questões nacionais. Havia sempre um esboço de debate nacional, em que participavam os líderes dos dois partidos. O eleitorado de um distrito não tinha posições congeladas. Um candidato podia falar a todos os partidos que desejassem escutá-lo. Um grande discurso de um personagem eminente podia virar um distrito ou mesmo uma cidade. Discursos de estadistas conhecidos e experientes saíam em todos os jornais e eram estudados por todas as classes políticas. Chegava-se assim, a passos medidos, a uma decisão nacional.

Durante esses dias de política violenta, os primeiros resultados das eleições eram esperados com vasto interesse. Oldham era uma das primeiras circunscrições a votar. Eu defendia minha candidatura dizendo que a guerra era justa e necessária, que os liberais faziam mal em combatê-la e que, por diversos modos, tinham prejudicado o seu desenvolvimento. A guerra precisava ser levada avante até uma conclusão insofismável, à qual deveriam seguir-se acordos generosos. Eu tinha um novo companheiro: o sr. C.B. Crisp, comerciante da City de Londres. O sr. Mawdsley morrera. Ao tomar banho um dia numa banheira de porcelana, esta não resistira ao seu enorme peso e ele falecera em consequência dos sérios ferimentos sofridos nessa ocasião. Meus adversários, os srs. Emmott e Runciman, adotaram ambos a atitude de lorde

Rosebery em relação à guerra: apoiavam a nação no conflito, mas denunciavam a grosseira incompetência do Partido Conservador na maneira de conduzi-la. Os liberais, parece, teriam cometido erros bem diferentes. Em seguida, declararam que os liberais teriam demonstrado tamanho tato em sua diplomacia que a guerra poderia ter sido evitada e todos os seus objetivos — como por exemplo o de obrigar o presidente Kruger a renunciar — se realizariam sem derramamento de sangue. Tudo isso, naturalmente, eram declarações. Em resposta, afirmei que, fosse qual fosse a maneira de conduzir as negociações, elas nunca teriam chegado a bom termo porque os bôeres invadiram o território britânico; e, por mais que fosse inábil a conduta da guerra, o fato é que tínhamos chegado a repelir os invasores e tomado suas capitais. O Partido Conservador frisava também em todo o país o caráter especial daquelas eleições, efetuadas com um fim exclusivamente nacional para fazer aprovar a justeza da guerra e para consolidar a vitória, sendo portanto dever de patriotismo eliminarem-se todas as divergências de classe e de partido. Era essa a minha sincera convicção.

Até o sr. Chamberlain veio discursar em apoio da minha candidatura. Ele desfrutava então de uma popularidade maior que Lloyd George e Sir Douglas Haig depois da Grande Guerra. É verdade que tinha contra si uma considerável oposição; mas nem mesmo os antagonistas eram destituídos de um certo sorriso de admiração por aquele grande homem. Fomos juntos, em carro aberto, para o comício monstro. Nossos amigos enchiam o teatro, ao passo que os inimigos se comprimiam nos arredores. À porta do teatro, o carro foi detido durante algum tempo por uma multidão hostil que berrava e vaiava desesperadamente, satisfeita, ao mesmo tempo, de poder contemplar de perto um dos mais famosos concidadãos, contra o qual era seu direito e dever manifestar-se.

Observei o meu ilustre companheiro. Ele adorava o rugido da multidão, e, como meu pai, poderia dizer: "Nunca receei a democracia inglesa." Vinha-lhe o sangue às faces; e seus olhos, ao encontrarem os meus, cintilavam de prazer. Devo dizer que naquela época possuíamos uma verdadeira política conduzida por uma hierarquia de estadistas, e não uma massa maleável à mercê dos jornais. Havia uma estrutura política na qual os homens de Estado, os eleitores e a imprensa tinham o seu papel determinado. Durante o comício, o comedimento do sr. Chamberlain surpreendeu-nos grandemente. Sua voz doce e persuasiva, suas frases lógicas e incisivas, quase todas anotadas em papéis que trazia, causaram uma impressão inesquecível. Falou durante mais de uma hora e maravilhou o auditório corrigindo um erro de fato ou de cifras que cometera em prejuízo do adversário, e observando que era preciso não se mostrar injusto. Tudo isso aconteceu antes de se implantar a liquefação do sistema político inglês.

Quando chegou a hora da contagem dos votos, que eram cerca de 30 mil, tornou-se evidente que os liberais e trabalhistas formavam o partido mais forte de Oldham. O sr. Emmott ficou em primeiro lugar. Entretanto, perto de duzentos liberais que haviam votado nele deram seu segundo voto a mim, por boa vontade e pela questão da guerra. Assim fiquei em segundo lugar, e fui eleito para a Câmara dos Comuns pela modesta maioria de 230 votos. Fui através do tumulto com meus amigos para o Conservative Club, que estava em efervescência. Ali já encontrei, à minha espera, as calorosas congratulações de lorde Salisbury. O velho primeiro-ministro devia ter sabido do resultado pelo telefone. Depois, começaram a chegar de todos os pontos da Inglaterra alegres mensagens de felicitações. A partir desse momento, tornei-me uma das sensações da eleição. Por toda parte me reclamavam. Tive que falar em Londres na noite seguinte, e o sr. Chamberlain pediu-me que lhe reservasse as duas outras noites para a região de Birmingham. Dirigia-me para lá quando um emissário do sr. Balfour procurou-me no trem solicitando-me que desfizesse meu compromisso e seguisse imediatamente para Manchester, onde eu devia falar juntamente com o sr. Balfour naquela mesma tarde e noite, e finalizar a campanha em Stockport. Obedeci.

O sr. Balfour estava arengando uma imensa multidão quando cheguei. Ao me descobrirem, todos se levantaram e aclamaram-me. Com seu ar imponente, o líder da Câmara dos Comuns apresentou-me ao auditório. Depois dessa noite, só falei nos comícios mais importantes. Cerca de 5 ou 6 mil eleitores, apaixonadamente interessados, comprimiam-se nas mais belas salas, enquanto eu, no estrado, me via cercado pelos veneráveis sustentáculos do partido e membros do Parlamento.

Passei dois dias em Highbury com o sr. Chamberlain. Durante todo o segundo dia, ele ficou de cama para descansar, mas quando voltei, em trem especial, de três grandes comícios na região do Midland, fez-me companhia no jantar, de muito bom humor, e serviu um excelente vinho do Porto de 1834. Durante três semanas, só conheci triunfos em toda a Inglaterra. Os chefes do partido me indicavam para os distritos mais difíceis e eu conseguia numerosas vitórias. Tinha 26 anos! É de admirar que me julgasse um triunfador? Felizmente, porém, a vida não é tão fácil; senão chegaríamos cedo demais ao fim.

Restavam-me ainda duas coisas importantes a fazer: a primeira era juntar dinheiro suficiente para poder concentrar minha atenção na política sem ter que me dedicar a qualquer outro trabalho. A venda de meu livro *The River War* e meus dois volumes de correspondências de guerra da África do Sul me haviam rendido, com os dez meses de salário que deixara acumular no *Morning Post*, mais de 4 mil libras. Ofereceu-se então uma oportunidade de aumentar esse capital. Eu projetara, para o outono e o inverno, realizar uma série de conferências na Inglaterra e na América. Comecei pela

Inglaterra, mal acabaram as eleições. Já tendo falado todas as noites durante cinco semanas, ia precisar recomeçar agora, durante dois meses e meio, com o único intervalo de uma semana durante a travessia do Atlântico. As conferências na Inglaterra tiveram muito sucesso. Lorde Wolseley presidiu a primeira, e as maiores personalidades do país e dos dois partidos presidiram as outras, enquanto eu ia de cidade em cidade. Os salões ficavam apinhados, e, diante de ouvintes benévolos, eu desfiava a história de minhas aventuras e de minha evasão, projetando cenas na lanterna mágica. Cada conferência me rendia nunca menos de cem libras, e geralmente mais do que isso. No Philharmonic Hall de Liverpool consegui mais de trezentas libras. Durante o mês de novembro ganhei desse modo 4.500 libras, depois de ter percorrido pouco mais de metade da Inglaterra.

O Parlamento devia reunir-se em princípios de dezembro, e eu estava ansioso por ocupar minha cadeira na Câmara dos Comuns. Mas, em vez disso, tive que atravessar o Atlântico para cumprir meus compromissos. Uma atmosfera inteiramente diferente esperava-me nos Estados Unidos. Observei com surpresa que grande número desses amáveis e hospitaleiros americanos, que falavam a mesma língua que nós e se pareciam conosco nos pontos essenciais, eram muito mais calmos do que nós na Inglaterra em relação à guerra da África do Sul. Mais ainda, muitos deles achavam que os bôeres tinham razão; e os irlandeses se mostraram por toda parte especialmente hostis.

Os auditórios variavam de uma cidade para outra. Em Baltimore só me vieram ouvir algumas centenas de pessoas numa sala com capacidade para 5 mil. Em Boston, ao contrário, houve uma grandiosa manifestação anglófila, e a multidão era tão densa que mal se podia chegar ao Fremont Hall. O estrado foi ocupado por trezentos americanos em uniformes vermelhos, membros de uma sociedade anglo-americana. Em Chicago, encontrei uma oposição ruidosa. Entretanto, depois de ter feito algumas pilhérias a respeito de mim mesmo, e de ter rendido homenagem à bravura dos bôeres, consegui serená-la.

Em geral, não tive dificuldade em captar a simpatia dos auditórios americanos. A princípio eles se apresentavam frios, prontos para a crítica, mas ao mesmo tempo corteses e bonacheirões.

Durante toda a minha excursão pelos Estados Unidos, fui ajudado pelas mais altas personalidades americanas. Os senhores Bourke Cockran, Chauncey Depew e outros famosos políticos presidiram minhas conferências. Em Nova York, a palestra foi inaugurada sob os auspícios de um personagem célebre: Mark Twain. Era um orgulho para mim ter ao lado esse esplêndido companheiro de minha meninice. Mark Twain já era um ancião de cabelos inteiramente brancos, venerável, e revelou-se um belo conservador. Naturalmente discutimos sobre a guerra. Depois de alguns instantes fui obrigado a me proteger com a frase: "Certo ou errado, é meu país!" Ao que respondeu o velho cavalheiro: "Ah, quando um pobre país combate pela própria vida, sou de sua opinião. Mas não era esse o caso." Contudo, creio que não fui desagradável, pois ele teve a bondade de autografar para mim os trinta volumes de suas obras, e escreveu no primeiro este pensamento, que, devo confessá-lo, continha uma amável censura: "É nobre praticar o bem; mas ensinar os outros a praticá-lo é ainda mais nobre e bem menos difícil."

Mas o ambiente mudou logo quando transpus a fronteira do Canadá. Aí falei de novo para as multidões ardentes a que já me habituara na Inglaterra. Infelizmente, só pude passar quinze dias nesse maravilhoso país. Em meados de janeiro voltei para a Inglaterra e terminei minha excursão de conferencista em nossas cidades. Não omiti nenhuma. Quando falei em Ulster Hall, foi o respeitável lorde Dufferin que me apresentou ao auditório. Ninguém melhor do que ele para tornar um elogio. Ainda me lembro de ouvi-lo dizer com sua pronúncia à antiga: "E este rapaz — na idade em que tantos contemporâneos mal terminaram os estudos — passou por um serviço ativo mais importante do que a metade dos *orficiais*-generais de toda a Europa." Eu nunca tinha pensado nisso, e achei excelente.

Quando, na metade de fevereiro, terminei minha série de conferências, estava absolutamente esgotado. Durante mais de cinco meses, falara uma hora ou mais por noite, exceto aos domingos; havia dias em que era obrigado a falar duas vezes; e por todo esse tempo viajara incessantemente, em geral à noite, raramente dormindo duas vezes em seguida na mesma cama. Mas os resultados valiam a pena. Possuía agora perto de 10 mil libras. Era completamente independente, não precisava mais ter preocupações com o futuro e durante muitos anos podia dedicar-me exclusivamente ao trabalho político. Mandei as 10 mil libras ao velho amigo de meu pai, Sir Ernest Cassel, com esta recomendação: "Alimente minhas ovelhas." E ele as alimentou com a maior sabedoria. Não se multiplicaram muito, mas engordaram regularmente, e nenhuma morreu. Às vezes mesmo, de ano em ano, eu ganhava algumas ovelhinhas, mas não eram suficientes para que eu pudesse viver delas. Cada ano precisava comer uma ovelha ou duas, e assim, pouco a pouco, o meu rebanho diminuiu, até que foi inteiramente devorado. Mas, enfim, durante todo o tempo em que ele existiu, eu pude viver sem preocupações.

Capítulo 29

A CÂMARA DOS COMUNS

O Parlamento reuniu-se em fins de fevereiro e entrou imediatamente em violentos debates. Naquele tempo, os jornais reproduziam com detalhes o que se passava na Câmara, e os eleitores acompanhavam de perto tudo que dizia respeito à política. Questões importantes exigiam às vezes debates de três dias. Durante esses três dias, os principais oradores se faziam ouvir e no fim os partidos mediam forças decisivamente. A Câmara ficava reunida até meia-noite, e a partir das nove e meia estava quase sempre repleta. O sr. Balfour, na qualidade de líder, tinha o hábito de vencer quase todas as discussões importantes, e os chefes da oposição, tendo exposto o seu ponto de vista entre dez e onze, recebiam a resposta entre onze e meia-noite. Uma grande algazarra fazia silenciar os que ainda tentavam falar depois de o líder terminar.

Era uma grande honra tomar parte dos debates daquela ilustre assembleia, que, durante séculos, guiara a Inglaterra, através de inúmeros perigos, no caminho do Império. Embora durante longos meses eu não tivesse feito outra coisa senão falar diante de auditórios importantes, foi com tanta ansiedade quanto zelo que me preparei para o que me parecia a prova suprema. Como eu não assistira à curta sessão de inverno, só ocupei minha cadeira quatro dias antes de pronunciar meu discurso de estreia. É inútil insistir no cuidado com que preparei o discurso e nos esforços que fiz para dissimular essa laboriosa preparação. A questão da ordem do dia, que tratava do objetivo principal da guerra, era um assunto em que eu me considerava entendido. Ouvi a opinião de diversos amigos. Uns diziam: "É muito cedo ainda; espere mais alguns meses, até que conheça a Câmara." Outros declaravam: "Você conhece o assunto. É agora ou nunca; não perca a ocasião." Preveniam-me também contra o perigo de chocar a Câmara sendo muito rigoroso num assunto em que todos queriam mostrar boa vontade. Por outro lado, aconselhavam-me evitar uma vulgaridade insípida. Mas foi o sr. Henry Chaplin quem me deu o melhor conselho, dizendo com sua franqueza habitual: "Não se apresse. Exponha o seu assunto. Se você tiver alguma coisa a dizer, a Câmara ouvirá."

Soube que um moço galês, que começava a se fazer notado, um pró-bôer, um dos maiores pesadelos dos conservadores, Lloyd George, que, do fundo do plenário, depois dos degraus da *gangway*, estava tornando as coisas extremamente difíceis para os líderes do partido liberal, falaria provavelmente às nove horas. Inscrevera-se para apresentar uma emenda muito moderada, mas não havia certeza se a apresentaria ou não. Calculei que se tivesse vontade poderia falar depois dele. Nessa época, e durante muito tempo ainda, eu era incapaz de pronunciar uma palavra (exceto apenas nas réplicas) que não tivesse antes escrito ou gravado na memória. Não me exercitara como os rapazes das universidades a falar de improviso sobre assuntos de toda natureza diante de um público pronto à contradição. Devia pois tentar prever a situação e preparar certo número de variantes para responder a todas as interrupções. Eis por que cheguei com a minha aljava cheia de setas de diversos tamanhos e formas, algumas das quais, esperava, atingiriam o alvo. Mas a incerteza do que iria dizer Lloyd George concorria para aumentar minha inquietação. Esperava que o meu texto se aplicasse bem ao que ele iria provavelmente dizer.

Soou a hora. Sentei-me na ponta de um banco antes da *gangway*, logo atrás da bancada ministerial, no mesmo lugar em que meu pai pronunciara seu discurso de demissão e seu terrível ataque a Piggott. À minha esquerda, o sr. Thomas Gibson Bowles, velho e experiente parlamentar, e meu amistoso conselheiro. Pelas nove horas, a Câmara começou a encher. O sr. Lloyd George falou do terceiro banco depois da *gangway*, do lado da oposição, cercado por um punhado de galeses e radicais e apoiado pelo Partido Nacionalista irlandês. Anunciou de início que não apresentaria a emenda, mas que falaria sobre o assunto dentro da ordem do dia. Encorajado pelas aclamações da "orla céltica", animou-se e falou com violência, enquanto eu ia imaginando frases que pudessem adaptar-se depois ao que dissera. Mas as pobres frases perdiam uma a uma a sua oportunidade. Um sentimento de terror e desespero invadiu o meu coração. Reprimi-o com um suspiro íntimo. Então o sr. Bowles murmurou ao meu ouvido: "Você pode dizer o seguinte: 'Em vez de fazer esse discurso violento sem propor a sua emenda moderada, o meu nobre colega deveria propor a emenda moderada sem fazer o discurso violento.'" O maná no deserto não foi recebido com maior gratidão. Aquilo veio no momento exato. Com grande surpresa, ouvi meu adversário dizer que "abreviaria suas observações, pois estava certo de que a Câmara desejava ouvir um novo membro" e depois desse gesto elegante sentou-se bruscamente.

Vi-me insensivelmente de pé, recitando a frase salvadora de Tommy Bowles, que me valeu uma ovação geral. Voltou-me a coragem. Tudo se passou muito bem. Os irlandeses, que eu aprendera a detestar, eram magníficos ouvintes. Interrompiam justamente no momento desejado e nada diziam que me pudesse perturbar. Não pareceram absolutamente ofendidos quando fiz uma pilhéria com eles, mas ao pronunciar eu a frase: *"Os bôeres que estão no campo de batalha — e se eu fosse bôer estaria no campo de batalha —..."* houve um rebuliço no banco do Tesouro. O sr. Chamberlain disse ao vizinho qualquer coisa que não pude perceber. George Wyndham contou-me depois que fora o seguinte:

"Aí está como se perde uma cadeira."

Mas eu já via a margem a pequena distância e nadei vigorosamente até me agarrar ao barranco, fisicamente sem fôlego, metaforicamente encharcado, mas são e salvo. Foram todos muito amáveis. Deram-me os cordiais cumprimentos de praxe e eu permaneci numa espécie de confortável estado de coma até voltar para casa. A opinião geral não era desfavorável e, embora muitos tivessem adivinhado que eu sabia o meu discurso de cor, perdoaram-me em consideração ao trabalho que me dera. A Câmara dos Comuns, embora radicalmente transformada, é ainda uma augusta personalidade coletiva. E sempre indulgente para com aqueles que se orgulham de ser seus servidores.

Depois desse debate travei relações com Lloyd George. Fomos apresentados na barra da entrada do plenário. Depois das amabilidades de costume, ele me disse: "A julgar por seus sentimentos, o senhor está contra a luz." E eu repliquei: "O senhor considera o Império Britânico de um ponto de vista bem desprendido." Assim começou uma ligação que tem se mantido apesar de todas as vicissitudes da vida.

Só fiz, da bancada do Partido Conservador, dois outros discursos, que foram verdadeiros sucessos, e ambos durante os primeiros meses. O Ministério da Guerra designara um certo general Colville para comandar uma brigada em Gibraltar. Mais tarde, porém, teve informações desabonadoras da conduta desse oficial durante a guerra da África do Sul, e revogou a nomeação.

A oposição tomou as dores do general e criticou essa punição fora de época. Houve um tumulto na Sessão de Perguntas, e marcou-se um debate para a semana seguinte. Era um terreno que eu conhecia a fundo, e dispunha do tempo necessário para escolher as melhores posições de defesa. O debate começou contra o governo, com críticas partindo de todos os lados. Nessa época, era muito sério para um governo, mesmo dispondo de larga maioria, levar desvantagem num debate. Acreditava-se que isso traria prejuízo ao partido. Os ministros ficavam extremamente contrariados quando sentiam que Harcourt, Asquith, Morley ou Grey tinham rompido, por pouco que fosse, a linha de frente governamental. Entrei na cena, no momento justo, com o que todo o mundo tomou por um discurso de debate, mas que na realidade não era senão o feliz resultado de uma feliz previsão do curso dos debates. De fato, defendi o governo com argumentos que agradaram à oposição. Os conservadores também ficaram satisfeitos e os liberais vieram cumprimentar-me. George Wyndham, mais tarde ministro para a Irlanda, e de quem eu me tornei cada vez mais íntimo, repetiu-me várias opiniões elogiosas a meu respeito, colhidas nos meios ministeriais. Parecia-me que realmente eu começava a tomar pé na Câmara.

Nesse tempo, comecei a entrar em desacordo com os principais pontos de vista do Partido Conservador. Era inteiramente favorável à continuação, até a vitória completa, da guerra que novamente começara; achava que se devia empregar maior número de homens e organizar tropas bastante superiores em qualidade às que se batiam naquele momento. Era também pela remessa de tropas indianas. Ao mesmo tempo, admirava a coragem intrépida dos bôeres, sentia as injúrias que lhes eram feitas e desejava uma paz honrosa, que viesse ligar para sempre aquela brava gente e seus chefes à Inglaterra. Considerava o incêndio das fazendas uma detestável loucura; protestei contra a execução do comandante Scheepers, e, provavelmente sem o saber, tive algum papel na suspensão da execução do comandante Kruitzinger. Minhas divergências, infelizmente, abrangiam uma esfera mais ampla. Quando o ministro da Guerra declarou "Foi acidentalmente que nos tornamos uma nação militar, e assim devemos permanecer", senti-me ofendido. Pensava que devíamos terminar a guerra pela força e pela generosidade, e apressarmo-nos depois a voltar aos caminhos da paz, da reorganização e das reformas. Embora tivesse o privilégio de encontrar, em amável sociedade, a maioria dos líderes conservadores, e fosse tratado com extraordinária bondade por o sr. Balfour; embora me avistasse frequentemente com o sr. Chamberlain e ouvisse discutir as questões políticas num ambiente de absoluta liberdade, via-me deslizando aos poucos para a esquerda. Descobri que Rosebery, Asquith, Grey e sobretudo John Morley pareciam compreender o meu ponto de vista muito melhor do que meus próprios chefes. Fascinava-me o lado intelectual desses homens, suas vistas largas sobre os negócios públicos, que não se deixavam entravar pelo peso dos acontecimentos.

O leitor deve recordar que, não tendo frequentado a universidade, eu não passara por nenhuma dessas fases de discussões juvenis em que a opinião pode se fazer ou desfazer numa feliz irresponsabilidade. Já era um personagem conhecido. Eu pelo menos atribuía grande importância às minhas palavras, que aliás tinham grande publicidade. Desejava vivamente ver o Partido Conservador seguindo caminhos liberais. Revoltava-me o "jingoísmo". Tinha opiniões sentimentais sobre os bôeres. Estava em contradição com os dois partidos e era inexperiente a ponto de acreditar que me bastava pensar certo e exprimir sem receio o meu pensamento. Acreditava que a lealdade nesse ponto devia primar sobre todas as demais lealdades. Não compreendia a importância da disciplina e da unidade de um partido, e o sacrifício de opiniões que podia legalmente fazer em benefício dessa disciplina e dessa unidade.

Meu terceiro discurso foi sobre uma questão séria. O sr. Broderick, ministro da Guerra, anunciara seu projeto de reorganização do Exército em mais vasta escala. Propunha a fusão de todas as tropas existentes, regulares, milícias e voluntárias, em seis corpos de exército — o que seria, afinal, uma transação no papel. Decidi opor-me ao projeto logo que fosse apresentado o orçamento da Guerra. Tomou-me seis semanas a preparação desse discurso; aprendi-o tão bem de cor que era capaz de começá-lo de qualquer ponto. Foram destinadas duas sessões à discussão, e por sorte e por boa vontade do presidente fui chamado na primeira, às onze horas da noite. Dispunha de uma hora, até uma votação sobre outro assunto depois da meia-noite. Eis por que a Câmara estava repleta e fui ouvido com a maior atenção. O meu discurso foi na verdade um ataque geral, não somente à política do governo, como também às tendências do Partido Conservador no que dizia respeito à paz, à economia e à redução dos armamentos. Os conservadores trataram-me com uma polidez surpreendente, enquanto a oposição me prodigalizava naturalmente generosas aclamações. Como discurso não há dúvida que foi um sucesso. Mas assinalava uma divergência definitiva de pensamento e de simpatia em relação a todos os que tinham assento nos bancos em redor de mim. Eu o enviara com antecedência ao *Morning Post*, e, enquanto o pronunciava, já devia estar impresso. Não posso imaginar o que teria acontecido se eu não fosse chamado ou não conseguisse proferi-lo. O cuidado e a ansiedade que me custou elaborar e proferir aquela peça foram realmente extenuantes. Senti-me bastante aliviado ao acabar. Mas, decerto, ver a Câmara dos Comuns inteira escutar-me do modo como o fizera, parecia-me um acontecimento da maior transcendência, capaz de compensar todos os meus esforços e os resultados que eles pudessem ter.

Havíamos formado, nesse ínterim, uma pequena sociedade parlamentar chamada "os Hooligans", que compreendia lorde

Percy, lorde Hugh Cecil, o sr. Ian Malcolm, o sr. Arthur Stanley e eu. Jantávamos todas as quintas-feiras na Casa e convidávamos sempre uma personalidade ilustre. Todos os chefes de ambos os partidos foram nossos convivas. Às vezes, tínhamos conosco estrangeiros famosos como o sr. W.J. Bryan, o candidato a presidente americano. Chegamos a convidar o próprio lorde Salisbury, que nos respondeu com um convite para jantarmos em sua casa, em Arlington Street.

O primeiro-ministro estava de excelente humor e falou magistralmente sobre todos os assuntos suscitados. Quando o deixamos, Percy disse-me: "Gostaria de saber o que se sente quando se foi primeiro-ministro durante vinte anos e se está prestes a morrer." Com lorde Salisbury desapareceriam muitas coisas. Sua renúncia e sua morte marcam o fim de uma época. Um novo século de tempestade e perturbações já empolgara o Império Britânico num feroz turbilhão.

O mundo que lorde Salisbury governara, os tempos e as cenas que descrevi neste volume, a estrutura e o caráter do Partido Conservador, os fundamentos da sociedade inglesa governante, tudo isso seria em breve separado de nós por precipícios e abismos como raramente se formaram em tempo tão curto. Mal podíamos prever a força dessa torrente que nos arrastaria e nos separaria com ímpeto irresistível; e menos ainda as horríveis convulsões que iriam sacudir o mundo e despedaçar o arcabouço do século XIX.

De qualquer modo, Percy previu acontecimentos que não estava destinado a presenciar. Quando passeei com ele uma vez, no outono, em seu castelo de Dunrobin, explicou-me a religião irvinguita. Houvera, parece, doze apóstolos cuja missão era prevenir a humanidade, mas essa mensagem fora desdenhada. O último deles morrera no mesmo dia que a rainha Vitória. Nossa possibilidade de salvação também desaparecera.

E Percy predizia, com estranha segurança, uma era de guerras tremendas, de terrores incomensuráveis e renovados. Empregou a palavra *Armageddom*, que até então eu só vira na Bíblia. Justamente naquele momento, o príncipe herdeiro alemão também se achava em Dunrobin. Não pude deixar de imaginar se aquele moço agradável, nosso companheiro nas batalhas de travesseiros e nas mesas de bilhar, não teria parte, mais tarde, na realização das lúgubres profecias de Percy.

Em abril de 1902, formou-se na Câmara uma verdadeira tempestade por causa de um certo sr. Cartwright. Esse homem era um editor de jornal que publicara corajosamente uma carta criticando o tratamento dado a mulheres e crianças bôeres em campos de concentração. Estivera preso um ano na África do Sul por sedição. Cumprira a pena e desejava vir à Inglaterra. As autoridades militares na África do Sul não o deixaram partir, e, quando ministros foram interpelados a respeito no Parlamento, o subsecretário da Guerra respondeu que "era inconveniente aumentar na Inglaterra o número dos que faziam propaganda anti-inglesa".

Assim, um abuso de poder foi defendido com o pior dos argumentos, pois onde a propaganda anti-inglesa podia ser menos perniciosa naquela época do que na Grã-Bretanha? John Morley propôs suspender a sessão. Costumavam-se então discutir imediatamente propostas desse gênero. Todos os líderes oposicionistas falaram com indignação, e eu e outro membro do novo pequeno grupo os apoiamos da bancada dos conservadores. O assunto era sem importância, mas as paixões estavam exaltadíssimas.

Nessa noite, o sr. Chamberlain devia jantar conosco. "Estou jantando em má companhia", disse ele, olhando-nos com um ar de desafio. Explicamos-lhe como fora inepta e arrogante a atitude do governo. Como podia ele esperar que o apoiássemos? "Para que serve", respondeu ele, "apoiar o seu próprio governo somente quando o governo tem razão? É justamente quando ele está em complicações dessa espécie que se deve ir em seu auxílio".

Seja como for, o nosso hóspede serenou, foi alegre e cativante como nunca. Ao levantar-se para nos deixar, parou à porta e, voltando-se, pronunciou pausadamente: "Rapazes, vocês me receberam regiamente, e eu, em troca, vou confiar-lhes um segredo inestimável. Tarifas! Eis a política do futuro e de um futuro muito próximo. Estudem atentamente essa questão, e não hão de se arrepender da hospitalidade que me deram."

Tinha toda razão. Iam ocorrer em breve, na esfera fiscal, acontecimentos que deviam atrair-me a novas lutas e absorver meus pensamentos e minha energia, pelo menos até setembro de 1908, data em que me casei e vivi feliz para sempre.

Finis

Este livro foi impresso pela Lis Gráfica, em 2021, para a HarperCollins Brasil. A fonte do miolo é Bulmer MT Std. O papel do miolo é offwhite 70g/m², e o da capa é cartão 250g/m².